시마 상, 한국 길을 걷다

韓國 道すがら: 人類學フィールドノート30年

Kankoku Michisugara: Jinruigaku Field Note 30nen
by Shima Mutsuhiko
Copyright ⓒ 2013 by Shima Mutsuhiko
This edition published by arrangement with Shima Mutsuhiko,
with permission by the original publisher Sofukan.
All rights reserved.

시마 상,
한국 길을 걷다

일본 인류학자의 30년 한국여행 스케치

시마 무쓰히코 지음
서호철 옮김

일조각

한국의 독자들에게

1969년, 나는 유네스코 일한학생 교환계획에 따른 방한 일본 학생단의
일원으로 처음 한국을 찾았다. 8월 1일 부산에 상륙해서 울산, 경주,
대구, 대전, 그리고 서울을 돌아 8월 16일 김포공항에서 일본으로 귀국한
짧은 여행이었지만, 내 인생을 방향 지은 결정적인 16일이었다. 차창으로
바라본 농촌의 풍경, 각지 사람들과의 대화, 한국 학생들과의 교류.
그때까지 나는 동아시아 연구에는 거의 관심을 갖지 않았지만, 한국에서
귀국할 무렵에는 이제부터 한국 연구를 전공으로 삼아야겠다고 마음을
먹게 되었다. 돌이켜 보면, 제2차 세계대전이 끝난 뒤에 한국을 연구하기
시작한 일본인 중에서 1960년대까지 한국을 방문한 사람은 정말 얼마
되지 않았는데, 다행히도 나는 그중에 끼일 수 있었던 것이다.

그로부터 40년 이상의 시간이 흘렀다. 그동안 정말 많은 사람들과

만나고 여러 가지 경험을 하면서, 한국의 문화와 사회에 대해 이리저리 생각을 해 왔다. 사람들의 생활 현장을 중시하는 인류학을 전공했기에 가능했던 경험이었다. 그중에서 가장 인상 깊었던 것들을 묶은 이 수필집이 한국어로 번역된다는 소식에, 무척 기뻤다. 한 사람의 일본인이 체험한 것으로 읽어 주신다면 좋겠다.

이 책을 번역해 준 서호철 교수에게 감사의 마음을 전한다.

2013년 9월
시마 무쓰히코

들어가며

요사이 한국에 관련된 책이 무척 많이 출판되고 있다. 조그만 붐이라고도 할 수 있을 정도다. 1970년대 후반에 한국 관련 서적의 번역에 손을 댔지만 그걸 내주겠다는 출판사를 좀처럼 찾지 못했던 것을 생각하면, 커다란 변화다. 한국의 문화와 사회에 관심을 갖는 일본인이 그만큼 많아졌다는 것이리라.

출판물의 양이 늘어난다는 것은 그만큼 많은 사람들이 여러 가지 시각에서 한국에 대해 말하고 있다는 뜻이다. 이웃 나라를 알 수 있는 창구가 넓어지고 더 많은 측면이 시야에 들어오게 되는 것은, 이해의 저변을 넓히고 그 층을 두텁게 하는 데 중요하다. 그것은 또 유연한 이해를 위해서도 빠질 수 없는 일이다.

이 책은 한국에 대한 개설서도 아니고 일반적인 해설도 아니다. 독자의 이해를 돕기 위해 몇 가지 어휘와 개념에 대해 일반적인 해설을 붙여

두기는 했지만, 어디까지나 작은 풍경들을 엮은 스케치라는 데 중점을
두었다. 청산동에서 살기 시작했을 무렵, 중학교 교사로 있던 그 마을
출신의 친구가 한 말이 자꾸만 머리에 떠오른다.

"이 동네서 살아봐 갖고 한국과 한국 농촌을 알려고 허는 건 괜찮지만,
이게 한국이다, 라든지 이게 한국 농촌이다, 하고는 생각허지 말어.
청산동은 청산동이지 그 이상도 그 이하도 아닝께."

정곡을 찌른 충고였다고 생각한다.

일반론으로서가 아니라 구체적, 개별적인 일화로 스케치하기 위해서는
아무래도 고유명사가 필요하다. 하지만 청산동도 상월동도 지도에서
찾을 수는 없을 것이다. 마찬가지로 이 책에 등장하는 마을 사람들의
이름도 모두 가명이다. 이야기가 사적私的인 데까지 미치기 때문에 그렇게
했지만, 실재하는 지인知人, 친구들의 이름을 멋대로 바꾸는 황송한 짓을
저지른 데 대해서는 사죄를 드려야겠다.

이 책의 제1부는 1974년부터 10년 동안의 경험을 엮은 것으로,
1985년에 『한국 농촌 사정韓國農村事情』이라는 제목으로 출판되었다.
그런데 그 당시, 내 관심은 역사 쪽으로 크게 기울어져 있었다. 하지만
처음부터 그러고자 했던 것은 아니다. 1970년대 중엽부터 1980년대 초의
농촌에서 보았던 가족·친족이며 농촌의 제도와 성격을 좀 더 잘 이해해
보려고 손을 댄 새로운 작업, 그것을 계속하다가 문득 돌이켜 보니 내
작업의 주제가 조선 중기 이래의 사회사와 깊이 얽히게 되었던 것이다.
생각지 못했던 전개였다.

그러나 본래 역사학이 아니라 인류학을 전문으로 하는 내 관심은, 십수

년 동안 역사를 멀리 둘러 돌아 다시 현대사회로 돌아왔다. 그런데 내가 현지조사에서 멀어져 있던 바로 그 사이에 한국사회는 농촌 중심에서 도시 중심으로 크게 변해 있었다. 그리고 내가 다시 현지조사를 시작한 현장 자체가 도시 개발이 한창인 곳이었다. 그런 탓에, 나는 또 한 번 예기치 못한 형태로 새로운 주제와 마주하게 되었다.

이 책 제2부에서는 그 뒤 20년 동안 보고 생각해 온 것들을 몇 개의 구체적인 장면에 입각해서 스케치해 보았다. 모두 해서 30년간에 걸친 한국사회의 점묘點描이다.

차례

일러두기

1. 등장인물들의 대화에서는 고유의 어감을 살리기 위해 한글 맞춤법에 구애받지 않고 사투리를 살려 번역하였다.
2. 본문의 〔 〕 속 내용과 각주는 독자들의 이해를 돕고자 옮긴이가 붙였다.
3. 본문에서 지은이가 강조하는 부분은 별색으로 표시하였다.

제1부

만남 : 한국 농촌에서 시작된 여행길

≫ 지은이가 머무른 청산동과 상월동의 위치

I
청산동青山洞: 1974~1975년

1. 현수의 리어카: 장래를 고민하는 청년

화창한 봄날에

마을 어귀 저수지 제방 앞에 잡화상을 겸한 주막이 있다. 골짜기 안쪽
마을로 드나드는 사람들이 잠깐 쉬어가는, 그런 주막이다. 주막 뒤로
10미터 남짓한 절벽을 힘겹게 올라서면 거기서부터 길은 솔숲 사이로
완만한 경사를 이루며 뒷산으로 이어진다('뒷산'이라지만 청산동의 뒷산은 해발
300미터 이상이나 되는 가파른 산이다).

　1975년 춘삼월의 화창한 오후, 현수와 나는 그 솔숲 사이 오솔길을
어슬렁어슬렁 걷고 있었다. 숲을 빠져나가자 갑자기 시야가 트였다.
청산동 앞 골짜기의 논은 넓은 평야로 이어지고, 멀리 10여 킬로미터쯤
떨어진 맞은편 산들이 흐릿하게 보였다. 반짝거리며 굽이도는 것은 영산강
물줄기다. 이제 한 달쯤 있으면 진달래가 만발하겠지만, 아직은 계절이

일렀다. 그러나 아직 싹을 틔우지 않은 관목과 마른풀 사이로 샛노란
개나리꽃이 참으로 신선했다.

　마른풀 위에 주저앉은 현수는 뒷주머니에서 천천히 소주 작은 병을
꺼냈다. 나도 그 옆에 앉으면서 작은 잔을 꺼냈다. 안주는 한 봉지에 10원
하는 라면과자다. 바람이 없는 양지 쪽은 땀이 밸 정도로 따뜻했다.

　별다른 일이 있지는 않았다. 최근 한동안 해 왔던 마을의 집수리 일이
끝나서 현수는 그날 하루 실업자였고, 나로 말하자면 봄기운에 들떠서
놀고 싶던 참이라 그냥 따라나서서 뒷산에 산보를 오게 된 거였다. 눈 아래
펼쳐진 논에는 보리 새순이 힘차게 돋아나 있었다. 김을 매고 있는 여성들의
모습이 점점이 보인다. 정말 나른한 풍경, 이라고 하고 싶지만…….

현수의 입장

"새월 성님〔형님〕은 집에 니야까〔리어카〕도 소도 있응께 그걸 쓰라고 하는디."

소주를 마시면서 현수는 띄엄띄엄 이야기를 했다. 새월 형님이란 같은 마을에 사는 현수의 사촌 형으로 '새월'은 그의 택호宅號다. 부인의 친정이 신월동新月洞에 있는 데서 온 이름이다.

"농사를 지어먹을라믄 니야까며 소, 그라고 탈곡기도 사야제. 시방 니야까 살 돈은 되는디, 새월 성님은 자기 집에 있응께 안 사도 되고, 자기 걸 쓰라는 거여. 그러지만 나는 그런 식으로 빌려 쓰는 것은 싫어. 농사를 지어먹을라믄 내 걸로 해야제."

현수는 벌써 시집 간 누나 셋과 고등학생인 누이동생 사이에 있는 외아들, 그러니까 나씨 집에서는 귀한 후손이다. 외아들이고 세는나이로 스물아홉 살이면 한참 전에 결혼을 했어도 이상하지 않을 텐데, 그는 아직 독신이었다. 군대를 다녀온 것도 한 가지 이유이기는 하지만, 더 큰 이유는 어머니가 점쟁이한테 갔더니 서른 살에 결혼하는 게 좋다는 점괘가 나왔기 때문이다. 그는 그 전해 여름, 그러니까 내가 청산동에 살게 되었을 무렵에 막 제대해서 돌아왔다. 중학교를 나와서 군대 갈 때까지는 대전에서 삼촌의 가게 일을 도와주고 있었다. 하지만 그것은 취직과는 한참 거리가 멀었고, 용돈이나 받는 정도였다. 그래도 집을 떠나 있는 게 그나마 집의 부담을 덜어 주는 것이었다.

현수의 부친은 일곱 형제 중 여섯째였다. 지금이야 나씨 종가도 청산동의 상층 농가가 되었지만, 그것은 지금의 종손[1]이 젊은 시절 외지에 나가 일해서 땅을 산 덕택이고, 현수 부친이 결혼해서 독립했을 때는 물려받은 논밭 따위는 하나도 없었다. 1950년의 농지개혁 때 분배받은 옛 일본인의 밭 약 700평, 그게 소유지의 전부였다. 그러니까 현수는 집에 남아 부친을 거들고 뭐고 할 것도 없었던 것이다.

현수는 마을의 일손

현수가 제대하고 마을에 돌아온 이유는, 아무리 궁리해 봐도 갈 데가 없었기 때문이었다. 집에서 쉬면서 그동안 취직자리를 찾아보려고

택호宅號

한국에서는 기혼자, 특히 손윗사람의 이름을 불러서는 안 되므로 이름 대신에 '아무개 아버지', '아무개 어머니'라는 식으로 자녀의 이름을 붙여 부르거나, 아니면 택호를 쓴다. 택호란 집주인의 벼슬이나 부인의 출신지 명으로 그 집을 부르는 것으로, 예컨대 부인이 광주 출신이라면 남편을 '광주 양반', 부인을 '광주댁'이라고 부른다. 부부의 택호는 같다. 친척인 경우에는 '양반'이나 '댁' 대신 '형님', '아재' 같은 친족 호칭이 들어간다.

나는 독신이었으므로 택호를 받을 자격이 없었지만, 예의바른 마을 여성들은 외래자外來者인 나를 이름으로 마구 부르기도 뭣하니까, 특례로 '시마 양반' 또는 '일본 양반'이라고 불러 양반 대우를 해주었다. 청산동에서 나와 함께 살았던 서울대학교의 유 군(현 경북대학교 교수 유명기 劉明基 씨)은 나중에 '명기 양반'이라고 불리었지만, 처음에 그의 택호는 '작은 일본 양반'이었다. 덧붙이자면, 택호에 붙는 '작은'이라는 수식어는 '첩'을 가리킨다!

---

1 현수의 맨 위 큰아버지의 아들. 현수의 사촌 형이다.

생각했던 것이다. 그러나 쉽사리 취직자리가 생길 기미는 보이지 않았다.

한편, 젊은 사람이 부쩍 줄어 버린 마을에서 현수는 귀중한 일꾼이다. 마을로 막 돌아왔을 때는 여름 농한기이기도 해서 소 먹일 꼴을 벤다든지 때때로 논의 김매기를 도와 달라는 부탁을 받는 정도였지만, 9월로 접어들 무렵부터는 일이 부쩍 많아졌다.

우선 겨울철 땔감을 준비하는 일이 있었다. 정부는 산림녹화山林綠化를 위해 함부로 나무를 베는 것을 금지하고 연탄 사용을 장려했지만, 청산동 일대에서는 여전히 솔가지가 주된 연료였다. 현수는 남자 몇 명과 같이 조를 짜서, 산 주인에게 도급을 받아 뒷산의 솔가지를 잘라 마을까지 운반했다.

10월, 11월은 벼베기, 탈곡, 보리 파종으로 이어지는 농번기다. 현수는 날품 예약이 며칠 뒤까지 꽉 차 있어 쉴 틈이 없을 정도로 바빴다. 12월부터 1월까지는 저수지 제방의 보수공사가 있었다. 1월 말부터 2월까지는 설을 앞두고 '영세민 취로대책 사업'으로 마을의 농로 확장공사가 있었다.

이 공사는 내무부가 긴급지시를 내려 전국의 마을마다 자금을 지급해서 하게 한 일로, 1월 21일에 긴급지시가 내려져 23일에 공사가 시작된, 황망한 것이었다. 공사 내용은 각 마을의 자주적 판단에 맡긴다고는 했지만, 마을 사람들이 회의를 할 틈도 없이 면사무소 직원이 지시를 전달하기 위해 마을마다 뛰어다녀서 간신히 공사에 착수했을 정도로 상황이 옹색했다. 유신헌법 찬반을 묻는 국민투표를 2월 12일에 실시한다는 결정이 발표된 때가 1월 22일이었으므로, 정치적 타이밍은 딱

맞았던 것이다.

이야기가 빗나갔는데, 이런 까닭으로 9월에서 2월까지 현수는 비가
오지 않는 한 대개 어딘가에 일거리가 있는 상태였다.

그럭저럭 하는 동안에 봄이 되고 소작 계약을 맺을 시기가 돌아왔다.
한국에서는 1950년에 실시된 농지개혁 이후 공식적으로는 소작제도가
없어졌다. 소유할 수 있는 토지가 3헥타르 이하로 제한되었으므로 확실히
대지주도 없어졌다. 하지만 한편으로 토지는 있어도 노동력이 부족한 집이
있고, 다른 한편으로 노동력은 있지만 토지가 없는 집이 있는 이상,
소규모의 대차관계가 사라질 리는 없었다.

68세가 된 현수 부친은 요 몇 년 동안 소작을 않고 조금 있는 밭과

날품으로 살아왔는데, 현수도 돌아오고 해서 올해는 논을 부치기로 했다.
하지만 시작이 조금 늦었던 데다 소작료 문제를 타협하지 못해 마을
안에서는 부칠 논을 찾지 못하고, 결국 2.5킬로미터쯤 떨어진 곳에 있는
1,500평의 논을 부치게 되었다. 그 논은 우리가 앉아서 소주를 마시던
자리에서 굽어보이는 곳에 있었다.

자기 장래냐, 효도냐

마을에 있는 동안 현수가 마을의 중요한 일손임은 틀림없는 현실이었다.
하지만 그는 머릿속으로 고민을 계속하고 있었다.

"젊은 놈이 농촌에 살기는 힘들어. 시방 같으믄 농사를 지어도 고생만
쌔빠지게 하고 장래 전망이 읎제. 그런다고 도시로 나가 직장을 구할라
캐도 가방끈이 짧단 말이시. 인자부터 학원에 다님서 기술을 배울라믄
시간이 너무 많이 걸려 브러. 내가 시방 스물아홉잉께 싸게 결혼도 혀야
쓰는디. 장개를 갈라믄 확실허니 기반을 닦아 놔야제, 부모님도 연세가
많으신께 내가 모셔야제. 글고 도시로 나가서 기반을 다진다 캐도,
시간적으로 여유가 별로 읎어. 혹시나 실패하면 으쩌나 싶기도 허고.

도시 나가서 기반을 잡아도, 부모님을 오시라 캐서 같이 살 수
있으까이? 어려운 일이여. 노인네들은 도시에서는 살라고 안 하제. 아는
사람도 없고 마실 갈 데도 없응께. 시골에 살믄 뭐라도 할 일이 있고
심심하면 마실 가서 같이 잡담할 집도 있는디. 이런 생각을 하믄 도시에

나간다는 것도 망설여진당께.

시골에 있으면 희망이 읎응께, 도시로 나가야제. 하루에도 몇 번씩 그런 생각을 한당께. 생각할 적마다 마음이 급해지제. 아, 그런다고 내 생각만 하고 있을 수 있나? 부모님 편히 지내시게 여기 남아서 모시는 것이 더 사람답게 사는 거 아닐까이? 니야까며 소를 사서 농사를 짓는 것이 좋을란가, 아니믄 도시로 나가서 한번 장래를 걸어 보는 것이 좋을란가? 이러니저러니 하는 동안 시간만 가고, 금세 나이만 한 살 더 먹어 브렀네. 이러는 나를 보고 바보라 카는 사람이 있는 줄도 안당께.

가끔 이렇게 산에 올라오는디, 산에 오면 조용허니, 높은 데서 바라보면 오만 근심이 다 날라가 브러. 그랑께 산에 오는 게 좋지. 그러지만 나같이 젊은 놈이 빈둥빈둥하고 있으믄 모다 흉을 본당께. 재산이 있는 사람이믄 놀고 있어도 이러쿵저러쿵 안 하것지만……"

평소 말수가 적은 현수가 이야기를 마쳤을 무렵, 주위는 벌써 조금 어둑어둑해져 있었다.

"백마강 다알밤에
물새애가 우우울어……."

조금 취한 현수는 기분을 바꾸려는 듯 노래를 부르며 오솔길을 내려갔다. 뱅뱅 제자리를 맴도는 고민을 실은 현수의 리어카는, 무겁디무거운 리어카였다.

1975년이라고 하면 한강의 기적이라 일컬어지는 한국의 경제성장이 제1차 오일쇼크의 고비를 막 넘으려 하던 무렵이다. 경제는 확대를 거듭했고 젊은 사람들은 직장을 구해 도시로 흘러들어갔다. 벌써 농촌

인구 유출의 조짐이 나타나고 있었다. 그러나 현수처럼 학력이 없는 청년한테, 특히 병역兵役을 전후로 한 시기에는 안정된 생활을 찾기 곤란한 경우가 많았다. 청산동에서도 젊은 사람의 모습이 부쩍 줄었다지만, 안정된 직장을 얻지 못한 채 도시와 농촌 사이를 왔다 갔다 하는 청년이 몇 명인가 있었다.

그 뒤

1년 뒤, 현수한테서 온 편지에는 이렇게 씌어 있었다.

"오늘 선을 보고, 결혼하기로 했습니다. 결혼식은 일주일 뒤에 할 예정입니다."

어머니의 희망대로 세는나이 서른 살에 한 결혼이었다.

반년 뒤, 가까운 면소재지의 통조림 공장에 자리를 얻은 그는 마을을 떠났다. 그러나 그것은 과일 수확기에만 가동하는 계절적 직장이었다. 부모는 마을에 남았다.

10년 뒤, 그는 광주 시 근교의 타이어 공장을 다니고 있었다. 취직한 지 6년째인 그는 정사원 대우를 받고 있지만, "일당日當이라서 일을 쉬른 겁나게 깎이니께, 설이나 추석에도 맘대로 못 쉬어야." 하고 투덜거렸다.

늙은 부모는 역시 청산동에 남아 있었다.

2. '남녀칠세부동석'이지만……:
'유교'윤리의 지속과 변용

기본적인 남녀의 구별

'남녀칠세부동석男女七歲不同席'. 이것은 남녀유별이라는 유교의 기본적인
도덕 중 하나이다. 일본에서도 한 10년 전쯤까지는 이런 말이 들리기는
했지만 그렇게 엄격하지는 않았다. 유교가 일본문화에 미친 영향이 그리
강하지 않았기 때문이다. 그렇지만 유교의 영향이 사회의 구석구석까지
미쳤던 한국에서는 이 가르침이 철저하게 지켜져 왔다. 최근, 특히
도시에서는 꽤 느슨해진 듯하다지만, 그 영향은 생활의 온갖 면에서
아직도 진하게 배어나고 있다.

　예컨대 집 안에서도 남자와 여자의 방이 나뉘어 있다. 부엌으로
이어지는 안방은 주부의 거처여서, 가족 이외의 남성은 이 방에 들어가지
않는 것이 원칙이다. 반면 사랑방은 남자 주인의 방으로서, 안방에서 가장

멀리 떨어져 있다. 격식을 중시하고 또 경제적으로도 여유가 있는 집에서는 건물 자체를 따로 만들고 다시 그 사이를 담으로 갈라놓기도 한다. 청소할 때 등을 제외하고는 아내인 주부조차 사랑방에는 함부로 들어가지 않는다. 아이들은 어릴 적에는 어머니와 함께 안방에서 살지만 6, 7세 전후부터 남자아이는 부친의 사랑방으로 옮겨서 살게 된다.

식사도 남자와 아녀자(여성과 아이들)는 따로 하는 게 보통이다.

방문객은, 여성이면 안방으로 모시지만 남성이면 사랑방으로 모신다. 사랑방에서 손님한테 식사와 술을 낼 때도 주부는 방 바깥까지만 상을 날라 올 뿐, 방 안에 들어와서 식사나 술을 권하는 식으로 직접 접대하지는 않는다.

자기 집 안에서도, 가족 사이에서도 이렇다고 하면, 남남끼리 있는

방과 서열

집의 내부는 바닥 구조에 따라 세 부분으로 나뉜다.

먼저 부엌은 봉당이다. 도시에서는 콘크리트나 시멘트에 타일을 바르는 경우가 많다. 부엌 바닥은 집의 다른 부분의 바닥보다 훨씬 낮게 만들어져 있는데, 그것은 이 바닥에 설치된 부뚜막이 곧 실내 난방인 온돌의 아궁이이기 때문이다.

다음으로, 바닥을 널판으로 깐 부분을 마루라고 부른다. 이것은 (일본 집의) 엔가와緣側(툇마루)에 해당하는 부분과, 건물 중앙에 있으면서 조상 제사를 지내거나 집의 신(城主)에게 제사를 드리는 데 쓰는 부분 양쪽을 다 포함한다. 후자는 특히 대청大廳마루라고도 부른다.

마지막으로, 방은 얇고 평평한 돌을 깔고 진흙을 바른 위에 특수한 기름종이를 발라서 바닥을 만드는데, 그 바닥 아래에 불기운이 통하게 해서 난방을 한다. 이를 온돌이라고 부른다. 방 안에서는 온돌 아궁이에 가까운 쪽을 '아랫목', 먼 쪽을 '윗목'이라고 한다. 하지만 '아랫목' 쪽이 따뜻하므로 실은 이쪽이 상석上席인 셈이다.[2]

경우는 말할 것도 없다. 남자와 여자는 서로 피하려고 하는 것이 기본적인 예절이다. "여자는 제 고을 장날을 몰라야 팔자가 좋다."라는 속담이 있는데, 시장이라는 데가 필연적으로 모르는 남자들과 마주치게 되는 장소이니까 여성은 이런 곳에 출입하지 않는 것이 좋다는 뜻이다. 오늘날에도 시장에서 물건을 사는 손님 중에서 남성이 차지하는 비율이 무척 높다.

내가 청산동에 살게 된 지 얼마 되지 않았을 때는, 마을의 집을 찾아가도 아주머니가 부엌에서 얼굴을 조금 내밀고 "아무도 없어라우." 하고 쏙 들어가 버리는 일이 많았다. 마치 한국문화 입문서를 읽고 있는 듯한 기분이 되면서도, 역시 난처한 일이었다. 아주머니들이 기꺼이 이야기 상대가 되어 주기까지는 석 달 가까이 걸렸다.

하지만 이런 농촌에서도 젊은 사람들 사이에서는 이 원칙을 뒤흔드는 듯한 행동이 나타나고 있었다.

비밀스런 야유회

동곡 아재 부부는 벼룩 부부다.[3]

---

2 저자는 '아랫목'을 글자 그대로 일본말로 '시모자下座'라고, 웃목을 '가미자上座'라고 옮겼는데, 가미자는 상석을 가리키므로 실은 아랫목이 가미자라고 부연한 것이다.
3 일본말에서 남편보다 아내 쪽이 덩치가 더 큰 부부를 가리킨다.

키가 작은 아저씨가 끄는 리어카를 당당한 체격의 아주머니가 뒤에서 밀고 가는 걸 보고 있노라면, 저 리어카는 누구 힘으로 움직이는 걸까 하는 생각이 들 정도였다.

이른 봄날 저녁 무렵, 논두렁길을 걷고 있자니 "시마 양반, 시마 양반." 하고 부르는 소리가 들렸다. 돌아보니 동곡 아짐[아주머니]이 풀을 뽑다 말고 뭔가 할 말이 있는 모습으로 팔을 휘저으며 쫓아왔다.

"우리 딸내미한테 들었는디, 놀로[놀러] 간담서?"

주위에 아무도 없는데도 동곡 아짐은 말씀을 소곤소곤 하는 거였다.

"옥순이(동곡 아재 부부의 딸)도 겁나게 가고 싶어 허는디, 내는 어찌할까 모르겠네이. 시마 양반도 가고 현수 아재도 간당께 뭔 일이야 있을라고이 싶어 보내기로 했소만, 뭔 일 없게끔 봐 주쇼이. 이 일은 동곡 양반은 모르니께, 절대 넘한테는 말하지 마쇼이. 애 아부지가 알믄 내는 죽는당께……."

현수는 동곡 아재의 사촌 동생이다. 그러니까 옥순이한테는 아저씨가 되는 셈이다. 그렇다지만 옥순이도 스물네 살이니까, 나이 차이는 다섯 살밖에 안 난다. 그러나 다섯 살 연상의 독신자라도 아저씨는 아저씨다, 맡겨도 괜찮다고 동곡 아짐은 평가하고 있는 걸까?

일이 시작된 것은 며칠 전 저녁이었다. 스무 살짜리 민호가 내 방에 놀러 와서는 이렇게 말했다.

"요번에 젊은 애들끼리 놀로 가기로 했어라우. 계절도 좋고 바쁠 때도 아닝께 산에 가서 종일 놀다 올라고 하는디, 시마 상도 같이 가실라요?"

이런 얘기에는 나도 너무 좋아서 두말없이 같이 가기로 했지만, 그다음에 민호가 하는 말을 흘려들은 건 조금 부주의했던 것 같다.

"가시나들이 먹을 걸 갖고 올 건께, 우리는 술만 갖고 가믄 돼요이."

민호는 지나가는 말처럼 이렇게 덧붙였던 것이다.

젊은 남녀가 자기들끼리만 놀러 간다는 건, (특히 여자애의) 부모로서는 용납할 수 없는 추문이다. 그러니까 이 소풍이 부모 몰래 계획된 것임은 말할 나위도 없다. 하지만 어머니의 눈을 피해 도시락을 준비한다는 건 도저히 불가능한 얘기다. 그러니까 여기서 비밀은 새고 만 것이다. 옥순이가 어떻게 어머니를 설득했는지 나는 모른다. 현수 아재랑 시마 양반은 전혀 무해無害하다고 한 것일까? 좌우지간 거기에 구워삶긴 동곡 아짐은, 그걸로 공범자가 되어 버린 셈이었다.

그리고 소풍 당일.

"시마 상, 갈라요?"[4]

하고 민호가 온 것은 여덟시 반쯤이었다. 나가 보니 열일고여덟부터 스물 남짓까지의 남자애들이 다섯 명쯤, 막걸리가 찰랑찰랑하게 담긴 말[斗]통을 둘러싼 채 모여 있었다. 현수와 유 군, 그리고 나는 꽤 나이 차가 나는 연장자들이었다. 우린 들러리인 셈이구나 생각하면서,

"가시나들은?"

하고 물었더니

---

4 지은이에 따르면 청산동의 젊은이들은 저자를 '시마 상'이라고, 지은이보다 나이가 많거나 그다지 친하지 않은 사람들은 '시마 씨'라고 불렀다고 한다. 기혼여성들은 물론 앞서 본 대로 '시마 양반', '일본 양반'이라고 불렀다.

"쉬—!"

하고 나를 제지했다.

남자들만의 패거리는 가만히 서쪽 골짜기를 향해 출발했다. 나는 여우한테 홀린 듯한 기분이었다. 하지만 서쪽 골짜기에서 크게 우회해서 산 뒤쪽으로 돌아들어간 곳에서 일동이 잠시 쉰다고 주저앉아서는 움직이려 들지 않을 때에서야, 비로소 음모의 줄거리를 알 수 있었다.

기다린 지 약 한 시간 반. 드디어 동쪽 방향에서 여자애들의 목소리가 들려왔다. 사람들의 눈을 속이기 위해 한 시간 이상이나 시차를 두고, 그것도 전혀 반대쪽을 향해 마을을 출발한 그녀들은 저수지 상류를 크게 돌아서 온 것이었다.

합류한 우리는 다시 좀 더 산속으로 들어가, 나무들 사이로 열린 곳을 발견하고 자리를 잡았다. 이 정도 멀리 오면 아무리 떠들어도 마을 사람들한테 들킬 염려는 없었다.

여자애들이 가져온 도시락을 열어 보니 불고기며 달걀부침 등 실로 호화로운 요리가 가득 담겨 있었다. 물론 그런 것들을 어머니 몰래 만들 수는 없었을 것이다.

맛있는 요리를 먹고 막걸리 잔을 돌리며 함께 노래를 부른다, 게임을 한다, 부모의 감시를 벗어난 젊은이들은 아무 걱정 없이 봄날 하루를 즐기고 있었다. 동곡 아짐이 걱정했던 것 같은 사태는 일어나지 않았다. 예의범절에 신경을 쓰지 않으면 안 되는 어른들과 대면할 때와는 달리, 나로서도 즐겁고 유쾌한 하루였다. 하지만 동곡 아짐의 말이 내 귀의 깊은 곳에 가시처럼 박혀 빠지지 않았다. 다리가 후들거릴 정도로 막걸리를 마신 뒤에도, 젊은이들이 도를 넘지 않도록 감시해야 한다는 긴장이 있었던 것도 사실이었다. 동곡 아짐은 멋지게 나를 샤프론chaperone(파티 때 미혼여성을 보살피는 나이 많은 여성 또는 보호자)으로 세운 셈이다(하지만 그건 내 생각이고, 실제로는 내가 이래저래 걱정한다고 해서 달라질 일은 아무것도 없었을 것이다. 젊은이들 스스로가 지켜야 할 선을 잘 알고 있었기 때문이다).

시간은 눈 깜짝할 새에 지나갔고, 여자애들은 해가 높이 떠 있을 동안 다시 동쪽 골짜기를 내려갔다. 남자들은 그로부터 한 시간 남짓 더 시간을 보내다가 다시 서쪽으로 돌아서 마을에 돌아왔다. 여느 때 없이 쾌활한 기분이 넘쳤던 것은 막걸리 탓만은 아니었다. 비밀스런 위업偉業을 이루었다는 공동의식이 있었던 것이다.

어른은 필요 없다

몇 주 뒤, 이번에는 현수가 부르러 왔다. 이웃 마을에 사는 여자 조카의 중학교 동창생들이 소풍을 가는데, 같이 가자는 것이었다.

모이기로 한 장소는 인가가 없고 남의 눈에 띄지 않는 곳이었다. 남자애들은 먼저 와 있었는데, 여자애들은 기다려도 기다려도 나타나지 않았다. 어른 세 명은 가까운 주막에서 기다리기로 했다. 한 시간 이상 지나서, 드디어 여자애들이 나타났다. 현수 조카가 아버지한테 들켜서 죽도록 꾸지람을 듣고, 결국 그녀는 함께 오지 못했다고 했다. 소풍을 갈 수 있는 사람끼리만 갈 수밖에 없었다.

≫ 소풍 갈 여자애들을 기다리는 동안 '어른
들'끼리 길가 주막에서 먼저 한잔 하고 있다.

≫ 청년들의 소풍. 둥글게 둘러앉았지만 남녀로 나뉘어 있다.
청년들이 왼쪽의 유 군과 현수를 등지듯이 앉았다가 사진을 찍는 바람에 카메라를 쳐다보고 있다.

목적지에 도착했을 때 대표 격인 청년이 말했다.

"놀 시간은 낭중에 겁나게 줄 텐께, 먼저 밥부터들 먹으랑께."

청년들이 가져온 술이며 도시락을 가운데 놓고 둘러앉아 봤지만, 아무래도 모양이 나지 않았다. 청년들은 나란히 앉은 현수랑 유 군과 나를 등지듯이 하고, 남녀 따로따로 뻣뻣한 자세로 앉았다. 마치 인솔한 선생과 학생들 같은 꼴이었다.

그런 분위기는 점심식사가 끝난 뒤에도 변하지 않았다. 청산동 청년들과 소풍 갔을 때와는 달리, 우리는 그들보다 나이가 많았을 뿐만 아니라 신경 쓰지 않으면 안 될 딴 동네 사람이었던 것이다.

"우리는 먼저 가불세."

현수의 말을 기다렸다는 듯이 유 군과 나는 벌떡 일어섰다. 현수는 일행의 리더 격인 청년을 불러, "이참에는 개인적 행동은 피허고, 다 같이 분위기를 만드는 데 협력해야 할 거여. 우리 노땅들이 있으믄 재미읎을 텡께 우린 먼저 갈라네. 이런 기회는 앞으로도 별로 없을 텡께 미련 남지 않도록 느그들끼리 하루 즐겁고 뜻 깊게 보내고 와라이." 하고 한바탕 설교를 하고 있었다. 청년들한테는 9년이나 선배이자 아저씨뻘이 되는 현수의 말은, 역시 당당해 보였다.

하지만……

청년들과 헤어져 산을 내려올 때, 나는 남녀 한 명씩 인원이 줄어 있는 것을 눈치 챘다. 뭔가 내 생각이 지나쳤던 걸까? 아니면 현수는 자기 조카가 오지 않았으니까, 책임은 다했다고 생각한 걸까?

3. 술은 어른 앞에서 배워라: 장유유서長幼有序 라는 것

"밥 자시러 오시라요."

하고 아이가 부르러 왔다. '우리 집'의 식사는 안방에서 하도록 정해져
있었다.

안방 아랫목에 차려진 상에 둘러앉아, 하숙의 주인인 공산公山 양반과
유 군과 나의 식사가 시작된다. 이윽고 부엌문에서 또 하나의 상이 날라져
와서 방의 구석에 놓인다. 할머니와 아주머니와 애들의 밥상이다.

여기까지는 앞 장에서 썼던 대로(남자들은 여자들, 아이들과 따로 식사를 한다)
지만, 이건 조금 더 설명하지 않으면 안 된다. 일본의 식사예절과
비교하면서 그 차이를 생각해 보려고 한다.

일본의 식사방법의 기본형은, 지금은 연회宴會 때나 호지法事[5] 때밖에는 볼
수 없게 된 1인용 상에서 가장 잘 드러난다고 할 수 있다. 미리 1인분씩
나눈 음식물을 얹은 상이 사람 수만큼 나란히 놓인다. 사람들은 일정한
순서로 그 자리에 앉아 각자 앞에 놓인 같은 음식을 먹는다. 오늘날 일반
가정에서 식탁을 차리는 방식도 이 기본형을 그대로 큰 탁자에 옮겨 놓은
것일 뿐이다.

　여기서 한 사람 한 사람의 자리가 결정되어 있다는 것 못지않게 중요한
점은, 남자든 여자든 연장자든 연소자든 전원이 한자리에 모여서 먹는
것이 강조된다는 점이다. 이것은 가정의 일상적인 식사에서 연회자리에
이르기까지 공통적이다(연회가 대체로 남자들만의 자리가 된 것은 연회의 모체가 본래
남자들만의 집단 또는 ‘이에家’의 대표자의 모임이며, 여자가 이에의 대표자가 되는 경우가
적었기 때문이지, 남녀를 구별한다는 원칙에 따른 것은 아니다).

　한국의 식사는 이것과는 대조적이다. 함께 식사하는 사람 수에 맞추어
1인용, 2인용, 4인용 등 갖가지 크기의 상이 있다. 밥과 국은 사람 수만큼
나오지만, 그 밖의 반찬은 상 복판에 놓고 제각기 집어 먹는다. 그리고
식사를 하는 전원이 함께 모여서 먹는 것이 아니라 남녀가 따로따로, 특히

5　호지法事 또는 호요法要는 가족과 가까운 친척, 친지들이 모여 고인의 명복을 비는 불교
　의식이다. 흔히 고인이 돌아간 지 7일째부터 49일째까지 7일마다, 그리고 100일째, 1년째,
　3년째 되는 날 등에 많이 지낸다. 한국 불교의 ‘천도재薦度齋’에 해당한다.

남성은 연령과 세대에 따라 다른 상에 앉는다. 그러니까 한 식구라도 할아버지와 아버지와 아들들은 각각 다른 상에서 밥을 먹게 되는데, 특히 할아버지는 자기 방으로 상을 날라 오게 해서 혼자 식사를 하는 경우가 많다.

청산동의 '우리 집'에서는 가장과 나와 유 군이 같은 세대世代에 속하는 것으로 범주화되어 있었다. 동네의 다른 집에 식사 초대를 받았을 때도 그 집에 나와 동년배의 아들들이 있으면 그 아들들과 함께 상에 앉는 게 보통이었다.

사회관계를 서열 짓는 연령의 상하

식사 장면에서 드러나는 모습은 남녀유별의 질서와 함께 가는 유교세계의 또 하나의 원칙, 즉 연장자를 공경하는 장유長幼의 질서의 그야말로 일면에 지나지 않는다. 연령의 상하관계에 따른 배려는 말투부터 시작해서 행동의 온갖 면에 정형화되어 드러난다.

예컨대 연장자 앞에서 술을 마실 때는 얼굴을 마주하고 마시면 안 되고, 반드시 옆으로 고개를 돌리거나 뒤를 돌아보는 듯한 자세로 마셔야 한다. 또 연장자와 함께 한자리에서 취해서 예의를 잊는 행동은 더할 나위 없는 실수로 간주된다. "술은 어른 앞에서 배워라." 하는 말이 있는데(어른은 일반적으로는 '성인成人'을 뜻하지만, 이 경우에는 '연장자'라는 의미다.), 그 의미는 "술을 마시면 취해서 예의를 벗어난 행동이 곧잘 나오게 된다.

그러나 연장자가 있는 자리에서는 늘 예의범절에 신경을 쓰지 않으면 안 되니까, 술에 너무 취하지 않도록 긴장을 하게 된다. 그러니까 연장자 앞에서 술을 배우면 예절을 지켜 가며 술을 마시는 습관이 생기고, 도리를 벗어나는 법이 없다."라는 것이다. "술자리에서는 예의를 따지지 말고酒の席は無礼講で"[6]라는 말은 적용되지 않는다.

담배를 둘러싼 예절은 아마 가장 흔히 보는 경우일 것이다. 맞담배를 피운다는 것은 일단 대등한 입장에 서 있다는 뜻이고, 그러려면 나이 차가 크지 않다는 것이 필수조건이다. 일본인의 행동양식에 대해 한국 사람이 갖고 있는 고정관념의 하나로 '일본 사람은 아버지와 아들이 맞담배를 피운다'는 게 있는데, 이것은 한국인의 눈에는 그런 행동이 믿어지지 않을 정도로 무례하고 이상한 것으로 비치고 있음을 보여 준다. 아버지는 물론 아버지 세대의 사람 앞에서 담배를 피우는 것도 금물이다. 담배를 피우고 있는데 연장자가 오면 허겁지겁 담배를 비벼 끄고 담뱃갑이며 라이터 등을 감추는 행동을 자주 볼 수 있다.

가벼운 농담을 해가면서 편하게 사귈 수 있는 연령대는 아래위로 일곱 살 차 정도까지다. 그보다 더 연상인 사람에게는 말투며 행동거지 전반에 걸쳐서 아버지 세대의 사람을 대하는 것 같은 경의를 가지고 대해야 한다. "객지 벗 십 년"이라는 말이 있다. 고향을 떠나면 아는 사람이 적어지니까

---

6 이것은 일본의 술자리(회식자리)에서 윗사람이 주로 하는 말이다. '無礼講'이라고 하지만 실제로는 완전히 예의에서 벗어나도 된다는 것이 아니라, 조금 편하게 대해도 좋다는 정도 의 뜻이라고 생각된다.

나이 차가 열 살이 나도 친구로 사귄다는 의미인데, 바꿔 말하자면 그런 경우에도 열 살 정도가 한도라는 셈이 된다.

연령의 상하가 사회관계의 질서를 결정짓는 가장 중요한 기준 중 하나이므로, 첫 대면 때에는 온갖 방법으로 상대의 나이를 확인하려고 한다. 직접 나이를 물어봐도 되지만, 무슨 띠(간지)인지를 물어보는 것도 한 가지 방법이다. 몇 년에 학교를 졸업했는지 묻는 것도 간접적인 방법이고, 상대의 말투나 태도를 봐 가면서 추측해 가는 등의 방법은 실로 묘기라고 부르고 싶어진다. 동갑인 경우에는 태어난 달과 날짜까지 물어서 어느 쪽이 형이고 어느 쪽이 아우에 해당하는지를 확인한다. 여기까지 가면 서로 뺑도 좀 치겠지만, 태어난 순서 자체가 중대한 관심사임은 분명하다. 다만 일곱 살 정도 나이 차 안에서는 일단 친해지고 나면, 보통은 그야말로 대등한 친구로 사귈 수 있다는 반대면도 있다.

이 원칙은 술자리에서도 그대로 적용된다. 특히 술자리에서는 술을 마시고 담배를 피우면서 즐겁게 담소하는 게 기본적 요소이지만, 이 세 가지 요소는 앞서 말한 것처럼 전부 연령의 질서와는 잘 어울리지 않는다.

이런 탓에, 결혼식이든 장례식이든 많은 사람이 모여서 식사를 할(술을 마실) 때는 개인별로 자리가 지정되지는 않지만, 그 대신 연령층에 따라 적어도 서너 군데에 따로따로 상이 차려지게 된다.

예를 들어 음력 8월 15일은 추석이라고 해서, 4대까지의 조상의 차례를 지내는 날이다. 같은 고조부(4대조)의 자손들은 무리를 이루어 서로의 집을 차례로 돌면서 각자의 집에서 향을 피우고 절을 하고 술을 올리는 제사를 지낸다. 그때마다 제상에 올렸던 술과 음식을 함께 나누어

≫ 요절한 자식의 묘. 효와 장유유서를 중시하므로 아버지는 참배하지 않는다.

먹는다(음복飲福이라고 한다). 이때 70세 이상의 최고령자들, 50~60대의
사람들, 그 이하의 사람들 하는 식으로 다른 방에서 따로따로 음복한다.
방이 충분히 많지 않을 때는 20~30대의 젊은 사람들은 바깥으로 상을
내어 가서 음복하는데, 그때 방안에 있는 연장자들에게 보이지 않도록
건물 모퉁이를 돌아간 곳으로 상을 들고 가는 것이 보통이다. 이렇게라도
하지 않으면 편하게 담배를 피우거나 술을 마실 수 없기 때문이다.

마실 다니기

저녁을 먹고 난 뒤 동네 사람들은 서로의 집을 찾아가서 잠깐 잡담을 나누곤 한다. 이것을 '마실 다닌다'라고 하는데, 이 경우에도 남자는 남자끼리 여자는 여자끼리, 나이가 비슷한 친구 집을 찾아간다. 남녀유별·장유유서 그대로다. 누가 어느 집에 가는가 하는 선택지는 꽤 제한되어 있고, 어느샌가 자주 모이는 장소가 정해진다. 그러니까 이 시간에 그 사람이 어디 가 있는지 찾기는 그리 어렵지 않다.

청산동에서 살았던 1년 동안 내가 하숙했던 방도 사람들이 자주 모이는 장소 중 하나로, 저녁식사 후에 아무도 오지 않는 날은 드물었다. 내가 스물아홉 살, 유 군이 스물여섯 살이었으니까, 우리 방을 집합장소로 삼은 이들은 20대 후반을 중심으로 해서 위로는 대개 서른다섯 전후까지였다. 가끔 쉰이 넘는 사람이 이야기를 하러 오면 앞서 와 있던 젊은 사람들은 어느새 모습을 감추어 버리고, 나중에 온 사람은 방을 들여다보기만 하고 돌아가 버리곤 했다.

다른 한편 유 군도 나도 독신이었으므로, 나이상으로는 조금 차가 나지만 열일고여덟 살 정도의 어린 애들도 자주 출입하곤 했다. 때로는 양쪽 연령층이 한꺼번에 들이닥쳐서 다다미로 치면 6첩(책상 등이 놓인 자리를 빼면 실질적으로는 4첩 반도 되지 않았다)도 안 되는 방에 열 몇 명이 북적대는 적도 있었다. 평소라면 동석하지 않을 사람들이 한 공간에 있게 되면 좀 더 나이 많은 축과 좀 더 어린 축이 글자 그대로 등을 맞대고 따로따로 원을 만들었다. 유 군과 나를 찾아온 두 그룹이 우연히 같은 시간에 한

방에 함께 있게 되었지만, 동석同席한 것은 아닌 것이다.

　젊은이들이 밤이면 밤마다 모여서 잡담을 한다, 화투를 친다, 술을 마신다 한 끝에 노래하고 떠들었으니, 공산 양반 내외로서는 상당히 귀찮았을 것이다. 하기야 비교적 연장자 그룹이 모였을 때는 마흔한 살의 공산 양반도 함께 어울려 떠들곤 했지만.

훈계

그날 밤도 서른다섯의 응순이부터 열여덟의 달순이까지 열 몇 명이 모여 있었다. 평소처럼 연장자들은 화투를 치기 시작했고, 좀 더 어린 축은 둥글게 모여 앉아 잡담을 하고 있었다. 문을 열어 두었지만 담배 연기가 방안에 자욱했다.

　이윽고 나이 든 축에서 "한잔 할까?" 하는 의견이 나왔다. 이것은 누군가 주막에 막걸리를 사러 가야 한다는 뜻이었다.

　"아야, 젊은 놈들, 누가 술 좀 받아 와야."

　벌써 10시도 훨씬 넘은 시간이었다. 그러나 그 말을 듣고 어린 축들 중 네 명이 벌떡 일어서서는 술을 사러 나갔다. 그런데 그날 마침 도시에서 귀성해 있던 두 명의 청년이 자리에 앉아 이야기를 계속하고 있었다.

　잠시 뒤 술이 도착했는데, 이번에는 안주가 없었다. 연장자 쪽에서 "입 다실 것 좀 가져 와라이." 하고 말했다. 부엌에서 김치라도 가져왔으면 됐을 것이다. 하지만 귀성해 있던 두 명의 청년은 움직일 기미도 없이

담배를 계속 피워 대고 있었다. 그 모습을 본 스물아홉 살인 성추가
화투장을 딱 내려놓더니 갑자기 험한 목소리로 말했다.

"아야, 거그 두 놈, 일루 와 봐라이."

이 한마디에, 조금 전까지 각각이었던 자리가 하나가 되어 버렸다.
각각의 원 안에서 통용되던 '대등한 또래의 모임'이 일변해서 장유의
질서로 뒤바뀌었다.

"응순이하고 느그들하고 열다섯 살 차이라는 거, 알고 있제? 느그들이
이 방에 놀러 오는 건 편하게 대해 준께 그런 거고, 이렇게 나이 안 따지고
사귀는 서양적인 감각도 좋은디, 근데 그것도 때를 봐 감서 해야 될 거
아니여?

시방 이 자리에 응순이도 있고, 군대 가 있는 애들도 와 있어. 이런
자리에서 누가 심부름을 해야 하는지 말 안 혀도 알고 있을 거 아녀.
어른이 심부름 좀 갔다 오라는디, 다 듣고 있음서 시방 방구석에서 담배를
피우고 있어도 된다고 생각허냔 말이여. 느그들이 시방 한자리서 맞담배
필 나이는 아니지 않는가?

우리 한국도 옛날의 한국은 아니여. 발전을 위해서는 바뀔 건
바뀌어야제. 그것이 시대라는 것이여. 그러지만 그런다고 예의를
잊아브러도 된다는 건 아니여. 서울 같은 데선 다른지도 모르겄네만,
시골에는 안직도 풍습이란 것이 있어. 일가친척이 모타서〔함께〕 살고,
친척이 아니라도 서로 성님 동상 하고 지내는 데서는 다 나름대로의
예의가 있는 거랑께."

성추 옆에서는 스물일곱 살의 명순이가 어깨에 힘을 넣은 채 겁을 주고

있었다. 본래 말을 잘하는 성추가 미풍양속·예의범절에 대해 일장연설을
하고 있으니, 청년 두 명은 벌써 '내 탓이오' 하고 고개를 떨군 채 미동도
하지 않았다. 오로지 숨소리만 들릴 뿐이었다. 솔선해서 술을 받으러 갔다
온 달순이도 다부진 몸을 웅크린 채 얼굴이 벌개져 있었다. 사촌 형인
응순과 명순이 한자리에 있으니까 무리도 아니었다. 잔소리를 듣고 있던
젊은 축들이 딱해져서 나라도 뭘 좀 가지러 가려고 살며시 일어서려니까,

"시마 상, 기양〔그냥〕 앉아 있으쇼이."

하고 응순이가 제지했다.

"성님, 말씀은 알겠는디, 오늘은 이 정도로만 하시죠이."

군대 갔다가 휴가를 받아서 돌아와 있던 충기가 중재에 나섰다.
아까까지는 세 살 연상의 성추를 '자네'라고 부르던 충기도, 이 분위기에서는
말투가 바뀌었다.

"모두 알아먹었제? 인제 갖고 와라이."

드디어 성추의 설교가 끝났다. 모두 한숨 돌린 듯 후닥닥 부엌에서
사발이며 김치를 날라왔다.

술과 안주가 갖춰지자 제일 어린 달순이가 막걸리가 든 주전자를 들고,

"성님, 한잔 하씨요이."

하며 차례로 술을 따랐다. 제일 연상인 응순이부터 시작해서 단 하루도
어김이 없이 나이순으로 술을 따라 가는 것은, 그 자리에서는 당연지사였다.

순번이 돌아왔을 때, 성추가 싱긋 웃었다.

"어이, 시마 상, 내 차렌가?"

"그래, 어여 들어."

하고 대답했더니, 성추는 달순이가 따라준 막걸리를 쭈욱 단번에
들이켜고는,

"야, 술맛 좋네이. 어이 동상, 자네도 한잔 하소이."

하며 내게 사발을 내밀었다. 이 농담으로 방의 분위기는 일변했다.
와자하게 웃음소리가 터졌다. 달순이도 킥킥 웃고 있었다. 성추보다도
내가 한 달이나 연상年上이라는 사실을 모두 잘 알고 있었던 것이다.

거북살스런 나이 얘기는 이제 그만, 성추는 이렇게 선언한 셈이었다. 그
장면 전환은 근사했다.

4. 족보: 역사를 짊어진 아이덴티티

일본놈은 비둘기만도 못하다

백룡 어르신을, 젊은 사람들은 안 듣는 데서는 몰래 '오빠시 영감'이라고
불렀다. 영감이란 본래는 고위직에 있는 남성을 부르는 경칭敬稱이지만,
전용되어 노인에 대한 경칭으로도 쓰인다. 오빠시란, 아직도 잘
모르겠지만, 쏘이면 무지 아픈 곤충이라니까 땅벌 같은 게 아닐까 싶다.
화를 내면 진짜로 무서운 분이라는 데서 붙여진 별명이다. 하지만 꾸중을
들은 적이 있는 사람이라면 실감하는 것인데, 어르신이 화를 내는 것은
이치에 맞지 않거나 예의에 어긋난 짓을 했을 때에 한정되어 있어서,
그때만큼은 죽도록 무섭지만 동시에 그걸 오래 끌고 가지 않는 깔끔함도
있었다. 오빠시 영감이라는 호칭에 경의가 담겨 있는 것도 당연했다.
　오빠시 영감의 눈은 정말 예쁘고 맑았다. 때로는 어린애의 눈처럼

느껴질 때도 있었다. 꾸지람을 듣고 있을 때조차도 그 눈을 보면 어쩐지 납득이 되는 듯했다. 한번은 내가 이런 어르신을 "무서우면서도 귀여운 것 같다."라고 묘사했더니, 듣고 있던 청년들이 "이 일본놈은 영감님한테 '귀여운 것 같다'고 예의도 없는 말을 씨부린당께." 하며 눈을 부라리는가 싶었지만, 곧 웃음을 터뜨리는 걸 보니 느낌이 통한 모양이었다.

어르신 댁 처마 끝에 비둘기 둥지가 달려 있었다. 비둘기는 근친 간에는 교미하지 않는다고들 한다. 어느 날 어르신은 이 비둘기 둥지를 바라보면서,

"일본놈들은 사촌끼리도 결혼한담서? 참말로 비둘기만도 못한 놈들 아니여."

하고, 예의 그 맑은 눈빛으로 말씀하셨다. "무서우면서도 귀여운 영감"과 "비둘기만도 못한 일본놈"은, 아직도 청산동의 얘깃거리로 남아 있다.

이름은 실체를 드러낸다

비둘기의 일화는 한국과 일본의 친족제도의 차이를 반영한 것이다.

한국인의 성姓은 현재 250여 가지가 있는데, 그것들은 다시 '본관本貫'에 따라 몇 개의 계통으로 나누어진다. 보통 조상이 본래 살던 발상지 등의 지명을 따 본관을 만들므로 김씨, 이씨 등 큰 성에는 각각 100개쯤의 본관이 있다고 한다. 본관과 성이 같다는 (동성동본) 것은 같은 조상의 계통을 이은 친족이라는 것을 보여 준다. 동성동본인 사람 전체를 씨족氏族이라고 부르는데, 같은 씨족에 속하는 사람끼리는 결혼하는 것이

금지되어 있다. 이런 제도를 문화인류학에서는 외혼제外婚制라고

부르는데, 이 원리는 현재의 법률에서도 지켜지고 있고, 호적에도 본관

난이 만들어져 있다.[7]

그런데 각 씨족의 시조들은 대개 고려시대의 인물이다. 고려시대의

인물이라면 지금부터 600년 내지 1천 년 전의 사람으로, 세대로 치면

적어도 20대에서 30대 이상 옛날 사람이지만, 그 한 명의 조상을 공유하고

있기 때문에 여전히 친족(일가)이고, 서로 결혼을 한다든지 하는 것은 말도

안 되는 일로 여겨진다.

먼 조상에서 지금에 이르기까지의 계보를 기록한 것이 족보이다. 한

페이지가 6단으로 나뉘며, 각각의 단에는 같은 세대 사람의 이름이

나란히 적혀 있다. 자식은 아래 단에, 장남의 이름이 부친의 이름 바로

아래에 오도록 기재한다. 이렇게 해서 시조부터 현재의 자손 한 사람 한

사람에 이르기까지 그 세계世系를 정연하게 밟아 가는 구조로 되어 있다.

시조의 남계男系 자손을 망라한 기록이므로, 한 씨족 전체의 족보가 수십

권이 되는 경우도 드물지 않다.

족보에는 각 조상의 이름 외에 생몰년生沒年, 관직, 기타 기사와 함께 묘의

소재지가 기록되어 있다. 각각의 묘소에서 해마다 자손들이 제사를 지내고,

전국 각지에 사는 자손들은 각각 세계에 따라 문중門中이라는 일가의

---

7 1997년 7월 헌법재판소가 민법 제809조 1항의 동성동본 금혼규정에 대해 헌법불합치 판결
   을 내림으로써 이 조항은 1999년 1월부터 효력을 상실했고, 2005년 3월의 개정 민법에서
   삭제되었다. 한편 2008년부터는 종래의 호적제도를 대신해서 개인별 가족관계등록제도가
   시행되었지만 가족관계등록부에도 여전히 본관을 기재하는 난이 남아 있다.

조직을 이룬다. 수십 년 간격으로 행해지는 족보의 편찬은 각지의 문중 조직이 연결된 전국적인 조직에 의해 이루어진다.

족보에 출자出自가 분명히 밝혀져 있다는 것, 고위 관직에 올랐거나 학자로서 걸출했던 인물의 후예라는 것, 유교적 도덕을 생활 규범으로 삼고 도리에 어긋난 행동을 하지 않는다는 것, 적어도 이런 것들은 양반으로서의 최소한의 조건이다.

이렇게 해서, 족보의 기록이야말로 한 사람 한 사람을 과거에서 미래로 이어지는 사람의 연쇄 속에 위치 짓고 각자가 어떤 사람임을 증명하는 것이 된다. 실로 이름은 실체를 드러내는 존재인 것이다. 식민지 통치하 조선에 발령된 창씨개명령은 단순히 이름을 바꾸는 정도가 아니라, 각 사람의 이러한 역사를 짊어진 존재의 근거, 정체성을 부정하는 것이었음을 유념할 필요가 있다.

조상 찾기

공산 양반과 함께 면에 갔다가 저녁 무렵에 집에 돌아와 보니, 노인과 중년의 손님 두 사람이 공산 양반을 기다리고 있었다. 점심 전부터 줄곧 기다렸다고 했다. 공산 양반과도 초면이었지만, 성과 본관을 들어 보니 같은 씨족에 속한 사람들이었다. 자기들이 족보 속 어디쯤에 이어져 있는지 찾아보고 싶다는 게 방문한 목적이었다.

두 손님은 사촌 간으로 각자 부친의 함자는 알고 있지만, 그 이전의

계보는 알 수 없게 되었다고 했다. 두 사람은 한참 전부터 조상 찾기를
계속해서 조부, 증조부, 고조부 4대까지는 이름만이라도 간신히
찾아냈지만, 더 위로는 알 수 없었다. 공산 양반이 문중에 출입한다니까
그에게 물으면 혹시 알 수 있지 않을까 하는 말을 어딘가에서 듣고서
찾아왔다고 했다.

단서라고는, 두 사람 중 한쪽의 부친의 유품 속에 있던 오래된 가승家乘
하나뿐이었다. 가승이란 족보 같은 씨족 전체의 계보가 아니라 자기
직계조상만을 기록해둔 것이다. 그런데 이 기록도 지금까지 간신히
찾아낸 고조부보다 훨씬 앞 대에서 끝나 있어서, 그게 몇 대 전의
조상인지조차 전혀 알 수 없다고 했다.

공산 양반은 족보를 꺼냈다. 가승에 기록된 세계에 해당하는 부분을
찾아보려는 것이었다. 단서로 삼은 것은 기록된 인물들의 이름의
항렬자行列字였다.

항렬자란 이름에서 세대를 표시하는 문자를 말한다. 한국 사람의
이름은 일반적으로 성명 중 성이 아닌 개인명이 두 글자로 되어 있는데
그중 한 글자가 항렬자이다. 같은 씨족의 같은 세대 사람들은 같은
항렬자를 쓰거나 아니면 적어도 글자의 변邊이나 방旁 등에 같은 요소를
포함하도록 정해져 있다. 항렬자가 되는 문자에는 오행설에 근거해서
목木·화火·토土·금金·수水를 돌아가며 사용하도록 되어 있다. 예컨대 앞
장에 나온 응순, 명순, 달순의 경우에는 항렬자인 순淳 자에 수(水, 氵)가
포함되어 있다.

이 항렬자를 실마리로 찾아본다는 것이지만, 좌우지간 공산 양반이

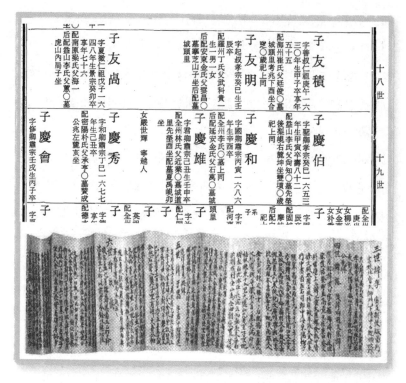

≫ 족보의 기재례(위)와 가승(아래)

가지고 있는 족보는 전부 30여 권이나 되고 손님들이 가져온 가승에는
시조부터의 기록이 있을 리도 없었다. 도중의 세대부터 시작해서 도중의
세대에서 잘려져 있는 상황이니, 조상을 찾기란 실로 대단한 작업이었다.
몇 번인가 비슷한 이름을 찾았지만 앞뒤의 계보가 부합하지 않았다.
밤늦도록 족보를 뒤졌지만 결국 찾아내지 못했고, 공산 양반한테서 문중의
임원을 소개받은 후 손님들은 돌아갔다.

"저 양반들 참말로 딱한 양반들이여. 몇 대 전부터 근근이 입에
풀칠하는 생활을 하다 본게 조상도 모르고 살았다는 거여. 근디 들어본께
우리 일가라네이. 지금 와서야 겨우 생활에 여유가 쪼까 생겨서 인자부터
조상을 찾아볼라고 열심히 이곳저곳 물으러 다닌다는디, 조상이 누군지도
모른다니, 우메이, 세상에 으찌끄나."

공산댁은 눈물을 글썽일 뿐이었다.

우리 집의 보책, 남의 족보

청산동이라는 마을은 영산강의 지류가 만든 평야가 산지에 접한 곳에
있다. 동네는 평지의 논이 끝나는 곳부터 뒷산 사면으로 뻗어 있는
형상이다. 그중 제일 높은 곳에 있는 것이 교승 씨의 집이다. 교승 씨
집에서 조금 더 올라간 곳에는 조상의 묘소가 점점이 흩어져 있다.
그러니까 그의 집은 거리상으로 조상에게 가장 가까운 곳에 있는 셈이다.
그런 탓은 아니겠지만 교승 씨는 풍모도 언동도 노성해서, 동세대의 다른
사람들과는 조금 느낌이 달랐다. 서른세 살이라는 나이로 보면 나랑 같은
세대지만, 아무래도 세대가 다르다는 느낌이 있었다. 내 기억 속에 나타날
때도 그는 반드시 교승 '씨'지 결코 '교승이'는 아니다.

어느 날 교승 씨한테서 갑자기 초대를 받았다. 같이 식사하면서 한잔
하자는 것이었다. 심부름을 온 것은 성추였다. 교승 씨와 성추는 친척
간으로 나이로는 네 살밖에 차이가 나지 않지만, 세대관계로는 교승 씨

쪽이 한 항렬 위니까 아저씨와 조카 사이였다.

　나 때문에 오리까지 한 마리 잡아 끓여 온 찌개를 놓고 막걸리를 마시면서 화기애애한 술자리가 한창 무르익을 무렵, 교승 씨가 갑자기 진지한 표정으로 물었다.

　"근디 시마 씨, 당신 근래에 자꾸 보책譜冊을 보고 있는 모양인디, 뭐 할라고 그런다요?"

　갑자기 이런 질문에 부딪히면 늘 당황하고 만다. 왜냐하면 이것은, 인류학 연구라고 하면서 네가 하고 있는 일은 대체 어떤 내용인가 하고 정면으로 물어오는 것과 같기 때문이다. 다시 말하자면 인류학이 뭐냐, 한마디로 대답해 봐라 하는 질문을 받은 셈이다.

　"한국에서는 씨족제도가 매우 잘 발달해 있습니다. 조상을 소중히 모시고 제사를 지낸다든지, 친척들끼리 모여서 문중을 만든다든지 하고 있지요. 이런 건 일본에는 전혀 없는 것인데, 한국을 알기 위해서는 이 제도를 이해하는 게 매우 중요하다고 생각합니다. 그러려면 족보는 매우 중요한 자료가 되는 것이어서……."

　횡설수설 대답하는 내 말을 가로막듯이 하면서 교승 씨는,

　"나가〔내가〕 하는 말은 것은 고런 것이 아니고. 어째서 우리 보책을 샅샅이 캐고 있냐 그 말이여."

하고 따졌다. 성추가 나를 도와주려는 듯이 끼어들었다.

　"아재, 족보라는 것이 특별히 비밀스러운 걸 써논 것도 아니고 인쇄해서 모다 갖고 있는 것인디, 넘한테 보이면 안 되는 건 아니지라우. 글고 한국을 연구하기 위해 보고 싶다는 거니께, 봐도 상관읎지 않겠소."

"자네, 족보라는 경망스러운 말은 쓰는 것이 아니여. 이것은 보책이라고 하는 게 맞제."

"족보나 보책이나 거기서 거기제. 대개는 표지에 족보라고 떡하니 적혀 있는디요."

"자네는 문자를 모른갑구만. 자기 집 것은 보책이라고 부르는 것이여. 글고 자네는 젊어서 모르는 모양인디, 보책에는 조상의 일이 적혀 있응께, 함부로 넘한티 보여 주는 것이 아니여."

어쩐지 나를 제쳐 두고 아저씨와 조카 사이가 논쟁을 벌이는 듯했다. 성추도 결코 온화한 성품이라고는 할 수 없어서, 곁에서 듣고 있는 내 쪽이 위태위태한 느낌이었다.

여기서 교승 씨가 '남'이라고 표현한 것에는 특별한 의미가 있다. 한국어의 '남'이라는 말은 단지 자기 이외의 사람이라는 의미의 타인이 아니라 자기와 친족관계도 무엇도 아닌 '생판 남赤の他人'에 가까운 의미를 담고 있어서, 우리 집단과는 확실히 구별되는 타인을 가리키는 말인 것이다. 그리고 조상은 '우리'하고만 관련된 집안의 조상이고, 조상이야말로 '우리'를 '우리'로 만드는 근거다. 그것은 한 사람 한 사람의 세계를 통합하는 중요한 가치의 하나로, 타인이 함부로 개입하는 것을 허락할 수 없는 신성한 사항이다. 우리 집 족보를 남의 족보와 동렬에 놓아서는 안 된다, 하는 게 교승 씨의 마음이었던 것이다.

나중에 성추는,

"교승이 아재는 생각이 좁고 고루하당께. 자기 조상만 대단한 사람인 마냥 떠받드는 거는 시대에 뒤떨어졌다고 할 수 있제."

하고 말했지만, 성추인들 처음부터 이런 식으로 냉정한 시각을 가졌던 것은 아니다. 예전에 '효도'에 대해 성추가 이런 이야기를 한 적이 있다.

"효도란 게 뭣일까이? 되도록 부모님이 바라시는 걸 해드리는 것이 아닐까이? 내 생각에 쪼까 억지라고 생각되더라도, 고게 부모님이 바라시는 거믄 내 생각을 누르고라도 부모님 바라는 대로 해드려야제. 아, 자기를 버리고, 마음으로부터 부모의 소원을 들어 드려서 부모의 마음이 흡족하게코롬 해드리는 게 진짜 효도가 아인가?"

이건 마치 "임금이 비록 임금답지 못하다 하더라도 신하는 신하됨을 끝내 포기해서는 안 된다."가 아닌가?[8] 나랑 동갑인 성추의 입에서 나온 이 말에 나는 내심 엄청난 충격을 받았다.

머리가 빨리 돌아가는 성추는 물정 모르는 외국인인 나와 허물없이 사귀면서 내가 어떤 것에 관심을 갖고 있는지를 알게 됨에 따라, 어떻게 표현하면 내가 알아듣기 쉽게 설명할 수 있는지 요령을 터득했다. 그리고 그 사이에, 좋고 나쁘고를 떠나서 외국인한테는 다른 시각도 있다는 것을 깨달았다. 그런 만큼 (적어도 나와 함께 있을 때만큼은) 한국인 치고는 일종의 '주변인marginal man'이 되어 있었던 것이다.

남의 집 가계를 엿본다든지 하는 건 역시 별로 좋은 취미는 아니다. 교승 씨 쪽이 훨씬 건전한 것이다.

---

8 君雖不君 臣不可以不臣. 공안국孔安國의 『고문효경古文孝經』 서序에 나오는 말이다. 김용옥, 『효경한글역주』(통나무, 2009), 319쪽.

중태 아재가 개를 샀다. 혈통서가 붙은 도사견이라는데, 아직 너무 어린 강아지여서 진위 여부는 알 수 없었다. 중태 아재가 씩 웃으며 말했다.

"일본서는 개는 족보가 있는디, 사람 족보는 없담서?"

5. 윤택이의 세계: 역사를 어떻게 이해하는가

베트남에서 돌아온 윤택이

베트남 전쟁 말기, 한국군 일부도 베트남에 파견되어 미군과 함께 작전에 참가했다. 이 나라의 군대가 나라 바깥에 나가 싸운 것은 13세기 후반에 원元의 강요로 원군의 일본 원정에 따라나선 이래 처음 있는 일이다. 문치文治의 전통이 이어져 온 이 나라로서는 특이한 사태였다.

　베트남 파견군 중에는 청산동의 청년도 두 명 포함되었다. 그중 한 명인 윤택이는 무사 귀환했지만, 다른 한 명은 결국 돌아오지 못했다.

　"베트남 가겠다고 지원했을 때는 그렇게 심각하게 생각도 안 했제. 근디 베트남 가는 치들만 본대本隊에서 갈라서 기차로 진해항에 모타 놓고 고대로 수송선을 타게 되었을 때는, 어짜끄나, 인자는 고향에 못 돌아가나 싶어서 겁나게 안타깝고, 지원한 걸 허벌나게 후회했제. 그치만 이미 늦은 걸.

베트남 도착해서는 뭐 정신 읎었지라. 무서워할 틈도 읎었제. 그란디 같은 부대 놈이 포탄에 맞아서 불알이 풍선처럼 부서[부어] 갖고, '죽기 싫어, 죽기 싫어' 하고 울부짖음서 죽는 걸 보고 나서는 진짜로 무서웠어야. 어찌 됐건 살아서 돌아가야겠다 싶었제."

무사귀환해서 제대한 윤택이는 서울이며 광주의 시장에서 옷 장사를 시작했지만 실패하고, 결국 마을로 돌아오게 되었다. 국민학교[9]밖에 나오지 못한 윤택이는 마음에 드는 취직자리를 찾을 수 없었고, 장남이라 부모님을 모셔야만 했다.

윤택의 아버지는 청산동에서 태어나지 않았다. 골짜기 더 안쪽 마을에 살고 있었는데, 한국전쟁 때 처가를 의지해 피난 와서 여기 살게 되었다고 한다. 윤택이가 두 살이 되었을까 말까 할 무렵이었다. 청산동에는 윤택이네 말고도 그때 피난 온 집이 몇 집 더 있었다.

윤택이와 역사

스물다섯 살의 윤택이는 저녁마다 늘 내 방에 놀러와 모이는 패거리 중 한 명이었다. 다른 손님이 없을 때는 둘이서 이야기를 하다가 화제가 조상 이야기에 미치는 적도 있었다. 내 쪽에서 그렇게 유도했다기보다도, 대화

---

9 1996년 3월 종전의 '국민학교'라는 명칭을 '초등학교'로 바꾸었다.

가운데 뭔가가 실마리가 되어 윤택이 쪽에서 그쪽으로 화제를 몰고 가는 경우가 많았다.

한자를 모르는 윤택이는 자기 집 족보를 볼 수가 없다. 따라서 그가 조상에 대해 알고 있는 것은 아버지나 친척들한테 들은 것과 실제로 조상의 제사에 참가하면서 알게 된 것, 그러니까 조상의 묘소가 어디 있다든지 그게 몇 대 조상의 묘라든지 하는 데 불과했다. 그 조상들의 이름도 모르고, 이해한 내용에 혼란스러운 데가 있는 것은 어쩔 수가 없었다.

"우리 집안은 11대 전부터 요 웃마을에 살고 있었는디, 묘소도 전부 거기 있제. 해마다 제사를 지내러 가니께 워딘지는 다 알지라. 청산동의 장가는 한 집 빼고는 모다 같은 파派인디. 가까운 일가뿐이여. ○○ 아재 집과는 10대조부터 갈라지고, ××댁과는 6대조에서 갈라진 거여.

그보다 더 웃대 산소는 다른 데 있고 제사도 그짝에서 지낸다는디, 워딘지는 나도 잘 모르겄어. 족보에 다 적혀 있다는디.

11대조께서 여그로 옮겨 오시게 된 건 임진왜란 때라니께, 거시기 피난 오신 모냥이여.

웃마을 살 때는 부자는 아니라도 그냥저냥, 글케 못살지는 않았는가 비여. 논밭도 우리 것이 있었다는디. 아, 그런디 6·25가 터진 거여. 집도 땅도 모다 버리고, 그저 목숨만 근근이 도망쳐 나온 거여.[10]

_____

10 나주 지역은 1950년 7월 말부터 10월 초까지 인민군에게 점령되었고, 그 전후로도 군경과 좌익 입산대入山隊(빨치산)의 충돌, 양민학살 등이 있었다. 그러나 당시 청산동의 자세한

≫ 음력 10월에 묘소에 모여 지내는 일가의 조상 제사

우리 집은 시방 논도 밭도 없어서 가난하게 살고 있지라우. 그놈의
6·25만 아니었으면 이렇게 뼈 빠지게 고생은 안 했을 텐디.

시마 상 앞에서 좀 뭣한 얘기지만, 왜놈들은 진짜로 나쁜 놈들이여.
임진왜란 때는 우리나라 보물을 싹 쓸어 갔제. 일제시대에는 왜놈들이
와서 몽땅 가져가 브러서 우리는 먹을 것도 읎었는디, 아, 6·25 때도
일본놈이 와서 전부 뺏아가 브렀다고이. 아, 원래 한자도 우리나라의 왕인
박사가 일본 가서 가르쳐준 거 아니여?"

사정은 알 수 없다. 지형으로 보아 '웃마을' 쪽이 큰 산에 가까우므로 윤택이네는 빨치산
이나 군경의 빨치산 토벌을 피해 온 것으로 짐작된다.

윤택이는 이야기를 하는 동안 점점 흥분하다가, 늘 이쯤에서 내용이 뒤엉켜 버린다. 한국전쟁은 일본의 식민지 지배가 끝난 뒤의 일이라고 지적해도, "나도 안당께." 하면서 금방 다시 혼란 속으로 돌아가 버린다.

내가 말하고 싶은 것은 윤택이의 역사 인식이 혼란스럽다는 것도 아니고, 일본인이 모든 악의 근원으로 치부되고 있다는 것도 아니다. 그런 것은 크게 상관이 없다. 단지 그 얘기라면, 윤택이는 국민학교밖에 못 나왔으니까 정확한 지식이 없어도 어쩔 수 없다든가, 해방 후의 반일적反日的 역사교육의 성과가 여기 드러나고 있다는 식으로 설명하거나, 아니면 역시 일본은 나쁜 짓을 한 것이라는 판단으로 끝나고 말 터이다.

내가 주목하는 것은, 그의 지식 안에 점점이 존재하는 역사적 사건들이 국가나 사회 전체의 역사 이해와는 다른 차원에서 현재의 윤택이의 삶 속에 살아 있다는 점, 다시 말해 그것들이 구체적으로는 몇백 년쯤 전부터 현재에 이르기까지 그의 조상의 계보와 겹쳐져, 그 전부가 현재의 자기 생활을 생각할 때 한꺼번에 솟구쳐 온다는 점이다. 보통의 일본인이 자기 신상에 대해 생각할 때 이렇게까지 역사가 고개를 내미는 일은 거의 없다.

인식되는 시간

물리적으로 보면 시간은 시시각각 흘러가는 것이지만, 인식되는 시간은 그렇게 찰나적인 것이 아니다. 현재라는 시간은 그 안에 과거와 미래를 포함하고 있다. 그러므로 각각의 사람에게 현재는 그 사람의 체험에 대응하는 시간적인 두께를 갖고 있다. 문제는 얼마쯤의 과거가 어떤 형태로 체험을 구성하고 그것이 어떻게 해석되고 있는가이다.

일본인이라면 어떨까? 나이 지긋한 사람들이라면 제2차 세계대전은 물론 직접 경험한 것이고 현재의 생활에 직결되는 과거이리라. 그러나 전후에 태어난 세대로서는, 아무리 그것에 대해 공부하고 그 의미를 생각해 보려고 해도 기껏해야 추체험追體驗하는 정도지, 그것을 자신의 역사로 실감하는 사람은 극히 소수일 것이다. 바로 그렇기 때문에 전쟁 체험이 풍화風化되고 있다거나 전쟁 체험에 대해 계속 이야기해야 할 필요가 있다고, 한편에서는 부르짖고 있는 게 아닐까?

그러나 실제 체험을 결여한 이해는, 종종 머리만 커서 관념적인 것이 되고 말 위험성도 품고 있다.

국적으로 인한 껄끄러움

나중에 찾아가게 될 (경상북도 성주의) 상월동에서도 그랬지만, 청산동에서도 친해진 청년들한테서 색싯집에 가자는 권유를 받은 적이 몇 번 있었다.

"남자들하고만 얘기를 해서는 안 돼야. 한국의 여자를 모르고는 진짜 한국을 안다고는 못 하제."

농담 반으로, 그러나 나중의 반은 진지한 얼굴로, 이렇게 말하며 꼬드기는 것이다.

공교롭게도 일본인 관광객이 증가하면서 그 실태가 눈꼴사납게 되어 가고 있던 무렵이었다. 여대생들이 김포공항에서 매춘관광 반대 데모[11]를 했다는 뉴스도 전해지고 있었다. 거기에, 이차 대전 중에 조선의 여성들이 일본군 위안부로 끌려갔던 과거가 겹쳐졌다. 별로 도학자道學者입네 하고 싶지는 않았지만, 도저히 색싯집에는 같이 갈 수가 없었다.

그러나 청년들 입에서 이런 이야기가 나오는 건, 내가 다른 나라에서 온 외국인이라는 꼬리표가 얼마쯤 퇴색되고 같은 세대의 인간이라는 상호 이해가 적어도 어느 정도까지 통용되게 되었다는 뜻이기도 하다. 그들은 나를 외국인(그것도 일본인)으로 보고 권한 게 아니다. 늘 같이 술을 마시고 화투를 치며 노닥거리는 친구에게 자기들이 즐겁다고 느끼는 또 하나의 경험을 함께 나누자고 권했을 뿐이다. 그러니까 그들과 나의 관계만을 가지고 보자면, 일본인이니까, 하는 나의 껄끄러움은 번지수를 잘못 짚은 이유밖에 되지 않는다. 하지만 그들이 국적이 다름을 잊어준 바로 그 시점에, 나는 국적 때문에 과거에 구애받지 않을 수 없게 되었다.

혹시 나도 국적이 다르다는 점을 일시적으로라도 떨쳐버릴 수가 있다면, 남은 문제는 성性에 대한 윤리적 판단뿐이다. 하지만 한국에도 일본에도 섹스 산업이 있는 것은 사실이고, 게다가 그것 자체를 문제로

---

11 1960년대 후반의 고도경제성장과 특유의 접대문화에 근거하여 일본인 남성들의 해외 매춘관광이 증가했다. 1972년 일본이 중국과 수교하여 타이완과 멀어지면서 그 대상지는 대한민국으로 바뀌었지만 외화 획득을 노린 한국 정부는 소극적으로 대처했고, 여기에 대해 1973년 말 한국과 일본의 여성들이 '매춘관광 반대', '섹스 침략 반대' 등의 구호를 내세우고 공항 등에서 반대시위를 벌였다. 당장의 매춘관광도 문제였지만, 돈 많은 일본인(남성)들이 가난한 아시아 다른 나라(여성들)를 성적으로 착취하는 구조가 식민지 지배의 기억과 겹쳐지면서 상당한 반발을 불러일으켰던 것이다.

삼지 않는 친구들한테 도덕론을 퍼붓고 싶지도 않았다. 도대체 생과 사, 남과 여 같은 근원적인 문제를 붙들고 힘든 체험을 해본 적도 없는 주제에 번지르르한 말을 늘어놓아 봐야, 여대생들의 데모만큼의 의미도 갖지 못할 것이다.

"일본에도 그런 데가 허벌나게 많다는 정도는 우리도 안당께. 아니면 시마 상은 한국 여자는 싫다 이것이여?"

이런 식으로 역습을 당해서,

"그런 건 아니지만, 한국과 일본 사이에는 과거의 역사도 있고 해서, 아무래도 좀 찜찜하네."

하는 식으로 어물쩍 넘어가게 되었다. 그러나 동시에, 흥분한 윤택의 이야기 중에 혹시

"인자는 왜놈들이 돈다발을 쥐고 여자를 낚으러 온다네."

하는 말이 나온다 해도 변명의 여지가 없는 매춘관광이라는 사실이 존재하고, 앞서 말한 여대생들의 데모 역시 일제 36년에 대한 항의와 밀접하게 관련된 것이다.

시원하게 대답을 하지 못하는 내게 청년 한 명이 어이가 없다는 듯이 말했다.

"뭣이여, 시마 상. 사람은 역사만으로 사는 건 아니잖은가?"

완전히 한 대 먹은 꼴이었다.

이야기가 꽤나 곁길로 새어 버린 것 같다. 눈높이의 역사 이야기로 돌아가
보자. 내 신상의 일을 제외하면 구체적 경험으로 내가 떠올릴 수 있는
가장 오래된 역사적 사건은 1954년의 정촌합병町村合倂으로 내가 살던
정町이 시市가 되어 축하회가 있었던 것과, 내가 막 중학생이 된 1960년에
안보반대투쟁으로 간바 미치코樺美智子 상[12]이 죽었다는 뉴스를 듣고
영문도 모르면서 몸이 떨렸던 일 정도다. 다섯 살 무렵에 일어난
한국전쟁은 나중에 책을 통해서 알게 되었을 뿐이다.

　혹시 내가 나이를 헛먹지 않았다면 지식으로 얻은 것에 대한 이해도
조금씩은 깊어지고 있으리라 기대하지만, 머리로 '이해한다'는 조작 말고,
마치 윤택이가 임진조일전쟁(임진왜란)을 이야기하듯이 그 역사적 사건을 내
신상의 일로 실감하는 정도에는 도저히 미치지 못한다.

　조상에 대해서도 내가 조금이라도 알고 있는 선조는 증조부까지로,
그것도 함자銜字만이다. 구체적 이미지가 동반된 조상은 조부모까지로, 그
이전의 조상은 다소 신비한 '조상님들'일 뿐이다. 그분들이 사셨던
시대는 진짜 '옛날'로, 아무리 감정이입을 해보려고 해도 그 시대를 나
자신의 과거로 이해하기란 불가능하다.

　여기에 비하면, 윤택이한테 조상은 그 한 분 한 분의 묘가 지금까지도

12　당시 도쿄대 학생이자 공산주의자연맹의 일원으로, 1960년 6월 15일 전학련全學連 주류
　　파가 국회에 돌입했을 때 경찰과 충돌하는 과정에서 압사했다.

≫ 이른 봄, 한식寒食을 앞두고 손상된 묘를 손본다.

잘 손질되어 남아 있고, 매년 그곳에서 올리는 제사는 윤택이의 현실적
체험의 일부다. 그리고 매일 얼굴을 마주하는 친척인 ○○ 아재와의
관계가 따지자면 10대조까지 거슬러 올라가듯이, 계보관계가 현재
일상생활의 질서를 세우고 유지하는 데 의미를 가지고 있는 것이다.
그것은 윤택이가 읽지 못하는 족보에 기록되어 있을 뿐인 '옛날 일'이
아니다. 개별성을 유지하는 조상을 매개로 해서 윤택이의 의식 속에
들어오는 개인적인 과거의 길이는, 증조부모 대에 가면 벌써 구체성을
잃어버리는 나의 과거 시간대와는 비교할 수 없을 만큼 길다.
　하지만 윤택이가 자기 생활에 직결된다고 의식하는 과거를 저 먼
조상에서 가까운 조상으로 내려오며 점차 축적된 것으로 인식하고 있는지

어떤지는 의문이다. 오히려 그의 기억 속의 과거는 너무나도 현실적이어서, 원근감 없이 현재에 동시적으로 존재하는 것은 아닐까?

유구한 사람의 연결

앞 장에서 언급한 족보는 각각의 씨족의 기나긴 역사를 그동안에 태어난 사람들의 이름을 나열해 놓은 계보의 형태로 보여 주는 기록이다. 각각의 묘에서 매년 제사상을 받으며 이렇게 개성을 가지고 자손의 마음속에서 계속 살아가는 조상 가운데는 나라의 역사에 등장하는 인물도 적지 않다. 게다가 그들이 남긴 사적事蹟과 위신이 현재의 자손들의 사회적 지위와 직접 관련되어 있다면, 역사는 남의 일이 아니다. 과거와 현재가 이중 삼중으로 서로를 되비추는 이런 역사 인식의 관점에서 보자면, 겨우 40여 년 전 일인 일본의 식민지 지배는 물론 400년 전의 도요토미 히데요시의 조선출병朝鮮出兵(임진조일전쟁) 또한 현재의 생활 속에 직접적으로 살아 있는 역사인 것이다.

그러나 족보가 시간의 누적과 함께 차츰 변화해 가는 역사를 반영하고 있는가 하면, 그렇게 말하기는 힘들다. 오히려 반대로, 족보가 이야기하고 있는 것은 유구한 옛날부터 변함 없이 이어져 오는 사람들의 연결이며, 시간의 경과는 단지 족보에 기재된 사람들의 수적 증가와 세대의 진행이라는 형태로 드러날 뿐이다. 본래 족보란 맨 앞에 기재된 시조의 시대부터 연면連綿히 계속 기록되어 온 것이 아니다. 족보의 편찬이 일반화된 것은 훨씬 후대의 일이고, 또 그 기재 방식도 시대에 따라 변해왔다. 그러나 사람들이 자신의 과거의 기록으로 참조하고 있는 현재의 족보에서 이런 사정을 읽어 내기란 불가능하다.

족보 편찬사업에 집약적으로 드러나는 일가돈목—家敦睦의 열정이라든가 조상과의 연결을 구체적 행위로 표현하는 조상 제사가 유교사상의 침투라는 역사적 과정 속에서 차차로 형성되어 온 것이라고 받아들이는 이는 상당히 역사에 조예가 깊은 사람뿐일 것이다. 오히려 일반적으로는 조상이라는 '신성한 영역'이 문제가 된다는 것만으로도, 거기에 '역사적 과정' 따위 속된 해석이 끼어들 여지는 없게 된다. 신성함이란 '맨 처음에 이랬다'는 형태로 현재를 설명하는 것이다.

나(그리고 아마 많은 일본인)한테는 나 자신의 현재를 구성하고 있는 과거가 스스로 사리분별이 생긴 이래의 극히 짧은 것에 지나지 않고 그런 의미에서 몰역사적이라고 한다면, 윤택이(그리고 많은 한국인)한테 과거는 시간의 깊이가 무시된 채 그 전부가 현재 속에 동시에 분출하고 있다는 의미에서 역시 평면적이고 비역사적인 것은 아닐까?

6. 연애결혼: 부모의 눈, 남들의 눈

새벽에 봉창 두드리는 소리

2월 하순, 최근 들어 계속 외출을 했다 하면 대낮부터 술에 취해 돌아오던 공산 양반이, 처가에 처남, 동서들끼리의 계 모임이 있으니까 이삼일 묵고 온다면서 아주머니와 함께 집을 나섰다. 계 모임을 하기에는 시기가 조금 이상하지 않나 싶었지만 별로 마음에 두지 않았다.

그날 밤, 우리 방에 들어오자마자 성추가,

"어이, 시마 상, 은희(공산 양반의 큰딸)가 결혼한담서? 공산 양반 그 혼사 땜시 나가신 거 아니여?"

하고 물었다. 새벽에 봉창 두드리는 소리였다.

"그런 말 못 들었는데. 계 모임이 있다 그러시던데."

하고 대답했더니,

"나가〔내가〕 보기엔 혼담 하러 가신 거여."

하고, 물러서지 않았다.

다음 날 저녁, 이번에는 동곡 아짐이 찾아왔다.

"은희가 결혼한담서? 그라지요?"

소문을 들은 동곡 아짐이 내게 확인을 하러 온 것이다. 아무래도 이건 진짜 같았다. 유 군도 나도 한 지붕 아래 살면서도 아무것도 몰랐는데, 동네 사람들은 벌써 낌새를 알아챘던 것이다.

부모 마음

공산 양반이 돌아온 것은 나흘째 되는 날 저녁때였다. 불콰한 얼굴로 내 방에 들어와 책상다리를 하고 앉으면서,

"실은 은희가 결혼을 허게 생겼네. 다음 주에 저짝 부모가 선을 보러 온다는디, 이 말은 아무한티도 하지 말게이."

계契

계란 친한 사람들끼리 모여서 만드는 임의집단이다. 친구 간의 친목을 돈독히 하기 위한 친목계, 부모의 상을 당했을 때 상호부조를 위한 위친계爲親契나 상포계喪布契, 자녀가 결혼할 때 상호부조를 위한 혼인계, 그리고 일본의 다노보시코賴母子講나 무진無盡과 비슷하게 비싼 물건을 순번에 따라 구입하기 위한 계나 돈 불리기를 목적으로 하는 계 등 여러 가지 종류가 있다. 특히 돈 불리기를 목적으로 한 계는 도시에서 널리 행해지고 있으며 고리사채로 사금융에서 큰 비중을 차지하는데, 때로는 사회문제를 일으키는 경우도 있다.

하였다. 벌써 소문이 돌고 있는 것 같다고 했더니, 끄응… 하고 신음을
내며 생각에 잠겨 있다가,

"나겉이 남의 빚을 지고 있는 놈이 딸을 시집보낸다고 하믄 숭〔凶〕을
보는 사람이 있을 텐께, 떠들고 다니지 말게이."
하고 입단속을 하는 거였다.

은희는 중학교를 나와 광주시의 어느 회사에서 사무원으로 일하고
있었는데, 그 회사의 직원과 결혼하게 되었다고 했다. 도시에 나간 딸이
멋대로 연애를 했다고 하면 부모의 체면이 완전히 구겨지고 만다. 게다가
딸을 시집보내려면 그 비용을 어떻게 조달할지도 큰 문제다(덧붙이자면,
마을의 상층 농가 중에 나이 찬 딸이 있는 집에서는 딸의 결혼 비용으로 200만 원 정도를
예상하는 듯했다. 쌀로 환산하면 약 75석 정도이다. 쌀로 환산한 이유는, 인플레이션이
심해서 현금으로는 그 액수를 실감하기 어렵고, 농촌에서는 쌀을 기준으로 생각한다는, 두
가지 이유 때문이다). 이번에 부부 동반으로 외출했던 것은 공산댁의 친정 쪽
친척들과 그 수습방안을 의논하기 위해서였다.

이야기를 하고 있는 도중에 들어온 공산댁은, 동생들도 아직 어리고
은희가 앞으로 2, 3년 더 일해 주면 조금은 형편이 나아질 텐데, 걔는
시집갈 때 가져갈 금침까지 자기가 다 준비해 놓은 모양이어서, 상대
남자한테는 화가 나서 죽을 지경이지만 결국 시집을 보낼 수밖에
없겠다며 한숨을 쉬었다. 자식이 많은 공산 양반 내외로서는 은희가
보내오는 얼마 안 되는 돈도 귀중한 현금 수입이었다. 공산댁도,

"딸내미가 연애를 걸었다고 혀서는 낯을 들고 다닐 수가 없응께, 딴 데
가서 이 말은 절대 하지 마쇼이. 외삼촌(은희의 외삼촌, 공산댁의 오빠)이 중신해서

결혼하는 걸로 허기로 했응께요이."
하고 다짐을 받았다. 결혼이 불가피해진 이상, 연애결혼이라는
오점만큼은 어떻게든 좀 없애 보려고 신경을 썼던 것이다.

불장난

그날 밤 현수가 와서는 나한테 그 얘기를 캐내 보려고 이것저것 넘겨짚는
소리를 해왔다. 실은 나도 동곡 아짐한테 소문을 전해 듣고 놀란 참이라고
얼버무렸더니, 그럼 어찌된 영문인지 들려주겠노라고, 거꾸로 자기가
이야기를 시작했다.

　"동네 사람들이 어떻게 알아 브렀는지 시마 상은 모르지라? 작년
여름인가, 젊은 사람끼리 주막에서 한잔 하는 자리에서, 요전번 은희가
돌아와서 편지 같은 걸 쓰고 있던디, 그랑께 뭣이냐, 남자친구라도 생긴
거 아니냐 하믄서 소문이 났거든. 저참부터 그런 낌새는 있었제.

　지난 설에 광주에서 학교 댕기는 내 여동생이 돌아와서는, 동네서
은희에 대해서 무슨 얘기들 읊냐고 묻더라고. 아무 얘기도 읊는디
했드만, '동네서도 모다 알고 있을지 모르지만, 나 결혼할지도 몰라야.'
하고 은희 지가 말을 하더라는 거여. 내 동생하고 은희는 친구라서
광주서도 자주 만나서 얘기를 하니께. 지 입으로 동네서도 모다 알고
있을지 모르지만 한 걸 보며는, 진작부터 있던 얘기가 아닌가이.

　공산 양반이 그 얘기를 부정하는 것은 집안 형편을 생각해설 거여.

은희가 앞으로 2, 3년 더 일을 해주면 세간이 쫌 필 텡께. 그치만 지난
설에 은희가 댕기러 와서 사흘이나 있다 갔응께 거시기 그 얘기를 할라고
온 게 아닐까 하고 있는디, 이번 참에 공산 양반이 부부 동반으로 광주로
너댓새씩 나가신 걸 본께 인자 확실한 거제. 어째, 아닌가?"

사람들의 눈은 세세한 데까지 잘도 미치고 있었다.

현수의 이야기는 이윽고 청년들의 연애 이야기 쪽으로 옮겨 갔다.

"시방은 농촌의 젊은이들도 연애 정도는 한당께. 부모들이야
모르겠지만. 친구들끼리 서로 사촌을 소개하는 일이 많제. 부모 몰래
연애하다 위험한 일도 생기지만, 거시기, 대개는 사춘기의 불장난잉께.
결혼까지는 안 되제. 그러다가 들통이 나면 여자 쪽이 몇 배 욕을 먹지라.
그라고 불장난을 하는 건 나이가 비슷한 또래끼리 아녀? 그라다가 남자가
군대 간 사이에 여자는 대개 〔딴 사람과〕 결혼을 해븐당께.

그라고 친정과 시집이 한 동네 있으면 껄끄러운 일이 겁나게 있제.
사돈끼리 싸움이 나 블면, 친척이고 나발이고 읎는 것이여. 서로 간에
껄끄럽고 어려운 입장이 되어 버리는 것이제.

'변소와 사돈집은 멀수록 좋다'고 하제? 1년에 한 번이나 두 번 만나야
서로 반갑다고 닭이라도 잡아 주는 것이여.

내가 알기로는 이 동네서 연애결혼을 한 건 20년쯤 전에 두 집
있었는디, 둘 다 동네에선 살기 힘들어서 나가 브렀제. 연애결혼 따윈
안직은 도시에서나 하는 것이여."

공산 양반 내외가 그토록 신경을 썼음에도, 은희가 사귀는 사람이

모친과 직장 상사의 부인을 모시고 선을 보러 왔을 무렵에는 이 이야기는
동네의 화제가 되어 있었다. 특히 동곡 아짐처럼 농촌 식대로 말하자면
'한물갈 판인' 딸을 가진 부인들은,
　"딸을 치우고 잡은〔싶어 하는〕 집에서는 못 보내는디, 시집 안 보내고
잡은 집에서는 보내게 되는 그마이."
하며 오히려 부러워하는 것이었다.

　그해 가을, 수확을 끝낸 11월에 두 사람은 결혼했다. 그리고 이듬해,
마흔세 살이 된 공산 양반은 청산동 새마을청년회에서 탈퇴하는 동시에
할아버지가 되었다.

　10년 뒤, 다섯 명의 동생들 중 네 명은 광주시에 있는 누나 부부의 집에
살면서 학교에 다니거나 직장에 나가고 있었다. 청산동에 남아 집에서
나주의 고등학교에 다니는 막내딸은,
　"니 장래를 생각하믄 광주 학교에 가고, 부모헌티 어리광을 부리고
싶으면 나주 학교로 가라고 아버지가 그러셨어라우."
하고 수줍어하면서 말했다.
　"언니가 결혼했응께, 인자는 내가 일을 혀서 동상들을 학교에
보내야지라우."
　10년 전에 그렇게 말하며 고등학교 진학을 단념했던 둘째딸 숙희도,
좋은 사람을 만나 조만간 결혼하게 되었다. 공산 양반 내외의 손가락에는
숙희가 해드린 금가락지가 빛나고 있었다.

공산 양반도 공산댁도 결과적으로는 만족해했다. 은희 신랑은
자랑스러운 사위다.

7. 발전과 농촌: "살기 좋은 내 마을 우리 힘으로"

발전의 상징

"쫌 전에 서울 딸네 가면서 봤는디, 대전 근처는 농촌이 참말로 발전하고
있더랑께. 고속도로 근처에서는 농가에도 집집이 테레비 안테나가 서
있더랑께."

"광주 근처도 양옥으로 지은 농가가 겁나게 있지 않은가?"

"거기다 비하면 청산동은 아직 멀었당께."

"그려, 테레비도 안즉 없응께."

"여그는 언제 그렇게 될까이? 농촌도 인자 쪼끔씩 발전하믄 살기
좋아질 텐디."

"우리 마을도 그동안 쪼끔은 발전했잖여? ○○댁 집에는 아들내미가
테레비를 사 준담서?"

아주머니들의 우물가 회의의 화제에도 '발전'이라는 말이 튀어나왔다.
텔레비전은 발전의 상징 중 하나가 되었다. 그것은 텔레비전이 이제
조금씩 손 닿는 곳까지 와 있음을 보여 주는 현상인지도 모른다.

청산동의 새마을운동

청산동에서는 내가 마을에 들어가기 전해인 1973년에 새마을운동이
시작되었다. 1971년에 시험적으로 개시되어 이듬해부터 전국적으로
추진된 이 운동은, 중화학공업 중심으로 추진되어 온 국가의
경제개발계획 속에서 도시와 농촌의 생활수준에 큰 격차가 생겨 인구가
급속하게 농촌을 떠나 도시로 집중되고 농업생산 부문의 정체가 문제화된
데 대한 대응책으로서 시작되었다.

　청산동에도 농촌개발위원회가 설치되었다. 그리고 벌써 운동이 시작된

새마을운동
1970년 박정희 대통령의 지시로 '조국 근대화'의 구호 아래 시작된 전국적인 지역사회 개발운동.
새마을은 '새로운 마을'을 의미한다. '근면·자조·협동'을 슬로건으로, 농민의 의식을 개혁하
고 유휴노동력을 활용해 농촌의 근대화, 농가소득의 증대, 농업생산력의 확대를 목표로 하여
전국적으로 추진되었다. 운동 추진의 주체가 된 각 마을에서는 농촌개발위원회, 새마을청년회,
새마을부녀회 등이 조직되어 독농가篤農家 중에서 선발된 새마을지도자를 중심으로 자발적 사
업을 추진하도록 했다.
청년층 인구가 적은 청산동에서는 18세부터 42세까지의 남성 전원이 새마을청년회의 회원이 되
었다.

마을 몇 곳을 시찰한 결과, 생활환경 개선의 일환으로 마을 복판의 작은 길을 전면적으로 확장하기로 결정했다. 그러기 위해서 집집의 택지를 잘라 넣고 담도 다시 쌓고 경우에 따라서는 논도 잘라 넣어야 했으니까, 이 계획은 철저한 토론을 거쳐 실행되었다고 생각된다.

그 결과 어느 집에나 리어카는 물론 경운기까지 들어갈 수 있게 되었다. 아직까지 경운기를 보유한 집은 두 집뿐이지만, 조만간 도로 확장의 성과가 나타나게 될 것이었다. 게다가 예전에는 농기구며 비료, 수확한 벼나 보리도 소에 싣거나 사람이 등에 지고 나를 수밖에 없는 집이 많았으므로, 이것만 해도 엄청 편리해진 상황이었다.

"그거야 택지며 논을 잘라내는 건 큰일이지만서도, 거시기, 마을의 발전을 위한 것잉께, 다들 납득하고 흔쾌히 땅을 내놓았제. 석 달 동안이나 모다 나와서 일을 했그만. 여그는 옛날부터 인심이 좋은 마을이었당께."

하고 마을 사람들은 자랑스러워했다. 새마을운동의 노래 가사에도 있듯이, "살기 좋은 내 마을, 우리 힘으로 만드세"라는 슬로건 그대로 실행된 것이다.

그 성과로 청산동은 새마을 자조모범부락[13] 으로 뽑혀서 대통령으로부터 100만 원의 하사금을 받았다. 청산동은 모범부락에서 자립부락으로 발전을 꾀하기 위해 이 자금을 이용해서 육우肉牛 육성을 시작하기로

---

13 지은이가 쓴 '部落', '聚落', '村' 등의 용어는 문맥에 따라 '동네', '마을' 등으로 바꾸었
    지만, '모범부락', '자립부락', '부락총회' 등은 당시 실제로 쓰인 용어여서 그대로 두었다.

> 1970년대 나주군의 우시장

하고, 1974년 봄에 송아지 열 마리를 구입했다. 거기서 얻어지는 이익을 사육농가와 마을에서 반분半分할 예정이었다. 장래 전망은 밝은 듯이 보였지만……

오일쇼크와 청산동

이차 대전 전에는 일본으로 돈 벌러出稼ぎ[14] 가서 토목공사의 하도급 일을 했다는 죽곡 양반은 상당한 인텔리로, 청산동에서 일간신문을 구독하는 몇 안 되는 사람 중 한 명이다. 신문을 매일 보는 만큼 세계의 동향에도

관심이 있다. 어느 날 내 방에 놀러온 죽곡 양반은 책상 위에 있던 미국 주간지 『뉴스위크』를 손에 들고 페이지를 넘기고 있었는데, 이윽고 한 장의 사진을 보면서

"어이, 시마 상, 요거는 뭣을 하고 있는 것이여?"

하셨다. 그것은 몇 마리의 소가 구덩이에 묻히는 사진이었다. 해설에는 오일쇼크의 영향으로 소의 사료값은 뛰는데 육우 가격은 하락 일변도여서, 경영 부진에 빠진 미국 서부의 목장주들이 정부에 항의하기 위해 소를 도살해서 묻고 있다, 고 되어 있었다.

"흐응, 미국서도 그런당가? 짜나운〔아까운〕 일이지만 어쩔 수 없제."

죽곡 양반은 연신 고개를 끄덕였다.

실은 한국에서도 이 무렵 비슷한 현상이 일어나고 있었다. 예컨대 1975년 1월 10일자 『동아일보』에는 「사료 가격은 올라가고, 가축 가격은 폭락」이라는 제목으로 다음과 같은 기사가 실렸다.[15]

"…… 농수산부에 따르면, 전국 배합사료 가공업계는 사료 원료인 옥수수 가격이 지난해 11월까지 톤당 147달러에서 올 들어 175달러선까지 오른 것을 이유로, 지난 6일을 기해 배합사료 가격을 최저 13퍼센트에서 최고 18퍼센트까지 인상해서 출고하고 있다.

---

14 '데카세기出稼ぎ'는 일정 기간 동안 고향을 떠나서 노동을 하는 것을 가리킨다. 현재 한국의 단기취업 외국인 이주노동자도 '데카세기'라고 할 수 있다.

15 판版이 달라서인지 동아일보 아카이브(http://www.donga.com/pdf/archive/)에서는 이 기사를 찾을 수 없었다. 이와 비슷한 내용의 1975년 1월 9일자 2면 「사료값 18% 올려 出庫/換率·加工費 引上 평계로」 기사를 참조해서 옮겼다.

그러나 가축의 시가는 불황에 따른 수요의 감퇴와 사육 규모의 증가 및 대형화에 의한 공급량의 증대 등에 따라 하락 경향을 계속, 350킬로그램의 성우成牛 한 마리당 암소가 15만 1천 원, 황소가 17만 2천 원(대구 지방 시세)으로, 작년 6월의 21만 4천 원과 19만 9천 원에 비해 크게 하락……일부 지방에서는 투매投賣 현상까지 일어나고 있는 실정이다.

한편 농수산부는 사료곡물의 도입에 따른 외화 부담을 줄이기 위해 올해의 옥수수 소비량을 종래의 연간 58만 톤 수준에서 40만 톤까지 30퍼센트 정도 줄일 방침을 세워, 앞으로 축산농가는 사료의 품귀 현상까지 감수하지 않으면 안 될 전망이다."

청산동에서는 반수 가까운 농가가 소를 먹이고 있었다. 대부분은 농사일을 위한 역축役畜으로 이용하고 있지만, 자녀가 학교에 입학하거나 결혼하여 현금이 필요할 때는 언제라도 육우로 팔 수 있기 때문에 대부분의 농가에서는 현금 수입을 목표로 송아지를 사서 키우고, 키우는 김에 농사일에도 쓰고 있는 실정이었다. 대통령 하사금을 이용한 육우 육성 계획도 이런 배경에서 세워진 것이었다. 거기에 덮친 사건이 소 가격의 하락이었다. 사육농가도, 그 밖의 마을 사람들도, 육우 육성의 미래에 불안을 느끼게 된 것은 당연했다.

그렇다고는 하지만, 한 집당 기껏해야 한두 마리만 키우는 형편이라, 산에서 꼴을 베고 볏짚을 잘게 썰어 먹일 뿐 공장제 사료를 주는 농가는 거의 없었으므로 사육비 중 사료에 드는 비용은 거의 문제될 것이 없었다. 하물며 그 배경에 있는 전 세계적인 현상, 즉 오일쇼크로 화학비료 값이 폭등하고 미국 등 농산물 수출국에서 곡물 가격이 상승해 한국에서도 배합사료를 먹이는 일부 대규모 축산농가가 압박받고 있는 상황, 그리고 오일쇼크로 경제 전체가 불황에 빠진 탓에 식육 수요가 감퇴하고 있는 상황은 분명하지만, 인건비며 유통과정의 중간마진 때문에 소고기 가격은 오르는 반면 육우 가격만 하락하고 있다는 관계를 이해하고 있는 사람은 거의 없었다. 다만 소값이 떨어지고 있다는 사실만은 누가 봐도 확실한 문제였다.

육우 육성 계획의 향방

몇 주일 뒤, 긴급 부락총회가 열렸다. 물론 의제는 육우 육성 계획을 어떻게 할 것인가라는 문제였다.

대다수 사람들은 계획을 변경하는 쪽으로 기울어 있었다. 그러나 이 계획이 실행에 옮겨진 지 아직 1년도 되지 않았고, 이렇게 빨리 파탄이 나리라고는 예상하지 못했던 부분도 있었다. 그러니까 혹시 계획을 변경한다고 하더라도, 다음에 그 자금으로 무엇을 하면 좋을지 전혀 갈피를 잡지 못했다. 대통령 하사금으로 시작한 사업이라는 점도 명확한 후속 계획을 세우지 못한 채 이 계획을 중단하는 것을 주저하게 하는 큰 요인이었다. 여러 가지 의견이 쏟아져 나왔고, 정리될 기미는 전혀 보이지 않았다.

그때, 죽곡 양반이 일어서서 일장 연설을 펼쳤다.

"대통령 하사금으로 시작했든 뭐든 간에 소는 이제 글러 브렀어.

하루라도 더 멕이면 멕이는 만큼 손실이 커진당께. 요전에 잡지를 보니께 미국서는 소는 인자 시세가 없다고 해서 죽여서 그대로 땅에 묻고 있더랑께. 소 경기가 나빠지고 있는 건 세계적 경향이라 미국의 큰 목장에서도 글렀다고 하고 있다닝께, 우덜[우리] 같은 영세농이 애써본들 이러고저러고 할 것이 없어이. 근께 손실이 더 커지기 전에 팔아서 돈으로 바꾸고, 그 뭣이냐 용처用處는 낭중에 생각하믄 되는 것이여."

이 연설로 일동은 결심이 선 듯했다. 자기가 쓴 기사가 멀리 떨어진 한국의 한 농촌에 일으킨 파문을 알았다면 『뉴스위크』지 기자는 어떤 감상을 가졌을까?

그다음 장날, 열 마리의 소는 벌써 우시장에 나갔다. 이익은 당초 기대에 크게 못 미쳐, 1년분 이자를 간신히 상회한 정도였다. 마을 공유자금으로 소지하게 된 현금은 다음 계획이 확정될 때까지 이자를 붙여 마을 사람들에게 대출하기로 결정했다. 이것은 마을 공유자금의 운용방법으로서는 전통적이고 정상적인 방법이었다. 그러나 면사무소의 입장에서 보면, 새마을운동에 주어진 대통령 하사금이 정부가 금지하는 고리사채高利私債로 전용된 셈이니 그냥 보아 넘길 수 없는 상황이었다. 그래서 육우 육성 계획은 서류상으로는 계속되는 사업이 되었다.

이해 겨울, 두 집에 고대하던 '테레비'가 들어왔다. 긴긴 겨울밤, 텔레비전이 있는 집에는 인근의 남녀노소가 모여들어 발 디딜 틈이 없었다. 마실 다니던 사람들의 발길이 잠시 끊길 정도였다.

텔레비전이 들어온 집 중 하나인 풍동 양반 댁에서 돌아온 유 군이

곰곰이 생각하다가 말했다.

"텔레비전의 위력은 대단해. 요사이 풍동 양반의 화제는 엄청 국제적으로 되었고, 게다가 말씀하시는 게 KBS 아나운서랑 똑같아졌다니까."

얄궂은 결말: 뒷이야기

육우 육성을 대신할 계획에 대한 토론은 공석에서나 사석에서나 꾸준히 계속되었다. 그 계획은 마을에 경제적인 이익을 가져다주어야 했다. 그 결과로 부상한 안이 공동창고의 건설이었다.

청산동에는 1960년대에 마을 단위의 농협 조직운동이 한창일 때 세워진 조합회관과 거기 딸린 창고가 있었지만, 그 창고는 너무 작아서 수요를 따라가지 못했고, 회관 쪽은 개인에게 세를 주어 주택 겸 주막으로 쓰이고 있었다. 이것을 매각해서 새 창고와 새마을회관을 짓자는 제안이었다.

건설을 추진하는 사람들의 주장은 이랬다.

"지금 회관은 좁아서 부락회의를 할 수도 없다. 또, 새마을운동이 활발해져서 면사무소며 군청 등 외부에서 손님이 올 일도 많아지고 있는데, 이런 사람들을 응접할 장소는 회관밖에 없다. 그런데 지금은 주막으로 쓰이고 있으니, 주막에서 새마을운동 이야기를 하는 셈이 된다. 이것은 '술을 마시거나 화투 도박을 해서 시간과 돈을 낭비하는 행동은 그만두자'라는 새마을운동의 정신과 완전히 모순된다."

이것은 실로 정론正論이었다. 이렇게 해서 1976년 봄에 새마을회관과

>> 청산동의 새마을회관과 창고

창고를 짓게 되었다. 대통령 하사금도, 옛 조합회관의 매각대금도 모두
털어 넣고, 마을 사람들의 노동봉사로 건물이 지어졌다. 하지만
그것만으로는 자금이 충분치 않아 마을은 큰 빚을 지게 되었다. 창고
사용료만으로 빚을 변제하기란 불가능했다. 그러자 회관을 더 유효하게
사용할 방법으로 건물에 이발소를 들이기로 했다. 그때까지 마을에는
이발소가 없었으니까, 생활 개선에도 한몫하리라는 생각이었다.

　　회관을 세낸 이발소 주인은 겸해서 잡화점을 열기로 했다. 시골의
잡화점에서 술을 팔게 되는 것은 필연적인 전개였다. 새마을운동의
결과로 주막이 하나 더 늘게 되리라는 것을 예상한 사람이 있었을까?

이런 곡절을 거치면서 한때 네 곳까지 늘었던 주막은 나중에 가서 그 반인 두 집으로 줄어들었지만, 그것은 새마을정신이 침투한 결과 따위는 아니었다. 멈출 줄 모르고 이어진 인구 유출로 인해 10년 동안 인구가 4할 이상이나 줄어든 결과 수요가 저하해 버린 것이다.

8. 임금교섭: 상호의존이 지탱하는 생활의 장

청산동에서는 정월 대보름(음력)이 지나서 마을총회가 열린다. 그리고 그
자리에서 그해의 품삯을 결정하는 것이 관례다. 양력으로 치면 2월
하순부터 3월 상순에 해당하는 무렵이다. 소작 계약도 이즈음에는 대개
체결되어 조만간 못자리 준비도 시작할까 하는, 사실상 한 해의 시작이다.
이 시기가 되면 동네에서도 이곳저곳, 올해 품삯은 얼마나 될까 하는
예상과 의논이 차례차례 전개된다. 1974년의 품삯은 하루에 남자는
500원, 여자는 300원이었다. 1975년에는 어느 정도 수준이 될 것인가?

시세의 예측

3월 상순의 오후, 상덕 씨와 교상 씨가 왔다. 두 사람 다 나이가 쉰 전후로

3정보町步[16] 남짓의 논밭을 경영하는, 청산동의 최상층 부농이다. 특히 정미소도 운영하는 상덕 씨가 대낮부터 놀러 온 건 처음이었던 것 같다.

커피를 마시면서 두 사람은 품삯 이야기를 시작했다. 동네에서는 고용자 측인 두 사람으로서는 품삯이 오르는 건 환영할 일은 아니었다. 하지만 이 시기에 품삯을 정하는 것은 예로부터의 관습이고, 또 물가도 오르고 있는 터라서 품삯의 인상을 당연한 일로 받아들이고 있었다. 따라서 화제의 중심은 어느 정도 인상해야 적당할까 하는 것이었다.

"올해는 어느 정도나 될까이?"

"그런께이, 700원(남자)에 400원(여자) 쯤이라는 얘기가 나오는 것 같던디."

"나도 그 얘기는 들었는디, 700원은 너무 쎈 거 아니여? 대체로 청산동 품삯은 이 근방에서도 젤로〔제일〕 높은 수준이니께."

"그렇당께, 저수지 너머는 500원으로 정했다던디."

"우리처럼 늘 사람을 쓰는 집에서 이런 말을 내놓고 할 수는 읎지만, 들어가는 것이 품삯만이 아니랑께."

"그러제이. 낮으로 밤으로 두 번 끼니를 내는디, 애들까지 델꼬 오니께, 쌀만 해도 한 되는 잡아야 하제, 새참에 막걸리 하며, 밤참까지 해

---

16 '정보'는 식민지기 이래 경지, 임야 등의 넓은 토지를 헤아리는 데 주로 사용된 일본식 면적단위로, 1정보는 3,000평, 미터법의 헥타르 단위와 거의 같다. 관습적 단위인 '마지기 (斗落)'는 본래 절대면적보다는 소출량을 기준으로 한 것이지만 논의 경우는 대략 200평을 한 마지기로 하므로, 1정보는 대략 15마지기다. 특히 '3정보(≒3헥타르)'는 1949년 대한민국 '농지개혁법'에서 설정한 한 농가의 농지 소유 한도이기도 하다. 이 책 23쪽 참조.

달라믄, 술 마시는 사람은 두 되는 마시지 않겄어."

"건개〔반찬〕도 육고기나 생선으로 안 하면 불평이 겁나제. 담뱃값까지
들어가니께, 전부 다 하믄 1,400원은 될 것이여."

"게다가 딴 데서는 아침 여덟 시부터 일을 시작하는디, 여그는 아홉 시여."

700원과 400원이라는 금액은 벌써 여기저기에서 화제가 되고 있는
숫자였다. 그에 대해서 이 두 사람이 품삯 자체뿐 아니라 사람을 쓰는 데
부수되는 모든 경비와 내역까지 검토하는 것은, 고용자 쪽으로서는
당연한 일이었을 것이다.

품삯 외 경비

품삯 외의 경비가 품삯과 같은 정도라는 결론은 어떤 계산으로 나왔을까?
나는 나중에 이것을 두 청년한테 물어보았다.

노동을 제공하는 입장에 선 현수는,

"따져볼 마음도 없지마는, 글케까지 들지는 않을 거여. 건개?
기양〔기왕〕에 하는 일, 건개가 안 좋은 집에는 별로 가고 싶지가 않제. 뭐,
그런 것까지 치면 거시기 그 정도 될랑가?"

했지만, 그 이상 이야기를 하고 싶어 하지 않았다. 이에 비해 최근에
제대해서 이제부터는 아버지를 대신해서 경영을 짊어지고 가야 할, 그렇게
되면 고용자의 입장이 되는 명순이는 그 말을 듣더니,

"이건 한번 계산을 해봐야겄는디."

≫ 논에서 김을 매다 참을 먹는 모습. 가운데 놓인 주전자에 막걸리가 들어 있다.

하며 종이와 연필을 꺼냈다.

"예전에는 농토가 없는 집은 식량이 없응께, 한 사람이 날품을 팔믄 저녁 먹을 때는 애들하고 할머니까지 델꼬 왔지만, 인자는 그런 건 없어졌응께, 쌀이 한 되까지는 안 들겄제. 하루 6, 7홉으로 계산해 볼까이? 지난 장에는 쌀 한 되에 335원이었는데, 시방은 설도 지나서 가격이 빠져 있는 참잉께, 다음 장에는 쪼까 더 오르겄제. 한 되 350원으로 치믄, 거시기 230원쯤 될랑가?

건개로 치면, 김치는 집에서 담그지만 고기나 생선 건개라도 안 내오면 표정들이 안 좋단 말여. 긍께 쌀값의 6할 정도는 들지 않을까이? 140원이면 될랑가?

글고 술은…… 여자들은 별로 안 하지만 남정네는 거의 다 하고.
오전·오후 참 때마다 한 사발씩 마신다고 하믄, 이것만 해도 한 되.
남자나 여자나 평균해서 일단 막걸리 한 되라고 하믄, 워매, 이게 140원이
되네이. 여그다 담뱃값 한 갑 40원을 더하면, 모다 해서 550원인가?
음…… 거시기, 사람 쓰기도 큰일이네그려."

명순이는 자기가 셈한 결과에 놀란 모양이었다. 명순이의 꼼꼼한
계산과 상덕 씨나 교상 씨의 주먹구구식 계산에는 조금 차이가 있었지만,
어쩌면 오랜 경험에 근거한 통찰 쪽이 실제에 가까울지도 모른다.

노사 대결

며칠 뒤, 조합회관(실은 주막)[17]에서는 부락총회가 열렸다. 부락총회라지만,
아마 그날은 품삯에 대해서만 논의하기로 한 모양이었다. 그래서 모인
사람들은 그 문제에 이해관계가 가장 깊은 사람들뿐이었다. 그러니까
상층 농가와 임노동에 의존하는 사람들이었다. 그야말로 노사 대결의
현장이었다.

학다리 양반이 얼굴이 뻘개져서는 숨도 쉬지 않고 말을 퍼부었다.
"남정네가 죙일 일해서 700원이라는 건 말도 안 되제. 나 혼자라믄

---

17 이 책 85쪽 참조.

몰라도 애들을 학교에 보내믄 책이고 연필이고 모다 돈 내고 사야 한단 말이시. 게다가 또 기부금이다 뭐다 돈 드는 일뿐이랑께.”

대원 씨가 반론을 폈다.

“그치만 학다리 양반요, 700원이믄 이 일대에서 제일 비싸지라. 옆 동네에서는 500원이랑께.”

“뭣시여? 하루 700원 달랑 받아서 어떻게 식구가 먹고 살것냐? 800원 해라, 800원!”

동곡 아재가 옆에 앉은 교상 씨한테 속닥속닥 귓속말을 했다.

“일을 부리는 짝(쪽)도 돈이 남아도는 것도 아니고 손이 딸려서 워쩔 수 읎이 부탁하는 거닝께, 너무 비싸면 곤란하제.”

교상 씨도 고개를 끄덕끄덕하며,

“그랑께이. 우덜은 일을 부리는 쪽잉께 강경하게 말을 못하지만, 모내기 때라든지 일손 딸릴 때 누가 멋대로 품삯을 올려서 일손을 끄러모으든지 하면, 어느 집도 일을 할 수가 읎게 된단 말여. 생각해 보면 서로 읎는 사람꺼정 예전부터 이렇게 융통하면서 살았는디.”

“한 동네 사람잉께 가급적 높게 쳐주고 싶은 마음이사 굴뚝같지만, 요로코롬 품삯을 정해 브러면 농한기에 일손이 남을 때도 같이 적용이 되잖여.”

양상을 보고 있자니, 노동력 제공자 쪽이 마음껏 자기주장을 밀어붙이고 고용자 측은 오히려 저자세로 나오는 듯했다. 게다가, 같은 친척 중에서도 반대 진영으로 나뉜 사람이 있는 것은 당연하지만(이를테면 학다리 양반과 동곡 아재는 숙질간이다), 그 사람들끼리 직접적으로 논의하지는

>> 품앗이 벼베기의 점심시간

않고 어떻게든 신중하게 상대를 골라 가면서 논의하고 있는 듯했다.

이럭저럭하는 동안, 흥분한 학다리 양반이 금방이라도 상대한테
달려들 듯이 벌떡 일어섰다. 그러자 좌장 격인 백룡 어르신이,

"학다리 양반, 나랑 쪼까 얘기 좀 하세."

하고 옆방으로 데리고 가셨다. 그러고는 그를 달래듯이 술을 한 잔
권하면서,

"자네 말도 맞고, 기분도 잘 알겠네만, 한 동네 사람이라믄 서로 도와서
협력하며 사는 것이 원칙 아닌가? 자기 입장만 주장하믄 싸움이 된단
말이제. 우리 동네는 옛날부터 인심 좋고 단결 잘 해왔다는 것이 자랑
아닌가? 그랑께 6·25 때도 암시랑 않고 지나간 거고. 한 분만 참고 저짝

입장도 쪼까 생각을 혀보더라고."

백룡 어르신과 이야기를 나누는 동안 학다리 양반도 조금씩 흥분이
가라앉아 가는 듯했다.

"예, 예, 어르신 말씀대롭니다요. 지도 큰소리를 내고 동네 사람들하고
다툴 마음은 없지라이. 그러지만 물가는 점점 올라가고, 사는 거는
빡빡해지기만 해서라우."

전통적 기준

결국 품삯은 모두가 예상하던 액수로 정해졌다. 그 금액이 어떻게
산출되었을까 하고 내가 머리를 쥐어짜고 있자니, 공산 양반이 정말
물정도 모르네 하는 표정으로 툭 던졌다.

"남정네 하루 품삯은 쌀 두 되라는 것이 옛날부터 시세랑께."

그렇다면, 품삯을 정하는 부락총회는 노동력 제공자의 불만을
공공연하게 토로하는 카타르시스의 장을 제공하는 데 지나지 않을 것이다.
경제적으로는 완전히 불평등한 사람들이, 마을의 구성원으로서는 대등한
입장에서 발언하고 전통적인 기준을 마을 전체의 이름으로 승인하는
장에 직접 참여해 온 것이다. 그것은 노동이라는 경제적 영역뿐 아니라
일상생활에서 조상 제사에 이르기까지 상호부조의 영역에서, 또 마을의
자치적 운영에 대해서, 친척끼리, 마을 사람들끼리 서로 의존하는 총체적인
마을 사회의 한 측면이었다.

힘을 잃은 '공동체적 계약'

마을 전체 단위로 계약한 품삯은 1년 동안 일거리의 내용과 관계없이 적용된다. 이듬해 1976년 봄(이해에는 남자의 품삯이 800원으로 정해졌다), 어떻게든 서둘러서 끝내야 할 일거리가 생긴 어떤 사람이 남들 몰래 품삯으로 1,000원을 쳐주고 청년 몇 명을 고용하는 사건이 일어났다. 제의를 받은 청년들 역시 남들 모르게 먼저 맺은 약속을 취소하고 그쪽으로 갔지만, 이 일은 곧 동네에 다 알려져 버렸다. 약속을 취소당해 일정이 틀어진 사람은 물론 다른 사람들도 이렇게 제멋대로여서는 마을 전체에 민폐가 된다며 화가 잔뜩 나 있었다. 그래서 관계자 전원이 불려나와 호되게 야단을 맞은 끝에, 청년들은 품삯의 차액을 반납하고 고용한 측은 마을 어른들을 비롯해서 그 자리에 모인 사람들한테 술을 내서 사과를 하게 되었다. 적어도 이때까지는 마을 단위의 계약이 강한 구속력을 갖고 있었던 것이다.

그러나 이런 '공동체적 계약'도 인구의 결정적인 유출 앞에서 힘을 잃었다. 1978년경에는 부락총회에서 정한 품삯은 최저임금의 의미밖에 갖지 못했고, 1984년에 내가 청산동을 찾았을 때는 마을 전체에서 품삯 기준을 정하는 일조차 없어진 상태였다. 게다가 수요와 공급의 균형에 따라 농번기에는 비싸고 농한기에는 싼 변동시세제로 바뀌었다. 그래도 각각의 시기의 품삯 수준에 암묵적 양해가 성립해 있는 듯해서, 더 높은 품삯을 미끼로 일꾼을 모으는 데까지는 이르지 않았다. 총체적인 생활의 장으로서 마을 내의 상호의존 관계가 브레이크를 걸고 있는 것이다.

Ⅱ
상월동 上月洞: 1980~1981년

9. 참외보다 큰 것: '농한기'가 없어진 마을

경상북도 성주 지방은 낙동강 지류를 따라 몇 개의 작은 평야가 펼쳐진 농촌지대다. 이곳은 그 옛날 신라와 백제 사이에서 부족연합을 이루었던 6가야의 하나인 성산가야가 있던 지역이다. 멀리 서남쪽으로는 가야산이 바라다보인다. 가야산 너머에는 한국 3대 사찰의 하나로 고려대장경 판목이 보관된 것으로 유명한 해인사(서기 802년 건립)가 있다.

1980년과 1981년의 여름, 모두 합쳐서 다섯 달을 나는 상월동이라는 마을에서 보냈다. 대구시에서 직행버스로 약 1시간, 다시 시내버스로 갈아타고 15분쯤 걸리는 곳에 있는 마을이다. 그곳에서 나는 청산동과는 전혀 다른 마을의 모습을 보게 되었다.

부업이 된 쌀농사

여름밤은 짧고 농촌의 아침은 일찍 시작된다. 평소에는 아침잠이 많은 나도, 6시도 되기 전에 숙소로 삼고 있는 어느 문중 재실齋室(문중 사람들이 모여 쉬거나 이야기를 나누기 위해 공유하는 건물)의 한 방에서 눈을 뜬다.[18]

눈을 뜬다고 하지만, 개운하게 잠에서 깼다고 하기는 힘들다. 연이어서 재실 바로 곁을 지나가는 경운기의 엔진소리가 나를 두들겨 깨우는 것이다. 농촌의 고즈넉한 분위기라는, 약간 향수 섞인 내 기대를 단숨에 날려 버리는 일이었다.

한국 중부 이남의 농촌지대에서는 벼와 보리의 이모작을 하는 게 일반적인 경작 형태였다. 1960년대 초까지는 성주군도 벼와 보리의 재배면적이 거의 같은 전형적인 이모작을 하고 있었다. 그러던 것이 1960년대 후반 이래 이 지방은 전국적으로도 손꼽히는 참외·수박의 특산지로 변모했다. 같은 시기에 시작된 한국의 공업화와 도시인구의 폭발적 증가에 동반해서 과일 같은 기호식품의 시장이 확대된 결과였다.

상월동은 이 붐에 편승했다. 1962년에 시작된 참외·수박 재배는 순조롭게 성장해, 1980년에는 마을 전체 경작지의 약 절반을 차지하게 되었다. 비닐하우스와 비닐 터널을 이용한 참외·수박 재배는 한겨울인

---

18 재실은 일차적으로 묘제墓祭나 시향제時享祭 때 제사음식을 장만하거나 사람들이 숙식하기 위한 건물로 문중회의에 쓰이는데, 상월동 서씨 문중 재실은 동네 어귀에 있어서 그곳에 사는 문중 사람들이 일상 활동을 하는 공간이 되었던 모양이다. 괄호 속의 설명은 재실의 정의라기보다는 그런 일상적 쓰임을 보여 준다. 이에 대한 후일담은 28장에 다시 나온다.

12월 하순부터 시작된다. 종래의 이모작의 통념으로 말하자면 그루갈이에 해당하는 셈인데, 시기적으로 보리 재배와 겹쳐 서로 경합하게 되었다.[19]

사실 참외·수박 재배가 본격화됨에 따라 수익성이 낮은 보리의 재배는 급속히 감소해서, 1980년에 보리를 심은 곳은 전체 경지면적의 1~2퍼센트에 지나지 않았다.

그뿐만이 아니다. 참외·수박 재배에는 물빠짐이 좋은 토지가 필수적인 데다가 이것들은 사람의 손이 무척 많이 가는 작물이므로, 자기 농지가 재배에 적합하지 않다든지 조금 멀어서 불편한 곳에 있는 사람들은 겨울 동안 자기 땅은 버려둔 채 남의 땅을 빌려서라도 참외며 수박을 재배하게 되었다. 땅 임대료를 지불하더라도 이쪽이 이익이 있다는 것이다. 종래의 벼·보리 이모작하에서 소작을 하면 앞갈이한 벼의 대부분은 소작료로 들어가 버려서 '소작은 보리를 먹기 위해 한다'고 할 정도로 이익이 없었던 데 비해, 이것은 커다란 변화였다. 토지임차 계약을 맺는 시기도 예전에는 벼농사가 시작되기 전인 겨울부터 봄에 걸쳤던 데 반해, 지금은 그 시기가 참외·수박 재배가 시작되기 전인 여름에서 가을까지로 바뀌고 있다. "쌀농사는 인자는 부업 같은 거"라고 마을 사람들은 말한다.

도시화가 시작된 이래 젊은 층을 중심으로 인구가 유출되고, 많은 농촌에서 인구의 고령화가 일어나고 있다. 상월동도 전체적으로 인구가 줄고 있음은 분명했지만, 그래도 20대부터 40대에 걸쳐 한창 일할 나이의

19　12월부터 비닐하우스를 이용해 참외·수박을 재배해서 6월이나 7월 하순까지는 참외나 수박을 수확한 다음 모내기를 하는 방식이다.

사람들이 상대적으로 많다는 점에서 다른 농촌과는 달랐다. 환금작물 재배 때문에 한창 일할 연령층의 인구 유출이 저지되고 있었던 것이다.

경제성장은 사람을 일하도록 몰아세운다

내가 상월동에 들어간 7월 중순은 참외·수박의 수확이 끝나고 모내기도 일단락된 무렵이었다. 사람들은 입을 모아 말했다.

"자네는 때를 참 잘 맞차가(맞춰) 왔데이. 지금이사 모두 한가하잖아. 바쁠 때였으마 아무도 자네하고 얘기할 새가 없었을 끼라."

이건 무척 고마운 일이었다. 여름철을 골라서 온 것은 첫째로 대학이 여름방학이라는 내 쪽의 사정도 있었지만, 벼농사를 주로 하는 농촌에서는 이 시기가 농한기에 해당하기 때문이었다. 아무도 말상대를 해주지 않는다면 무엇 하러 왔는지 모르게 된다. 나는 기뻤다.

그런데, 낮 시간의 동네는 너무 적막했다. 걸어서 동네를 몇 바퀴 돌아봐도 누구 한 사람 마주칠 수 없었다. 논에도 밭에도 사람의 모습은 보이지 않았다. 가끔 시원한 데서 바람도 쐴 겸 낮잠을 자러 오는 노인들과 이야기를 하는 것 말고는, 혼자 재실에서 낮잠이나 자면서 지내는 나날이 이어졌다(노인들이 몇 분씩 모일 때마다 '보루바꾸[20]' 이야기가

---

20 골판지 상자를 말한다. 'board box'를 뜻하는 일본어 'ボール箱(보루바코)'가 와전된 것 같다.

나왔는데, 그게 무슨 뜻인지는 한참 뒤에 가서야 알게 되었다.)

줄곧 수업과 근무에 쫓기는 일상을 생각하면 매일 바람이 잘 통하는 재실에서 낮잠을 잔다는 따위는 너무나 호사스런 이야기다. 한동안은 하늘이 주신 이 혜택(?)을 즐겨 보기도 했다. 그렇지만 사람들은 도대체 어디로 가버린 것일까?

'부업'인 모내기가 끝난 이 '한가한' 시기에 사람들은 사실 모두 다음 작업으로 퇴비를 만들기 위해 풀을 베러 나가 있었던 것이다. 이듬해의 오이 · 수박 재배를 위한 준비였다. 풀을 베려면 꽤 멀리 떨어진 산까지 가야 한다. 아침 일찍부터 들리는 엔진 소리는 풀베기를 하러 나가는 경운기 소리였다. 청산동에서처럼 장기를 둔다든지 잡담을 한다든지 하면서 지내는 '농한기'는 상월동에서 사라져 가고 있었다. 경제성장은 사람들을 더 바쁘게 일하도록 몰아세우고 있는 것이다.

골판지 상자를 파는 노인회

한여름 초복 날(하지 다음 세 번째 오는 경일庚日), 재실에서는 마을 노인회의 잔치가 열렸다. 술을 주거니 받거니 하는 동안 화제의 중심이 된 것은 여름에 갈 버스 관광 건이었다. 그해 노인회에서는 기금을 마련하기 위해 참외 · 수박 출하용 골판지 상자를 판매하고 있었다. 그 이익금을 여행 비용에 보태려는 것이었다. 그런데 결산보고에 따르면 매상이 예상을 크게 밑돌아, 떼어온 상자가 팔리지 않고 꽤 많이 남아 있었다.

이것을 두고 임원이 예측을 잘못했느니 판매 노력이 부족했느니 한바탕
의견이 오고 가다가, 이윽고 이야기는 "협력 안 하는 젊은것들"에 대한
비난으로 옮겨 갔다. 그리고 네댓 사람 이름을 들먹여 가며 비판하기에
이르러, 그 사람들이 불려 오게까지 되었다. 그들은 한 사람씩 차례로
불려 와서는 재실 툇마루 아래 선 채 내리는 비를 맞아 가며 실컷
잔소리를 들었다. 말하자면 다음과 같은 내용이었다.

"노인회에서 보루바꾸를 파는 거는 결코 장사를 하자 카는 기 아이다.
농번기 바쁜 철에 집집마다 각각이 빡스를 사로 면에 나갔다 오고 캐싸마
일에 지장이 있으이끼네, 노인회가 그 판매를 도리〔도거리〕를 해갖고 동네
전체를 위해가 도움이 되자 카는 기라. 가격은 점빵〔가게〕에서 파는 기랑
안 같나. 물론 수수료도 쪼매 붙지만, 그기사 얼마 되노? 그라고 그것도 다
노인회 기금을 만들어가 동네 노인들, 그라이끼네 결국 너거 부모가
놀러가는 데 쪼꼼 보태자 카는 거 아이가? 한 동네 살면서 와 노인회의
취지에 협력을 안 하고 면에서 빡스를 사오노?"

실리 추구를 부정하고 마을의 화합을 강조하면서 '젊은이'의 경로정신
부족을 비판하는 이 논리에는 마을 사람들이 이해하는 유교적 윤리가
반영되어 있어서, 여기에 말대답을 하는 사람은 아무도 없었다. 모두
한결같이 힘닿는 데까지 노력했다고 변명하면서, 그것이 노인들 눈에는
충분한 협력으로 비치지 않았다는 것을 사죄하고 내년에는 더
노력하겠다고 약속했다. 여기에 대해 노인들은 마을 사람들끼리 화합해야
한다는 것을 한 번 더 강조하고는, 불려 온 남자들 한 명 한 명한테
막걸리를 한 잔씩 따라 준 다음 돌려보냈다.

≫ 상월동 노인들이 재실에 모여 회의를 하고 있다.

　그런데 이름이 거론되어 비판을 받은 이들은 30대 후반부터 50대 초의
한창 일할 나이로, 제일 큰 규모로 참외·수박 재배를 하고 있는
사람들이었다. 노인들 앞에서는 말을 꺼내지 못했지만, 그들이 내세운
이유는 이랬다.

　"노인회에서 파는 빡스 가격은 소매상에서 파는 기나 같애요. 그래도
우리는 빡스를 마이 쓰이끼네〔많이 쓰니까〕 도매로 사 온단 말이요. 빡스 한
개야 가격차가 얼마 안 되지만, 마 그것도 숫자가 많아지마 무시할 수가
없는 기라요.

　그래도 어른들한테 여행은 그나마 큰 낙이고, 거게〔거기에〕 전혀 협력을
안 하는 것도 뭐하니까 일부는 노인회에서 사 주는 긴데, 암만 어른들을

≫ 버스 관광을 떠나려고 노인들이 모여 있다.

위해서라 캐도 손해 보는 기 빤한데, 전부 노인회 거만 살 수가 있십니꺼."

이 마을에 노인회가 결성된 것은 환금작물 재배가 궤도에 올라 경제적으로 여유가 생겼을 무렵의 일이다. 버스 관광도 그때부터 시작되었다. 제일 큰 규모로 환금작물 재배를 하고 있는 사람들이 비난의 표적이 되었다는 것은, 마을의 화합과 경로라는 전통적 가치관에 근거해서 그 이익의 일부를 환원하라는 뜻이었을까?

환금작물 재배는 시장가격의 변동에 직접 큰 영향을 받는 사업으로 이윤 추구의 원칙이 크게 작용하는 영역이다. 농촌의 경제발전 도상에서 전통적 가치관과 경제원리가 충돌하는 것은 불가피한 일일지도 모른다. 하지만 60여 세대 270명 정도가 사는 상월동에서 1980년 8월에 세

차례(1981년 8월에는 다섯 차례나) 관광버스를 대절해서 여행을 다녀왔다는 점을 생각하면, 노인들이 이 일에 섭섭해하는 것도 무리는 아니다.

관광여행을 가는 날, 일전에 비판을 받았던 사람들은 "어르신들, 기분 좋게 하루 잘 놀고 오이소." 하는 말을 덧붙이며 술이며 주스를 사서 버스에 실어 주었다.

꼬마 동균이, 숫자를 배우다

동균이는 다섯 살이다.[21]

2주일 전부터 유치원에 다니기 시작했다. 다른 원아들은 벌써 숫자 세는 법을 익히고 있다는데, 학기 도중에 유치원에 들어간 동균이는 아직 숫자를 셀 줄 모른다. 그래서 인석이 아재가 가정교사 역할을 맡고 나섰다. 인석이는 고등학교 수학선생을 지망하고 있지만 아직 자리가 나지 않아서 마을에서 하릴없이 실업자 생활을 하고 있다.

무더운 여름날 오후, 바람이 잘 통하는 재실 마루에서 특별훈련을 하는 소리가 들렸다.

"일, 이, 삼, 사, 오."

인석의 목소리에 이어서 앵무새처럼 따라서 반복하는 동균이의

---

21 11장에 나오는 중동댁의 아들이다.

목소리가 이어졌다. 그토록 개구쟁이인 녀석도 신통한 표정을 하고 앉아

있었다. 그 옛날 서당에서 천자문을 배울 때도 이런 식으로 "하늘 천 따

지" 하고 몸을 흔들면서 선생이 읊어 주는 것을 학동들이 따라하며

깨우쳤을 것이다.

얼마쯤 시간이 흘렀을까? 드디어 동균이는 1부터 10까지를 셀 수 있게

되었다. 그쯤에서 인석이 아재가 시험 삼아 응용문제를 내 보았다.

"2보다 큰 거는 뭐꼬?"

동균이는 아랫입술을 깨물고 열심히 생각을 하고 있더니, 이윽고

결심을 한 듯이 대답했다. 가라사대,

"수박!" (숫자 2는 한국어로 '이' 라고 발음하는데, 경상도 일부 지역에서는 참외를

'이/위(=외)', 오이를 '물이(물+외)' 라고 부른다. 동균이는 '이' 를 '참외' 로 알아들은 것이다.)

옆에서 점심을 먹으면서 듣고 있던 노인들이 폭소를 터뜨렸다.

"이노무 자식, 묵는 것밖에 생각 안 하나!"

동균이는 얼굴이 새빨개져서 고개를 숙이고 말았다.

하지만 이 노인들도, 모여 앉아서들 하는 이야기의 중심은 참외와 수박

가격의 동향, 거기에 노인회에서 하고 있는 골판지 상자 장사일 뿐이지

않았던가?

노인회에서 생긴 일에 대한 부분은 『季刊民族學(계간민족학)』 26호(1983년)에 『儒敎的傳統と經濟
原理との衝突(유교적 전통과 경제원리의 충돌)』이라는 제목으로 실렸던 글을 가필·수정한 것이다.

10. 상월동의 새마을운동: '연대'보다 '이윤 계산'

농로 보수의 공동작업

팔월 중순을 넘긴 어느 날 아침, 가동 어른이 연신 땀을 훔쳐 가며 이 집 저 집 찾아다니고 있었다. 며칠 사이 비가 계속 내린 탓에 농로가 여기저기 무너져 버려 경운기도 다니기 어려워졌기에, 오늘은 다 같이 농로 보수를 하자며 부르러 다니고 있는 거였다. 가동 어른은 내가 얹혀살고 있는 재실을 소유한 문중의 종손이다.

동네 일이라면 모두 나올 것이다. 평소에는 좀처럼 사람을 만나기도 어려우니까, 오늘은 일이라도 뭐 한 가지 거들면서 이야기의 실마리를 만들어 볼까? 그렇게 생각하고 나갔던 나는 완전히 맥이 빠져 버렸다. 열 명이 채 못 되는 사람들이 드문드문 작업을 하고 있을 뿐이었다. 모두 그 농로를 끼고 자기 밭이 있는 사람들뿐이었다. 그것도 청산동에서 동네

일을 할 때 전원이 한쪽 편에서부터 나란히 함께 일을 해나가는 것이 아니라, 제각기 자기 밭 근처의 길을 손보더니 후딱후딱 돌아가 버렸다. 처음부터 끝까지 작업을 하고 있는 사람은 가동 어른과 그 손자뿐이었다.

"동네 사람이 다 쓰는 길 아잉교? 그라고 막걸리도 우리 집에서 냈지, 우리 할배가 집집이 댕기면서 일 하로[하러] 쫌 나오라꼬 부탁했는데, 이기 뭐꼬. 협동정신이라꼬는 진짜 눈꼽만치도 없다 아잉교?"

가동 어른의 손자가 분개했다.

작업 현장에서 돌아오는 길, 동네 주막에 새마을지도자가 혼자 앉아 있었다.

"오늘은 사람이 별로 안 나왔네요."

하고 슬쩍 떠보았더니,

"아, 오늘 꺼는 동네 일이 아이니까."

하며 아무렇지도 않게 대답했다.

"그라고, 지금은 시기가 안 좋아요. 참외도 수박도 다 끝났으이끼네 올해는 인자 그 길 쓸 일도 그래 없거든요. 거다가, 알지요? 그 길이 가동 양반네 사과밭에서 끝나게 돼 있는 거. 인자부터 그 길 쓰는 거는 가동 양반넨기라요. 만약 봄이였으마 사람이 더 나왔겠지요."

농로 정비를 의논하다

상월동이라는 동네는 야트막한 언덕의 기슭에 있다. 동네 앞쪽으로는 넓은 논이 펼쳐져 있을 뿐 아니라 배후의 언덕도 거의 전부 개간되어 있고, 게다가 마을 사람들의 밭은 이 언덕 너머 뒤쪽 골짜기에도 펼쳐져 있다. 동네 언덕 꼭대기까지 이르는 길은 경운기가 다닐 만큼의 폭이 되지만, 그다음부터는 걸어서 지나다닐 정도의 오솔길이 이어져 있을 뿐이다. 상월동 부근의 농로는 아주 잘 정비되어 있어서, 경운기가 다니지 못하는 길은 거의 여기뿐이었다. 현재는 경운기를 몰고 언덕 너머 골짜기의 논이며 밭에 가려면 언덕을 빙 돌아서 이웃 동네를 거쳐서 가야 한다. 만약 이 언덕을 넘어가는 오솔길을 넓힌다면 편도 15분쯤 절약될 것이다.

며칠 뒤, 언덕 위에 일고여덟 명의 남자들이 모였다. 모두 언덕 너머에 밭을 가진 사람들이었다. 아래 골짜기까지 길을 확장해서 경운기가 다닐 수 있도록 해보자는 문제를 의논하고 있었다. 그중에는 겨울 동안 뒤쪽 골짜기에 있는 자기 밭을 버려 두고 동네 가까이 더 편리한 곳에 땅을 빌려서 참외며 수박 재배를 하는 사람들도 있었다.

"언덕 우엣부분은 밭을 한 200평 깎아 내야 할 낀데, 거서부터 골짝으로 내려가는 비탈은 잡초밭뿐이끼네 토지 [소유권] 문제는 없겠네예. 불도자 갖고 오마 일은 간단하지예. 비용도 백 한 몇십 만 원 하면 될 끼고."

면소재지에서 온 토목업자가 이렇게 설명하고 있었다. 이 길을 이용할 사람들이 뭇뭇이 분담한다면 한 집당 십여 만 원이 되는 셈이다.

공사를 하게 되면 업자한테 맡긴다는 것은 벌써 다 합의된 듯했다. 언덕 위의 밭을 깎아 내는 데 대해서도 이론異論은 없었다. 농지가 조금

줄어들어도 다니기 편해지는 것이 좋다는 듯했다. 남은 문제는 그만큼의
투자가 수지가 맞을지 어떨지를 판단하고 구체적인 비용 분담을 결정하는
것뿐인 모양이었다. 환금작물 재배를 주로 하는 상월동에서는 농지에
대한 감각도 현금 지출에 대한 감각도 청산동과는 크게 달랐다.

우리 동네에서는 모두 바빠

나는 청산동 사례에서 유추해서 상월동에서도 새마을사업으로 농로를
정비했을 거라고 생각했지만, 그것은 완전히 잘못 짚은 거였다. 여기서는
1960년대 후반 참외·수박 재배가 본격화되던 시기에 각각의 농로를
이용하는 사람들이 부담해 농로 확장을 끝냈고, 또 다른 많은
마을들에서 새마을운동의 일환인 생활환경 개선사업으로 행해진 지붕
개량(초가지붕을 기와지붕으로 바꾸기)도 여기서는 새마을운동이 시작되기 전에
거의 마무리된 상태였다.

　"딴 데서는 새마을사업을 해가〔해서〕 농한기를 효율적으로 이용한다꼬들
카는갑지만, 우리 동네서는 그전부터 마카〔모두〕 바빴는 기라. 그라고 여는
부촌(잘 사는 마을)이끼네 집 개량 같은 것도 그전에 다 끝냈고,
새마을운동으로 했는 거는 마을회관 앞에 마당 만든 거 정도지 머."
할 정도였다.

　공동작업에는 그다지 관심을 보이지 않지만, 사안이 자기의 경영에
관련되면 사태는 일변一變한다. 면에서 지도하는 새마을운동의 일환으로

이 지역에서는 퇴비 만들기가 행해지고 있었다. 면내 여섯 곳에 공동퇴비장을 설치해 놓고, 지정된 날에 면내 30여 개 마을에서 한 집당 한 명씩 나와서 풀을 베어다가 퇴비를 만드는 것이다. 이렇게 만든 퇴비 무더기는 면내 농가의 공개입찰로 경매에 부쳐졌다. 그런데 1981년 가을 경매에서, 글쎄 상월동 사람이 이 퇴비 여섯 무더기 중 다섯 무더기를 왕창 사버린 거였다.

"나머지 한 개도 따올라꼬 마음 묵었으마 그랄 수도 있었지만, 상월동에서 전부 다 갖고와 뿌마 딴 동네서는 체면이 좀 안 그렇겠나."

이야기를 들어 보니, 정보 수집이나 경락競落 가격의 계산도 면밀하게 이루어진 것 같았다.

마을을 위한 공동작업이 그다지 활발하게 이루어지지 않는 배경에는 마을을 이루는 몇 개 친족집단 사이의 관계가 조금 원만하지 않다는 문제도 있지만, 이것은 상월동뿐 아니라 한국의 다른 농촌에서도 적어도 잠재적으로 존재하면서 가끔씩 표면화되는 구조적인 문제다. 다만 상월동에서는 환금작물 재배가 추진되면서 농사일이 개인주의화하고 또 수익자 부담의 원칙이 관철되어 온 것이 더욱 거기에 박차를 가하고 있는 듯했다.

경제적 실력

이런 상월동에서 그해 가을, 새마을사업이 실시되었다. 국도에서 갈라져 동네로 들어가는 200미터쯤 되는 길을 콘크리트로 포장하게 된 것이다. 내가 알기로는, 그 결정은 9월 초의 반상회에서 전달되었다. 갑자기 하늘에서 뚝 떨어진 듯한 계획이었다. 사람들의 이야기를 종합해 보면, 전국적으로 한 개 면마다 국도에 접한 한 개 마을에서 사업을 하도록 되어서 이 면에서는 상월동이 선정된 모양이었다. 내가 상월동에서 농촌 조사를 할 때는 사람들이 너무 바빠서 천천히 이야기를 나눌 여유가 없었을 뿐 아니라, 개인적으로도 알아듣기 힘든 경상도 사투리에 골머리를 앓고 있었다는 이중의 제약이 있었으므로, 사정이 정말 그랬는지 정확하지는 않다. 그러나 그것이 동네 사람들의 자발적인 계획이 아니었다는 점은 확실하다.

9월 중순, 공사 현장 곁에 텐트를 쳐놓고 군청과 면사무소에서 나온 내빈을 맞아 기공식을 치렀다. 군청의 지프에는 사진 촬영 담당 직원도 동승했다. 내빈의 인사말에 이어 흰 장갑을 낀 사람들이 테이프 커팅까지 하는 화려한 기공식이었다.

기공식에 이어진 작업 개시에는 상월동의 경운기가 총집합했다. 3킬로미터쯤 떨어진 강가에 자갈을 가지러 가는 것인데, 45대의 경운기가 일렬로 줄을 지어 나아가는 모습은, 참으로 일대 퍼레이드였다. 그 당시 호수 60호의 마을에 이만한 수의 경운기를 갖춘 곳은 드물었다. 그보다 몇 주 앞서 방문한 이웃 면의 농협 조합장이,

"요새 참외하고 수박을 마이 하게 되고부터는 기계화도 마이 진행이 돼서요. 우리 면에서도 네 집에 한 집은 경운기를 갖고 있심더."
하고 자랑스럽게 이야기하던 게 떠올랐다.

≫ 상월동의 새마을사업 기공식

≫ 기공식 뒤의 경운기 퍼레이드

이튿날 아침, 상월동 동장이 스피커로 사람들을 불러냈다.

"동민 여러분, 금일 작업은 아홉 시부터 시작합니다. 한 분도 빠짐없이, 경운기가 있는 분은 경운기를 끌고, 아홉 시까지 모여 주십시오."

그러나 9시를 넘겨서도 사람들은 모이지 않았고, 겨우 작업이 시작된 것은 10시 반이 넘어서였다. 사람들은 자기 집 담장 너머로 현장을 바라다보면서 다른 사람들이 나오기를 기다리고 있는 거였다. 그 뒤, 내가 상월동을 떠나기까지 10여 일 동안 매일 아침 같은 일이 되풀이되었다.

"경운기를 끌고 나가마 기름값도 들제, 그리고 맨날 거게 빌려 주마 이쪽 일에도 지장이 안 있나. 우리 인건비만 해도 만만치 않은데."

이런 불만도 여기저기서 나왔다. 덤프트럭을 세내서 자갈을 사오는 편이 낫다, 경비는 똑같이 먹힌다는 의견도 있었다. 그래서는 새마을운동이라고 할 수가 없다고 해서 그 대안은 실현되지 않았지만, 이런 계산을 해도 아무도 위화감을 갖지 않는다는 사실이 상월동의 현 상황을 보여 주었다. 시장의 움직임에 민감한 환금작물 재배에 깊이 관련된 이 마을에서는 새마을운동에서 강조하는 근면·자조·협동이라는 공동체적 연대보다도, 자기의 노동시간도 현금화해서 원가와 이윤 계산을 하는 자세가 강하게 드러났다.

새마을운동 실적도 거의 없는 상월동이 왜 이번 공사에 선정된 것일까? 국도변에 면해 있어서 국도에서 마을까지의 거리가 적당하다는 조건이 확실히 영향을 미쳤을 것이다. 하지만,

"세멘(시멘트)하고 철근은 정부에서 대 준다 캐도, 그거 말고도 자갈이랑 인건비는 이쪽에서 부담하는 기라. 그랄라 카마 나름대로 경제적인 여유가

있는 동네 아이겠나."

하는 삐딱한 시각에도 일리가 있어 보였다. 상월동의 도로 정비 상황을 놓고 보자면, 이 사업은 그렇게 긴급히 해야 할 일은 아니었다.

　상월동의 특수한 사정도 사정이지만, 새마을운동의 성격도 많이 변했구나 하는 느낌이 들었다.

11. 난세亂世를 살았다: 상봉 어른, 85세

일본에 간 지 몇 대나 됐노?

무료하게 재실에 앉아 있는데, 새하얀 삼베로 된 한복을 입은 어르신이
뒷짐 진 손에 지팡이를 든 채 낮은 문으로 허리를 굽히며 들어오셨다.
백발의 머리카락은 짧게 쳤지만, 길고 멋진 흰 수염이 가슴까지 늘어져
있었다. 걸음걸이에서도 완고함이 배어 나오는 듯했다. 잽싸게 담배를 끈
나는 자세를 고쳐 앉으며 공손하게 인사를 했다. 어르신은 마루에 올라와
양반다리를 하고 앉으시더니, 내 얼굴을 빤히 들여다보면서 물으셨다.

"니, 누고? 처음 보는 얼굴인데."

"예, 저는 시마嶋라고 합니다. 일본에서 왔습니다."

"흠……, 일본서 왔다꼬? 담배를 끄는 걸 보이, 한국 예절을 잊아뿐 건
아니구만. 그란데, 누구 자식이고?"

"저어, 일본 사람입니다."

"그래? 우리 일가一家 아이가? 성은 뭐꼬?"

"'시마' 입니다."

"심沈 가라꼬? 이 동네에는 심 가는 없을 낀데. 조상 성묘라도 왔나?"

"심이 아니고 '시마' 입니다. 한국 사람이 아니고 일본 사람입니다."

"일본에도 성은 있겠지. 짐승이 아닌 다음에사."

"'시마' 라는 게 일본의 성입니다."

"허어, 일본 간 지는 몇 대代나 됐노? 성을 묻고 있지 않나? 왜놈 성(일본식 성)으로 갈았다 캐도, 잊어 뿌지는 않았겠제. 성을 잊으면 조상님한테 면목이 없제."

처음 뵈었을 때의 이 오해는 끝내 바로잡히지 않았다. 어르신은 내가 일본 사람이라는 것을 끝까지 이해해 주지 않으셨던 것이다.

자, 각설하고.

정정하신 뒷집 할배

상봉 어른은 실로 정정하신 분이다. 여든다섯인 지금도 매일 괭이를 들고 들에 나가신다. 너무 정정하시다 보니 주위에서는 크게 어려워들 한다. 예순두 살로 농협의 이사를 하고 있는 장남도, 조카뻘 되는 종가의 가동 양반(67세)도, 어르신은 그저 어린애 취급이다. 어르신 댁이 종갓집 뒤쪽에 있어서 어르신은 '뒷집 할배' 라고 불리지만, 일가 사람들이 '뒷집 할배' 라고

≫ 추석날, 의관을 갖추신 상봉 어른

할 때는, 두려움과 경원敬遠의 기분이 한데 뒤섞여 있다. 어련할까.

어르신은 밭에 다녀오는 길에 반드시 재실을 둘러보고 가신다. 소중한 문중 재실의 관리에 소홀함이 없는지 눈을 번뜩이시는 것이다. 애들이 재실 마루나 마당에서 떠들며 놀고 있을라치면 다짜고짜 불벼락이 떨어진다. 애들도 그걸 잘 알고 있어서 대개는 어르신의 모습이 보였다 하면 거미새끼 흩어지듯 후다닥 숨어 버리지만, 때로는 도망칠 데가 없어서 담을 넘는다든지 마루 밑으로 숨는 녀석들도 있다.

"아들이 쪼매 놀아도 상관 없구마는, 저 어른은 학문도 없으이끼네 생각이 좁아 갖고."

가동 양반도 쓴웃음을 지었다.

불 속으로 날아들다……

긴 비가 그친 뒤 재실 뜨락엔 키가 큰 풀이 더부룩하게 돋아 있었다. 점심 때, 내가 밖에 나갔다 돌아오니 어르신 혼자서 이 풀을 뽑고 계셨다.

"잠시만 눈을 띠마〔떼면〕 금세 이렇다 카이. 젊은것들은 머를 하고 있는지."

이건 좀 난처하다 싶은 차에 중동댁中洞宅이 나를 부르러 왔다. 중동댁은 재실 뒷집에 살면서 내 식사를 책임져 주고 있다. 상봉 어르신한테는 조카며느리뻘 된다. 벌레가 불 속으로 날아든다고 했던가.

"재실 마당이 이래 잡초 천지가 돼 있는데, 니는 머 하고 있노? 늙은이가 눈 뜨고 안 지키마 아무것도 안 하고. 이래 갖고 재실이 다 무너져도 내삐리둘 셈이가?"

"아재요, 아재가 그런 것까지 안 하시도 됩니더. 지가 나중에 다 뽑을 테이끼네, 놔뚜고 아재는 고마 진지 잡수로 가이소."

중동댁의 이런 무마에 어르신은 여전히 중얼중얼하며 돌아가셨다.

"저 뒷집 할배는 정정하신 거는 좋은데, 머든지 참견을 하셔서. 시키는 대로 안 해놓으마 당신이 몸소 일을 해치우시니까 점점 더 곤란하지예. 들 같은 데도 인자 마 안 나가셔도 되는데, 저라시마〔저렇게 하시면〕 주위 사람들이 피곤해예. 젊을 때부터 집이 가난해가 고생을 하셔노이끼네 저래 일하시는 게 몸에 배셨지예. 댁도 재실에 묵고 있는데, 참 큰일이네예."

식사를 하면서, 서른세 살의 중동댁은 한숨을 쉬었다. 그러나 동정을 사고 있는 나는 그때껏 피해를 본 적은 없었으니까, 그다지 절실한 느낌은

들지 않았다. (한참 후에 딱 한 번, 내게도 엄청난 벼락이 떨어지게 되지만)

　점심을 먹고 나서 중동댁은 한참 동안 풀을 뽑더니, 이윽고 자기 밭에
일을 하러 가버렸다. 나머지는 내가 뽑지 않으면 안 되었다.

상봉 어른이 살아오신 세월

여름 내내 어르신은 낮잠을 주무시러 곧잘 재실에 들르셨다. 가끔 마음이
내키시면 상월동의 옛날이야기를 들려주시는 적도 있었다. 할아버지가
손자를 상대로 옛날이야기를 하는 것 같은 풍정風情이었다. 하지만,
스물여섯이 된 종가의 손자는 도무지 납득이 가지 않는다는 표정으로
나를 보았다. 그로서는, 저 어려운 뒷집 할배와 길게 이야기를 나눈다는
건 믿어지지 않는 일일 것이다.

　그날도 낮잠을 한숨 주무시고 난 어르신은 담배에 불을 붙이시더니,
생울타리 너머로 새파랗게 펼쳐진 논을 바라보고 계셨다. 새파란 하늘에
한여름의 햇볕이 내려쬐고 있었지만, 들판을 쓸고 가는 바람은 시원했다.

　"옛날에는 이 근처 논은 전부 우리 일가 거였는 기라. 종가도 부자였지만,
저 웃집 어른 안 있나. 저 어른 조부가 조정에서 벼슬을 하신 학자였는
기라. 우리 일가 중에 제일 출세하신 분이라. 그리고 저 집 어른은, 거는
이 인근에서 제일 부자였제. 40리(한국의 10리는 약 4킬로미터) 밖에까지 자기
논이 있었는데. 면사무소 앞에서 점빵(가게)도 하고. 부인을 셋이나

둤는데(두었는데) 자식은 하나밖에 못 낳았는 기라.

그카다가 왜놈들이 왔지. 그놈들은 도둑놈들이라. 논밭도 마카(모두)
다 뺏깄지. 공출이다 머다 캐갖고 쌀이고 보리고 전부 가져가 뿌는데.
집에 놔뚜마(놓아두면) 위험하이끼네 산으로 들고 가가 숨카 놓지만,
그것까지 다 찾아내가 가져가는 기라. 암만 일을 해도 무슨 소용이 있노?
대체 머를 묵고 산단 말이고? 그래가 이 동네서도 만주로 간 사람도 있고,
일본 간 사람도 마이(많이) 있다. 다들 근근이 먹고 살았지러. 왜놈 중에도
좋은 사람도 있기야 안 있었겠나만, 내가 본 바로는 마카 나쁜 놈이라꼬.
너거 부모도 일본 가서 필시 고생 마이 했을 끼라.

저 산 밑에 비석이 있는데, 알고 있나? 그건 의사義士를 기리는 비인
기라. 의사라 카는 거는 일정日政 때 독립운동을 한 사람들 아이가. 이
인근에도 의사가 마이 나왔다꼬.

6·25 때는 피난민들이 수도 없이 여를 거쳐가 남쪽으로 도망을 안 갔나.
전부 몸띠이(몸뚱이) 하나로. 쫌 재아 주소(재워 주소), 밥 쫌 주소 카는데,
내삐리 둘 수는 없는 기라. 안 그렇나? 용케도 여는 큰길서 떨어져 있으이끼네
불에도 안 타고 피해도 없었거든. 그래가 우리는 피난은 안 갔는데, 그래도
밤에는 마카 산에 가가 숨어서 잤는 기라. 그때도 곡식은 산에 숨카 놓고
그걸 지켜 가미 잤제. 집에 곡식이 있다 카마 누가 올지 모르이끼네.

6·25도 끝나가 겨우 한숨 돌린다 싶었디마, 인자는 또 혁명이다 머다
캐가 시끄러웠제.

이 재실 이거는 6·25 직후에 지었는데, 그때는 문중 사람은 전부
나와가 산에서 나무를 해오고. 봐라, 이 기둥 같은 거는 사흘씩 걸리가

≫ 상월동의 서씨 문중 재실

날라온 기라. 전부 사람이 어깨로 지고. 차 같은 거는 없던

시절이었으이끼네. 다른 문중 사람들도 모두 거든다꼬 와가, 그때는 참

대단히 북적거렸다꼬. 우야든동〔어쨌든〕 우리 집안은 양반이끼네.

　이래 해가〔이렇게 해서〕 근사한 재실도 생겼는데, 요새 젊은것들은 재실도

팽개쳐놓고 마카 다 도시로 나가 뿌네. 세상이 우예 될라 카는지 원.”

　상봉 어른이 태어나신 때는 1895년, 그러니까 조선 남부지방에서 일어난

동학농민전쟁을 빌미로 청 · 일 양국이 개입해서 시작된 청일전쟁이 끝난

해다. 일본의 조선 진출을 결정지은 러일전쟁 때는 만으로 열 살,

‘일한병합’ 때 열다섯, 3 · 1독립운동이 있던 해에 스물넷, 그리고 식민지

지배에서 벗어나 해방을 맞은 것은 쉰 살 때라는 셈이 된다. 실로 격동의

20세기를 살아온 것이다. 재실을 둘도 없이 소중하게 아끼고 아이들을 쫓으려고 지팡이를 휘두르는 모습의 그늘에, 그 역사가 있을 터이다.

그러나 노인의 손자들은 이 꾀까다로운 할아버지가 보아 오신 것을 직접 여쭤 보는 일은 거의 없을 것이다.

"아아…… 진짜 많은 난리를 겪었구나."

휴우, 하고 한숨을 내쉬며 들을 바라보시는 어르신의 백발과 흰 모시 한복을, 바람이 쓸고 지나갔다.

근대 이후의 주요 한일관계사(연표)

1875년 일본군함 운요雲揚호, 강화도에 침입함.

1876년 조일수호조규(강화도조약)를 맺음.

1882년 제물포조약에 따라 일본이 서울의 군대주둔권을 획득함.

1894년 전라도에 갑오농민반란(동학농민전쟁)이 일어나 청일전쟁의 계기가 됨.

1895년 일본군의 민비시해사건을 계기로 반일의병투쟁이 일어남.

1905년 러일전쟁을 종결짓기 위한 포츠머스 조약에서 일본이 조선에 대한 특권을 획득함.
　　　조선을 일본의 '보호국'으로 하는 을사조약이 체결됨.

1906년 이토 히로부미伊藤博文, 한국통감이 됨.

1907년 고종황제, 제2회 만국평화회의(헤이그)에 특사를 보내 주권의 위기를 호소함.

1909년 안중근, 이토 히로부미를 암살함.

1910년 '일한병합'. 일본, 조선총독부를 설치하고 토지조사사업을 개시함.

1919년 반일 3·1독립운동

1929년 광주학생항일운동

1939년 창씨개명령 공포

1942년 조선징용령 공포

1944년 조선인징병제도 실시

1945년 일본의 제2차 세계대전 패전으로 한국이 식민지 지배에서 해방됨.

1965년 한일기본조약 체결

---

12. 다방의 역할: 커뮤니케이션의 장으로서의 찻집

한국에는 다방이 무척 많다. 게다가 언제든 손님이 끊이지 않는다. 나는 일본에 있을 때는 찻집(깃사텐喫茶店)에 드나드는 일이 거의 없지만, 한국에 오면 정말 자주 다방에 간다. 일시적인 방문자로 이국異國의 거리를 걷고 있을 때 다방은 잠시 쉬어 가는 장소로 안성맞춤이고, 누구를 만나는 약속장소로 좋다는 것도 한 가지 이유이기는 하다. 그러나 그뿐만이 아니다. 한국생활을 처음 시작했을 무렵에는 친구들과 사귀면서 그들이 너무 자주 다방을 드나드는 바람에 당황스러웠지만, 어느샌가 나도 같은 패턴을 따라 행동하게 되었다. 예를 들어 친구와 같이 점심을 먹고 나면 그대로 다음 볼일을 보러 가는 일은 거의 없고, 대개 식당에서 다방으로, 하는 코스를 거친다. 다방은 일상의 사회생활 속으로 완전히 파고들어 와 있는 것이다.

농촌지역에도 면사무소가 있는 곳이라면 반드시 다방이 두세 군데는 있다. 여기도 손님이 끊기는 일은 거의 없다. 다만 면소재지가 아닌 동네에서 다방이 눈에 띄는 일도 좀처럼 없다. 이것은 조금 생각해 볼 만하다.

충렬이의 휴일

"시마 씨, 오늘은 같이 놀로나 가까요〔놀러나 갈까요〕?"

가동 어른의 손자인 스물여섯 살의 충렬이가 부르러 왔다. '논다'는 말에는 무언가를 하고 논다는 적극적인 의미와 아무것도 하지 않는다는 소극적인 의미 양쪽이 다 있다. 그러나 오늘은 '놀러 가자'는 것이므로, 무언가를 하면서 놀 것이다. 대체 그가 논다고 할 때는 무엇을 하면서 노는 걸까? 그런 호기심도 거들어서, 같이 외출을 하기로 했다.

집을 나선 것은 오전 10시 반쯤이었다. 면소재지에 도착하자 그는,

"차라도 한잔 하까요?"

하면서 어떤 다방으로 들어갔다. 다방 세 군데 중에서 가장 동네 변두리 쪽에 있는 곳이다. 마침 목이 말랐던 나는 날라 온 사이다를 단숨에 쭉 들이켰다. 자, 이제부턴 일이 어떻게 되지?

한편 충렬이는 잔을 앞에 둔 채 다방 마담과 잡담을 시작했다〔한국의 다방에는 '레지(웨이트리스)' 외에 한복을 입은 마담이 꼭 있어서, 손님의 말상대를 해준다〕.

'그래, 오늘은 놀러 나왔으니까 아무것도 급할 건 없잖아? 조금 느긋하게 쉬었다 가도 괜찮은데. 나도 참 안달이군.'

이런 생각을 하면서 기다리고 있었지만, 충렬이는 암만 있어도 일어설 기미가 없었다.

그럭저럭 하는 동안 점심때가 되었다. 우리는 드디어 다방을 나와 근처의 식당에서 점심을 먹기로 했다. 그런데 식사를 마치고, 자 이제 어디로 가나 하고 있었더니, 충렬이는 또 아까 그 다방으로 돌아가는 거였다. 결국 그날은 하루 종일 그 다방에 앉아서 보내게 되고 말았다. 뭐야, 이게 논다는 거야?

그러나 이걸 가지고 충렬이가 말한 '놀다'라는 말이 '아무것도 안 하며 지낸다'는 소극적인 의미였다고 해석한다면, 그건 오해다. 우리가 다방에 앉아 있는 동안 이웃 마을의 청년들도 마찬가지로 놀러 와 있었는데, 그들과 충렬이는 잘 아는 친구들이었으므로 충렬이는 아주 바쁘게 이야기를 나누며 놀고 있었던 것이다.

다방의 경영자 쪽에서 보면, 손님이 오지 않으면 당연히 장사가 될 수가 없다. 그러니까 면소재지이고 또 닷새에 한 번 장이 서는 동네의 중심지야말로 장사에 가장 유리한 장소임에 틀림없다. 그러나 그곳을 이용하는 손님 쪽에서 보면 다방이란 마실 거리를 주문해서 마시는 장소라기보다 누구를 만나서 서로 이야기를 나누는 장소라는 의미가 큰 듯하다. 그러니까 손님이 모일 것 같지 않은 위치에 있는 다방은 가봐야 소용이 없는 것이다.

나는 다시, 이 다방에는 나이가 좀 있는 손님이 거의 들어오지 않는다는 사실을 깨달았다. 그곳은 청년들이 집합소로 삼는 다방이었다. 더 나이 든 사람들은 다른 다방에 출입하고 있었던 것이다.

"나는 마 소싯적에 좀 불량했거든. 고등학교 때부터 담배도 피우고, 늘 주무이(호주머니)에 돈푼이나 넣고 대구 근방까지 놀로도 자주 댕겼지. 공부는 거의 안 해가지고, 고등학교 넘들 3년 다닐 꺼를 5년이나 걸리가 겨우 졸업을 하고. 그래도 그 덕에 여 가나 저 가나 동창생이 잔뜩 널렸다 아잉교."

이렇게 말하며 웃는 효석 씨는 40대 초반이다. 정말 마당발이다. 면내는 물론 군내 곳곳에 교우관계를 형성해 놓았다. 고등학교를 5년 다닐 동안의 동창생들이 그 중핵인 듯했다. 내가 두 해 여름 통틀어 다섯 달을 상월동에서 살면서, 그가 농사일을 하는 모습을 본 적은 정말 손에 꼽을 정도뿐이었다. 농사일은 부인과 자식한테 맡겨 놓고 본인은 오토바이를 타고 여기저기를 돌아다녔다. 교제의 폭이 넓은 것을 한국말로 '출입이 잦다'고 하는데, 정말 꼭 그대로였다. 사람이 좋고 남을 사귀는 것도 좋아하니까, 나이 차가 꽤 나는 사람과도 친하게 친구처럼 지낸다.

국민학교 운동회 날.

"자, 가보까요?"

하고 효석 씨가 나를 부르러 온 것은 아침 여덟 시경이었다. 이렇게 일찍부터 나가서 어쩔 셈인지, 애들은 아직 등교하지 않았을 텐데, 하고 생각하면서도 그의 오토바이 뒤에 올라타고 출발했다.

면사무소 근처에 오토바이를 세운 효석 씨는,

"우선 차나 한잔 하고 가지요."

하며 가까운 다방으로 들어갔다. 벌써 드문드문 손님들이 앉아 있었다.
한쪽 구석 테이블에 앉아 커피를 주문해 놓고 효석 씨는 다방 마담을
상대로 농담을 한다, 다른 손님들과 인사를 나눈다, 하기 시작했다. 그는
새로 손님이 들어올 때마다 인사를 나누었다. 전부 효석 씨가 아는
사람들이다. 개중에는 그냥 인사 정도가 아니라 더 볼일이 있는 사람도
있어서, 우리 자리로 와서 이야기를 하는 사람이 있는가 하면 효석 씨가
상대방 자리로 가기도 했다.

　이렇게 근 한 시간쯤을 보내고 자리에서 일어섰는데, 막 다방을 나서다
말고 효석 씨는 다른 지인과 마주쳐서, 방금 나온 그 다방으로 다시
들어갔다. 그날 나는 효석 씨와 동행이었으므로 나도 덩달아 다방으로
다시 들어갈 수밖에 없었다.

　두 번째로 다방에서 나왔을 때는 벌써 10시가 다 되었다. 면사무소
앞을 지나가다가, 마침 거기서 나오는 부면장님과 마주쳤다.

　"야아, 당신도 구경하로 왔십니꺼?"

　부면장님은 나와 악수를 하더니,

　"자, 차라도 한잔 하입시더."

하고 손을 잡아끌듯이 해서 앞서의 다방으로 들어갔다. 효석 씨도 물론
함께였다. 그는 부면장한테도 볼일이 있던 참이라, 마침 잘된 셈이었다.

　그날 효석 씨와 나는 저녁때까지 여섯 차례나 같은 다방에 발길을 하게
되었다. 효석 씨가 만나고, 볼일이 생각나서 이야기를 나눈 사람의 수는
도저히 셀 수 없을 정도였다. 그날은 운동회가 있어서 그야말로 면내
사람들이 모두 나와 있었으니까, 그만큼 아는 사람을 만날 확률이 높았던

것은 분명하다. 하지만 효석 씨가 늘 다방에 출입하는 것이 이런 특별한
날에만 한정된 것은 아니었다.

앞서 말한 대로 이 면소재지에는 다방이 세 군데 있는데, 효석 씨가
다니는 곳은 면사무소 바로 맞은편에 있는 다방뿐이다. 그것은 그 다방을
이용하는 다른 많은 사람들도 마찬가지다. 다방은 이런 고정손님에 의해
유지된다고 할 수 있다.

이런 단골 다방은 손님 쪽에서도 이용가치가 높다. 예컨대 효석 씨는 이
면소재지에 다녀갈 때는 반드시 이 다방에 들르니까, 그에게 볼일이 있는
사람은 이 다방에 들러 보면 그가 상월동에서 나와 있는지 아닌지, 또 나와
있다면 지금은 어디에 있는지를 알 수 있다. 다방 마담이 고정손님들끼리의
전언판傳言板 역할을 해준다. 다방은 사람들의 커뮤니케이션의 장으로서
중요한 역할을 하고 있는 것이다.

젊은 충렬이한테는 다방은 아직 놀이터에 지나지 않지만, 머지않아
그에게도 실질적인 의미를 갖는 사회생활의 장이 되어 갈 것이다.

네트워크의 매듭

한국에 다방이라는 것이 생긴 지는 그리 오래되지 않았지만, 관청 소재지와
장이 서는 곳이 한 세트인 것은 옛날부터의 전통이고, 거기에 많은
사람들이 모이는 것도 그다지 이상한 일이 아니다. 그렇다면, 다방이
출현함으로써 새로운 커뮤니케이션의 그물(네트워크)이 형성되었다기보다는,

이미 존재하고 있던 그물의 매듭이 되는 자리에 다방이 나중에 끼어들어 왔다고 보는 쪽이 옳지 않을까? 만약 그렇다면, 예전에 그 위치에 있었던 것은 무엇이었을까? 그 일부, 특히 장에 모인 사람들한테는 주막이 그런 곳이었을지도 모르지만, 관청에 출입하는 사람들은 어땠을까? 식견이 좁아서 상세한 바는 모르겠다.

"지금도 역시 ○○ 다방입니까?"

사람들이 단골 다방을 두고 그곳을 커뮤니케이션 장소로 중요하게 사용하는 모습은 도시에서도 볼 수 있다.

　몇 년 뒤의 일인데, 전라북도 전주시에 있는 전북대학교로 역사학자 송준호宋俊浩 교수를 뵈러 갔더니, 송 선생이 안치연安致衍 씨라는 분을 소개해 주셨다. 그는 순흥 안씨라는 씨족의 전국 조직인 종친회 총무부장을 맡고 있었다. 순흥 안씨라고 하면, 13세기의 학자로 조선 주자학의 비조鼻祖인 안향安珦 선생의 가문이다.

　안치연 씨는 평소에는 서울의 종친회 사무소에 있다고 했다. 몇 주 뒤에 서울에 돌아온 내가 그 사무소에 전화를 걸었더니, 안치연 씨는 근처의 다방에 가 있다고 했다. 그 다방으로 찾아가기로 했다. 그는 한구석의 테이블에 앉아 있었다. 다른 사람을 만나고 있었으므로 나는 인사만 하고 다른 테이블로 갔다. 커피를 마시면서 보고 있노라니, 나와 마찬가지로 순서를 기다리는 사람이 몇 명이나 있고 안치연 씨는 이 테이블에서 저

테이블로 자리를 옮기면서 이야기를 하고 있었다. 그동안에도 그를 찾는 전화가 몇 통이나 걸려 왔다. 이 다방은 마치 그의 응접실이라도 된 듯한 느낌이었다.

2년 뒤의 겨울, 눈이 많이 내린 어느 날, 나는 다시 전주시로 송준호 선생을 뵈러 갔다. 이번에는 송 선생께서 일부러 내가 묵고 있던 여관 건물 안에 있는 다방으로 와 주셨다. 환갑을 넘겨서도 여전히 정력적으로 조사를 하러 분주하게 돌아다니고 있는 선생은 그날도 그 눈 속에 어딘가 나갈 예정이어서 숄더백을 어깨에 걸치고 계셨는데, 나를 만나자마자,

"안치연 씨 만났습니까? 나도 실은 그때 이래로 만나지 못했는데, 연락해 볼까요?"

하며 전화를 하러 일어서셨다. 얼마 지나지 않아 자리에 돌아오시더니,

"연락 됐습니다. 지금 바로 이리로 온답니다."

하셨다. 10분쯤 만에 안 씨가 모습을 나타냈다. 재회의 인사를 하고 자리에 앉자 송 선생께서,

"지금도 역시 ○○ 다방입니까?"

안 씨가 대답했다.

"예, 전주에 오면 늘 거기입니다."

이런 문답을 들으면서 나는 10년도 더 전, 처음 대구시로 영남대학교의 김택규金宅圭 교수를 뵈러 갔을 때의 일을 떠올렸다. 시 중심부에 있는 성림다실聖林茶室이라는 다방에서 만났는데, 그때는 어째서 다방에 물으면 선생이 계시는 곳을 알고 있는지 이상하게 생각했던 것이다.

III
여행길에서

13. 한국의 손님 접대: 잊지 못할 만남들

사람을 만나서 이야기를 듣는 것은 인류학도로서 내가 하는 일의
출발점이다. 1974년에 농촌을 돌아다니기 시작한 이래 얼마나 많은
사람들과 만났던가? 가는 곳곳마다 얼마나 많은 사람들이 이 낯선
이방인을 따뜻하게 맞아 주었던가? 그 가운데는 십수 년이 지난
지금까지도 여전히 계속 만나는 사람도 있지만, 그때 단 한 번뿐이었던
만남도 많다. 내가 한국의 사회와 문화에 대해 얼마쯤 배워 익힐 수
있었다고 한다면 그것은 오로지 이런 분들이 있었기 때문이다.

분주한 여행

1982년이 저물어갈 무렵, 나는 문중 조직의 여러 가지 형태를 알아보려고

> 여행의 출발점이 된 전라북도 남원 한 마을의 문중 재실

전라북도, 충청북도, 경상북도 각지를 종종걸음으로 돌아다녔다.[22]

　여행의 전반에는 계명대학교의 정 군, 후반에는 영남대학교의 석 군이라고 하는 대학원생들이 동행해 주었다. 매일 버스를 갈아타면서 한 달 남짓한 동안 열다섯 곳이 넘는 마을을 방문하는, 실로 분주한 여행이었다.

　한 곳에서 장기간 체재하는 경우와 달리, 이런 여행에는 서로 상대를 익혀 갈 시간이 거의 없다. 어느 집을 찾아가 자기소개를 하자마자 "실은 이러저러한 것에 대해서 말씀을 좀 듣고 싶습니다만", 하고 단도직입적으로

22　1982년 12월에서 1983년 1월에 걸쳐 상월동 영주 서씨(가명) 일파가 14세기 말의 파시조 이래로 이주한 경로를 더듬어 본 여행이었다. 제17장 참조.

말을 꺼내지 않으면 안 된다. 방문을 받은 상대로서는 떨떠름했을 것이다. 만약 입장이 바뀌어 내가 방문을 받는 쪽이었다면, 나는 어떻게 반응했을까?

학문을 위해서, 라고 정색을 하고 말할 용기는 잃어버렸다. 상호이해를 위해서 어쩌고 하는 것은 한층 더 막막한 얘기였다. 상대방한테는 폐만 잔뜩 끼쳐 놓고 나 혼자만 일방적으로 이해한다, 또는 이해했다고 생각한다, 그리고 그 결과가 나의 연구업적이라는 것으로 남게 될 뿐이지 않은가? 그렇게 뒤가 켕기는 느낌을 가지면서도 오로지, 나는 그래도 알고 싶다는 일념에 의지한 여행이었다.

그런 여행길에서…….

묵어가시우

충청남도 조치원. 점심때가 지나서 내려 선 버스 터미널에서, 우리가 가려는 마을이 버스가 다니는 길에서 4킬로미터 넘게 떨어져 있는 데다가 그쪽으로 가는 버스는 저녁때 다 되어 한 대가 있을 뿐임을 알게 되었다. 우리는 택시를 타고 가기로 했다. 돌아올 때는 밤길을 걸어서라도 오든지 하면 되겠지. 갈 때는 좋아 좋아, 오는 길은 무섭겠지, 였다.[23]

---

23 에도江戸시대에 만들어진 것으로 추정되는 일본의 동요(와라베우타わらべうた) 〈도랸세 通りゃんせ〉의 한 구절이다. 일곱 살 어린애가 천신天神(아마쓰카미)의 좁은 길을 통과시

우리가 뵈려고 찾아간 〔종손〕 어르신은 다행히 집에 계셨다. 찾아뵌
목적을 말씀드리자 어르신은 우선 일가 시조의 영정을 모셔 놓은
영당影堂으로 안내해 주셨다. 영당 문을 열면서,

"여는〔여기는〕 가운데 문으로 들어가면 안 되는 거유."[24]

하고 우리를 옆문으로 들어오게 해서, 위패의 덮개를 벗기고 공손하게
절을 하셨다. 나도 따라서 절을 하자,

"여서는 추우니께, 집에 가서 얘길 헙시다."

하고 자택으로 안내해 주셨다.

방으로 들어가 다시 인사를 드리고 내 소개며 찾아간 목적을 말씀드리고
있자니, 부인이 술상을 날라 오셨다.

"자, 우선 한잔 하시우."

하고 권하신다. 나는 당황해서,

"어르신 먼저 받으십시오."

하고 술병에 손을 뻗었다. 그러나 어르신은,

"아녀 아녀, 괜찮여. 공부 하러 먼 길 오시느라 고생이 많았구먼유.
나이는 어려도 손님인디."

켜 달라고 한다는 내용으로, 그 가사 중에 "갈 때는 멋모르고 좋아 좋아(하면서 쉽게 가
겠지만) 돌아올 때는 무섭겠지, (그때 가서) 무섭더라도 통과시켜 주세요."라는 대목이 있
다. "동대문을 열어라."처럼 두 사람이 손을 맞잡고 문을 만들어 주었다가 노래가 끝날 때
그 아래를 지나는 사람을 붙잡는 놀이를 하기도 한다.

24 향교, 서원 등에서는 출입문인 외삼문外三門, 내삼문內三門 등이 각각 세 개의 문으로 이
루어져 있다. 가운데 큰 문은 신문神門으로 제향祭享 때 말고는 늘 닫아 둔다. 사람이 출
입하는 것은 양쪽의 작은 문〔狹門〕이다.

≫ 조치원 부근 마을의 영당

하며 술을 따라 주셨다. 어르신께 나는 손자뻘 되는 나이다. 황송해서 몸이 옴츠라들었다.

이윽고 어르신은 족보를 들고 나와 펼쳐 가면서 이야기를 시작하셨다.

어르신의 조상은 14세기 후반에 개성(고려의 수도)에서 고위직에 올랐던 사람이었는데, 정치분쟁에 휘말려 목숨을 잃고 자식들은 모두 난을 피해서 낙향했다. 그중 한 사람이 이곳에 자리를 잡았는데, 그때부터 18대까지 여기에 뿌리를 내리고 살아왔다. 이곳 영당에 모셔진 시조의 유영遺影은 전국에서도 세 곳에만 있다(그중 하나는 국보로 지정되어 있다). 현재 이 마을에는 일가붙이가 약 50가구 살고 있다. 오랜 세월이 흐르는 동안 이곳에서 다시 다른 곳으로 이주한 사람도 있지만, 그 자손들도 매년 조상의 제사 때에는 반드시 여기로 돌아온다. 이곳은 실로 몇만 명이나 되는 일가 자손들의 진짜 고향인 것이다.

한바탕 이야기를 듣고 그 집을 물러 나오려고 한 때는 저녁 6시가 지났을 무렵이었다. 해는 벌써 넘어간 뒤였다. 어르신은 그건 무리라는 듯이,

"짐꺼정 들고 이 밤길을 워쩌케 간다고 그려? 행길에 나가도 뻐스는 인젠 읎을 거인디, 오늘은 기양 여서 묵어 가시우."

하셨다. 부엌문에서 얼굴을 내민 부인도,

"이 시간에는 도저히 못 가셔유. 암것두 읎지만 밥을 채렸응께, 천천히 묵어 가셔유."

하셨다. 우리는 그 후의厚意를 받아들이기로 했다. 덕분에 식사를 하면서 다시 이런저런 이야기를 들을 수 있었다. 그러는 동안 부인은 서울에 가 있다는 아들 방에 자리를 깔아 주셨다. 추운 계절에 따뜻한 온돌만큼 반가운 것은 없다.

이튿날 아침 출발 준비를 하고 있자니, 부인이 밖에 나갔다 들어오면서 이렇게 말씀하셨다.

"길도 너무 진디 짐도 있어서 큰일이네유. 시방 마을 공중전화로 택시를 불렀응께, 좀만 지둘리셔유."

이럴 거라면 어젯밤에 택시를 부를 수도 있었는데. 멀리서 온 손님을 그대로 돌려보내서는 안 된다, 하는 배려였던 것이다.

며칠 뒤. 음성읍은 충청북도에서도 가장 산이 깊은 군의 군청소재지다. 우리는 거기서 두 시간에 한 대 있는 버스를 타고 더 오지의 마을로 향했다. 버스는 얼어붙은 산길을 천천히 올라갔다. 우리가 찾아가려는 농가는 마을 어귀에 있었다.

"문중 일을 좀 여쭤 보러 왔습니다만."

하고 여쭙자, 조금 지나서 사랑방으로 들어오라고 하셨다. 67세가 된 집주인은 그동안 의관衣冠을 고치셨던 모양이다. 흰 옷에 삼베 두건을 쓰고 계셨다. 상중喪中이었다.

"작년에 어머이가 돌아가셔서."

인사가 끝나자 어르신은 이렇게 말씀하셨다.

방 한구석에는 쌀가마니가 쌓여 있었다. 벽에는 가족사진이며 도시로 나간 자식들, 시집간 딸들의 사진이 든 액자들이 걸려 있었다. 벽 쪽에 놓인 작은 서탁 위에 걸린 한시漢詩 족자가 눈에 띄었다.

"저것은 어떤 분의 시입니까?"

끊긴 얘기를 이어 보려고 이렇게 여쭈었더니 어르신은 쑥스러워하시면서,

"아, 이거 참 변변찮은 거인디. 내는 학문도 읊어서, 이 정도면 되는지 워쩐지도 잘 모르지만……."

하셨다. 그것은 어르신의 자작시였다. 실례되는 말씀이지만, 그냥 길에서 뵈었다면 이런 분이 한시 같은 걸 지으시리라고는 상상도 못했을 것이다. 하지만 이 산골짜기 동네에서 쟁기질을 해가면서도, 어르신은 가끔

한시를 지으며 즐기고 계신 것이다. 이 어른 같은 분들이 드러나지 않게,
그러나 확실하게, 좋은 의미에서의 양반사회의 저변을 지탱하고 있다.
이런 분을 만나면 마음으로부터 문명의 전통의 무게를 느끼지 않을 수
없다. 여기는 오랜 역사를 가진 한자문명권이다. 그리고 그런 가운데,
한문을 제대로 읽지도 못하는 나는 무학문맹無學文盲을 부끄러워할 수밖에
없는 것이다.

눈〔雪〕에 반사된 빛이 한지를 바른 미닫이문을 환히 비추는 사랑방에서
점심을 먹어 가면서 약 네 시간쯤 이야기를 들은 우리는, 정중히 인사를
드리고 물러나왔다.

포플러가 가로수로 심어진 한길로 나와 걷고 있자니, 멀리서 버스가
오는 게 보였다. 그때, 좀 전에 뵌 어르신이 삼베 두건을 쓴 채로 눈길을
달려서 우리를 쫓아오셨다. 손을 흔들어 버스를 세운 어르신은,

"자아, 이 뻐스 타시우."

하며 내 짐을 버스에 실어 주시고는, 뒤이어 올라타는 석 군의 호주머니에
무엇인가를 재빨리 찔러 넣으셨다. 길섶에 서서 배웅하시는 어르신의
모습이 보이지 않게 되자, 호주머니를 뒤지던 석 군과 나는 무심코 얼굴을
마주보았다. 어르신은 우리한테 차비를 주려고 뒤쫓아 오셨던 거였다.

라 면 한 그 릇 이 전 해 주 는 것

다시 며칠 뒤. 우리는 충청북도 남부 보은읍 근처의 마을을 찾았다.

아침저녁으로 한 대씩 있는 버스도 마을에서 몇 킬로미터 앞의 큰길을 지나갈 뿐인 산골 동네로, 여든 가까운 노부부가 두 간짜리 작은 집에 살고 계셨다. 조부가 여기로 이사를 왔지만, 마을에는 일가친척도 없다고 하셨다. 가난 때문에 이주한 것으로 보였다. 그리고 이제, 외아들도 서울에서 일을 하고 있다고 한다.

우리가 찾아뵌 뜻을 듣고 어르신이 꺼내 오신 족보는 붓글씨로 직접 쓴 것이었다. 물론 그 일가 전체의 족보가 아니라(전체는 수십 권이나 될 터이다.) 자기와 관련된 지파 부분만이지만, 그것만 해도 두께가 4센티미터나 되었다. 베껴 쓰는 것도 큰일이었으리라.

"일가헌티 족보를 빌려다가 우리 애가 일일이 베낀 거유. 한자랑 붓글씨는 내가 갈쳤지유. 암만 가난해두 교육은 제대로 시켜야 허니께."

그렇게 말씀하시며 어르신은 자랑스러운 듯 미소를 지으셨다.

"촌동네라 대접할 거이 암것두 읎는디, 그려두 요기라두 허구 가셔유."

허리가 꼬부라진 할머니가 들고 오신 상에는 인스턴트 라면에 반 되 남짓한 막걸리가 곁들여져 있었다. 이토록 기억에 남는 라면은 두 번 다시 맛보지 못했다.

14. 양반이라는 것: 전통과 사회적 입장

기념물monument의 의미

한국의 농촌을 걷고 있노라면, 이르는 곳마다 실로 많은 기념물이 있다는
데 놀라게 된다. 우선 부모에 대한 효행으로 이름 높은 자식을 기리는
효자문과, 젊어서 남편을 여의고도 시부모를 모시면서 자식을 잘 길러낸
여성을 기리는 열녀비가 있다. 모두 그 자손들이 세운 것이지만,
자기들끼리 멋대로 세울 수는 없다. 거의 군 단위로 만들어져 있는
유림儒林 조직에 신청해서 승인을 받아야 한다. 또 학자로 이름을
날렸다든지 특히 조선시대 국가에 공적을 세운 사람의 위패를 모신
사당이며, 그 생애와 공적을 새긴 신도비神道碑가 있다. 묘소에 세워진
석비에 이르면, 그 수는 정말이지 헤아릴 수 없다.

개인을 기념하는 것 외에 일가 조상의 묘가 있는 선산 기슭에는 조상의

제사를 지내거나 문중 회의를 할 때 쓰는 재실·제각祭閣이 있고, 경치가 좋은 곳에는 문중 사람들이 모여서 즐길 수 있는 정자가 세워져 있다.

도대체 얼마쯤의 기념물이 있는 것일까? 건물로 된 것만이라도 일단 숫자를 확인해 보자 싶어서 나는 전라남도 나주군의 한 개 면 전체를 걸어서 돌아다녀 보기로 했다. 면적은 40제곱킬로미터가 조금 못 되고, 인구는 1982년 현재 1만 1천 명이 조금 못 되었다(다만 인구 유출이 심한 지역이라는 점에 주의해야 한다. 인구가 가장 많았던 1960년대 중엽에는 1만 8천 명 가까웠다는 점을 참고 삼아 적어 둔다). 그 결과, 내가 확인할 수 있었던 것만 해도 사당 4, 정자 9, 재실 47, 합계 60개소였다. 단순 계산으로 180명 정도에 하나, 동네마다 한 곳 이상이라는 셈이 된다.

이런 단순 계산은 사실 평균적인 분포를 아는 정도 이상은 될 수 없다. 동네에 따라서는 기념물이 네다섯 개 집중된 곳도 있는 반면, 하나도 없는 동네도 있다. 또 그 면 내에 자기 문중의 재실이나 정자가 하나도 없는 사람들이 대부분임에 반해, 전체의 4분의 1에 해당하는 열여섯 곳의 재실과 정자를 한 씨족이 소유하고 있다. 지역적 분포 그리고 그것을 소유한 씨족의 분포야말로 이 건조물建造物들이 갖는 기념물로서의 사회적 의미를 분명히 해주는 것이다.

각 지역에는 300년, 500년씩 대를 이어서 살아온 친족집단이 있어서, '토박이'로 불리고 있다. 토박이라는 것, 그러니까 그 지역에 뿌리를 내린 집단이라는 것은 지역사회에서 지위status를 주장하는 데 중요한 요건이다. 그러나 토박이라는 것만으로는 충분치 않다. 조상 가운데 과거에 합격해서 고위 관직에 올랐다든가 학자로 이름을 날린 인물이

>> 열녀 비각

있어야 한다(문文을 존중하는 양반사회에서 경제력은 사회적 지위를 결정하는 요인이 아니다). 또 유교에 기초를 둔 양반사회에서는 유교적인 행동규범을 얼마나 충실히 따라 사는가 하는 것도 개인에 대한 사회적 평가, 나아가 그 개인이 속한 친족집단에 대한 평가에 직접 결부된다.

각 지역사회에는 토박이면서 유명한 조상을 둔 대표적인 씨족집단이 몇 개쯤 있어서, '토반土班'이라 불리고 있다. 이것은 그 지역 양반의 중핵을 이루는 집단이다. 그러나 양반에도 격格의 상하가 있고 또 사람들은 각 집단의 내력이며 인물을 속속들이 잘 알고 있기 때문에, 그 평가에 따라 각 지역사회 내의 친족집단은 토반을 정점으로 하는 일련의 서열 안에 자리 잡게 된다.

이런 관점에서 보면 신도비든 효자문이든 아니면 열녀비든, 모두 자기 조상의 덕을 기리는 동시에, 사회에 그 실적을 가시적으로 드러내는 기념물임을 잘 알 수 있다. 문중의 재실이며 정자도 조상을 제사지내거나 집안의 돈목敦睦을 꾀하기 위한 시설이지만, 동시에 사회에 대하여 집안의 결속력을 과시하는 역할도 하며, 각 집단의 지위를 눈에 보이는 형태로 드러낸다.

그러나 사회적 지위는 일방적으로 주장해서 얻을 수 있는 것이 아니다. 다른 집단으로부터 승인을 받는가 받지 못하는가가 문제가 된다. 앞서 언급했듯이, 효자문이나 열녀비는 〔지역〕 유림의 공인을 받아야 비로소 세워질 수 있다. 재실과 정자의 경우도 마찬가지다. 이 건물들을 신축하거나 개축할 때는 그것을 세운 친족집단의 유래와 건설의 경위를 적은 현판을 거는데, 다른 씨족의 이름난 사람이 그 현판을 써주어야 한다.

돌아다니며 본 재실과 정자 중에 최근에 막 개축된 사당이 있었다. 고려 말 이래 600년이 넘도록 한 번도 부지를 옮긴 적이 없다는 명문 종가 곁 영산강 줄기가 발아래 굽어보이는 언덕 위에 있는 이 사당은, 16세기 중엽에 세워져 17세기에 한 번 개축되었고 이번이 두 번째 개축이라는 유서 깊은 건물이다. 수억 원의 비용을 들여 정원까지 완전히 정비했지만 아직 준공식은 하지 않았다고 한다. 준공식 때는 그야말로 원근의 유력한 양반 대표들을 초대해서 성대하게 공개하게 될 것이다.

이방인을 맞아 주는 사람들

1983년 8월 말, 전라북도의 명승지 내장산 국립공원의 한 호텔에서
'한국문화국제회의'라는 심포지엄이 열렸다. 역사학과 문화인류학의
입장에서 학제적으로 한국사회에 대해 토론하고 그 접점을 구해 보려는
목적의 회의였다. 한국 쪽에서는 전북대학교의 송준호 교수,
영남대학교의 김택규 교수 등 다섯 명, 외국에서는 하버드 대학교의
와그너Edward Wagner 교수, 취리히 대학교의 도이힐러Martina Deuchler 교수
등 아홉 명의 연구자가 모였고, 나도 그 말석에 끼게 되었다. 내 경우
학회의 초청장을 받은 게 1982년 이른 봄이었으니까, 약 1년 반의
준비기간을 두고 모이게 된 셈이었다. 조촐한 모임이었지만 일주일에 걸친
토론은 열띠게 진행되었다. 회의 일정이 빠듯하게 짜여 있어서, 국립공원에
왔으면서도 호텔 창으로 보는 풍경 이외에는 아무 구경도 못했을 정도였다.
　이 회의에서 발표된 11편의 논문 중 10편이 재산상속, 족보, 문중 조직
등 친족에 관한 것이거나 지역사회의 신분제에 관한 것이었다. 조선시대를
통해 유교사상의 영향이 강해지는 가운데 이 두 영역이 서로 밀접하게
얽히면서 전통적 조선사회의 한 측면, 곧 양반사회를 만들어 냈으므로 이
문제에 논의가 집중되었다고 해도 그것이 발표자들의 면면 때문만이라고는
할 수 없을 것이다.
　일주일간의 회의 일정 가운데 답사여행을 하는 날이 하루 끼어서,
지방의 양반 일가가 모여 사는 이른바 동족마을 세 곳의 답사가 마련되어
있었다. 한국 측 참가자한테는 별로 드문 일은 아니었겠지만, 이 회의의

주제로 보면, 특히 구미에서 온 참가자들에 대한 서비스라는 점에서 생각하면, 꽤 맞춤한 계획인 듯했다. 나로서는 마을의 답사 그 자체뿐 아니라, 우리 이방인 집단과 우리를 맞아줄 사람들의 만남이 어떤 양상이 될지도 흥미로웠다.

답사 날, 호텔 앞에 세워진 관광버스(마이크로버스가 아니었다.)는 딸린 인원들까지 다 해도 스무 명이 채 안 되는 일행을 태우고 출발했다. 한길에서 벗어나 마을로 향하는 길은 경운기나 기껏해야 소형 택시가 다닐 만큼의 폭밖에 되지 않았다. 당연히 한길 끝에 내려서 걷겠거니 싶었는데 세상에, 버스는 당당히 그 좁은 길을 타고 들어가는 것이었다. 길 폭을 꽉 채우며 간신히 지나가는 거니까 설마 이 길을 후진해서 되나갈 수는 없을 터였다. 유턴을 할 자리가 있을지, 쓸데없는 걱정이 들었다(사실, 첫 번째 마을에서는 밭을 깔아뭉개며 차를 돌릴 수밖에 없었다!).

그런데 답사여행을 떠날 때 들은 설명으로는 "천천히 이야기를 듣거나 할 시간은 없으니까, 각 마을에서는 종가에 잠깐 들러서 동족마을의 분위기를 엿볼 수밖에 없다."는 거였다. 그러나 그것은 어디까지나 이쪽의 계산이지, 상대가 받아들이는 방식은 아닌 것이다.

아니나 다를까, 맨 먼저 찾은 부안군 마을의 종가에서는 새하얀 한복을 차려 입은 종손이 우리를 맞아 주셨다. 그리고 일행 한 사람 한 사람이 인사를 나누는 동안 '어, 저런 저런' 하는 사이에 툇마루와 방안에 술과 안주가 놓인 상이 차려졌다.

다음으로 찾은 순창군의 마을은 14세기 말 이래의 전통이 있는 마을이었다. 그곳 문중의 조상은 앞 장에서 다룬 조치원 부근 마을의

≫ 일행이 순창군에서 첫 번째로 들른 마을 종택에서 문중 고문서를 얻어 보고 있다.

문중의 조상과 같은 사건에 연좌되어 낙향했다고 한다. 문중의 대표자들
대여섯 분이 우리를 종가 뒷산의 풍광이 좋은 정자로 안내해 주셨는데,
거기에도 삽시간에 음식을 차린 상이 날라져 와서 우리는 멋진 경치를
바라보면서 찹쌀로 담근 동동주라는 순한 술로 목을 축이게 되었다.

그러나 뭐니 뭐니 해도 압권은 마지막으로 찾은 순창군의 또 다른
마을이었다. 그곳은 200호 대부분이 같은 집안인 데다, 그 문중 종가에서
조선시대에 내리 4대의 홍패紅牌 수령자를 배출한 것으로 유명한
양반촌이었다. 홍패란 과거의 합격 증명서다.

앞의 두 마을에서 예상 밖의 대접을 받느라 예정된 시간을 상당히
넘겼기 때문에, 우리가 이 마을에 도착한 때는 오후 네 시가 넘은

무렵이었다. 좁은 길을 구부러져 마을의 넓은 터가 보였을 때, 우선 눈에 들어온 것은 도열해서 우리를 기다리고 있는 남성들이었다. 우리가 예정보다 꽤 늦게 도착했으니, 그 사람들은 도대체 얼마동안 거기 서서 기다리고 있었던 것일까? 그 줄은 마을 마당에서 종가 대문까지 이어져 있었다.

종가의 대문을 들어선 우리는 다시금 아, 하고 놀랐다. 몇십 명의 여성들이 나들이옷 차림으로 도열해 있다가 박수로 맞아 주었던 것이다.

여성들의 열 뒤에서 문중 어른들한테 에워싸이다시피 해서 종손이 걸어 나와 우리를 환영하는 인사를 했다. 20대 중반쯤의 청년이었다. 직장은 서울인데, 오늘 행사를 위해 마을로 불려 내려왔다는 것이었다.

조상의 홍패며 고문서를 얻어 본 다음 우리는 사랑방으로 안내되었다. 거기에도 진수성찬을 차린 상이 마련되어 있었다. 온갖 종류의 떡이며 참깨를 굳혀서 만든 강정에 수정과도 있었다. 수정과는 생강을 달인 물에 꿀과 곶감, 잣, 계피가루 등을 넣어 차게 해서 마시는 음료다. 손이 많이 가는 약밥(찰밥에 밤, 대추, 건포도 등을 섞어서 설탕, 참기름, 간장 등으로 맛을 낸 음식)도 놓여 있었다.

훌륭한 음식에 입맛을 다시면서도, 우리는 이건 너무 폐를 끼치는 게 아닐까 하는 생각이 들었다. 경비만 해도 상당한 금액에 이르렀을 것이다. 게다가 이 정도 성찬을 준비하느라 문중의 여성들은 며칠 전부터 계속 부엌일을 했을 것임에 틀림없다. 이런 대접을 그냥 기쁘게 받기만 하면 되는 것일까? 우리 일행은 두셋씩 머리를 맞대고 작은 소리로 의논을 했지만 묘안이 떠오르지 않았다. 돈을 건네는 것으로 인사를 한다는 따위

실례되는 짓은 할 수 없었다. 결국 이 자리에서는 고맙게 대접을 받고 나중에 각자 감사하다는 편지를 쓰자고 낙착을 보았다. 고맙게 대접을 받는 것 이상으로 예를 표시할 방법은 아마 없었을 것이다.

이 답사를 계획한 사람들은 분명 그야말로 '잠깐 들르기만 할' 예정이었지, 이렇게 성대한 환영을 예상하지는 않았을 것이다. 그러나 우리가 간다는 연락을 받은 사람들로서는 그게 그렇게 간단치 않은 일이었던 게 아닐까?

본래 손님을 정중하게 대접하는 습관이 있는 사람들이다. 거기에 더해서 한국 전통문화의 전문가라고 미리 선전된 외국 학자 일행이 온 것이다(우리 학술회의에 대해서는 텔레비전이며 신문에도 보도되었다). 게다가 이 일행이 다른 문중의 마을이 아니라 바로 자신들의 마을을 답사하러 온다는 것은, 바꿔 말하면 이 마을이 다른 마을보다도 양반사회의 전통을 특히 잘 체현하고 있다는 이유에서 선택되었다는 뜻이다. 그것은 다른 마을에도 금방 알려지게 된다. 그렇다고 하면, 양반의 체면상으로도 멋지게 대접하지 않으면 안 된다.

우리는 더할 나위 없는 환대를 받고, 한국식 손님 접대의 훌륭함에 깊은 감명을 받았다. 그러나 우리를 맞아준 사람들로서는 찾아온 손님을 대접한다는 전통에 더해서, 그것을 입증해 보여야 한다는 사회적인 입장에 처해 있었을 것이다.

15. 나 좀 봅시다: 관철되는 논리, 뒤얽히는 현상

새마을호의 차내 판매원

특급 새마을호의 열차 안. 차내 판매원이 객실에 들어왔을 때 문득 뭔가 낯선 느낌이 들었다. 하지만 그것은 판매원이 남성이어서도 아니고,[25] 낯선 사람이 들어와서도 아니었다. 내가 마음에 걸렸던 것은 그 걸음걸이였다. 아까 카트를 밀며 지나갈 때는 좌석에 신경을 쓰면서 좌우로 굽신굽신 고개를 숙여 가며 지나갔는데, 빈손으로 들어온 이번에는(판매원분한테 실례가 될 것을 무릅쓰고 좀 과장해서 말한다면) 턱을 들고 어깨에 힘을 준 채 거만한 팔자걸음이다. 차내 판매원이 좌석 사이를 지나가는 분위기는

---

25 당시 일본에서는 차내 판매원이 모두 여성이었다고 한다.

아니었다.

그 분위기에 끌려서 나는 고개를 돌려 눈으로 그의 뒤를 좇았다. 그러자 반대편 문 가까이에서 카트를 밀고 오던 여성 판매원이 눈에 들어왔다. 그는 객실 한복판쯤에서 호주머니에서 지폐를 꺼내서는 그것을 내밀면서 그녀한테로 다가갔다. 아마 잔돈을 바꿔 달라는 것 같았다.

두 사람의 제복이며 하는 품으로 봐서 직위상 남성 판매원 쪽이 여성 판매원보다 위라는 것은 분명했다. 그리고 남성 판매원은 부하인 여성 판매원한테만 용건이 있으니까, 그들 두 사람 사이의 일에 한정해서 보면 남성 판매원의 행동이 약간 거만하게 보였다고 해도 별로 이상하지는 않으리라. 내가 느낀 위화감의 원인을 조금 더 정확하게 말하면, 그 자리에는 제삼자인 다수의 승객들이 있었는데도 '승객들 앞'이라는 것을 그는 의식하지 않은 것 같았기 때문이었다. '곁에 승객들이 없는 것처럼'이라고 내가 느낀 것은 과잉 해석이었을까?

잠시 둘이서만

"나 좀 봅시다."라는 표현이 있다. 직역하면 "나랑 잠깐 만날까요/볼까요?" 하는 정도의 뜻이다. 하지만 이것은, 예컨대 전화로 면회를 신청하는 경우처럼 지금 얼굴을 마주하지 않은 사람들끼리 면회를 약속한다는 상황은 아니다. 서로 얼굴을 마주하고서 "나 좀 봅시다." 하는 것이니까,

문자 그대로 해석해서는 적절치 않다. 오히려 "잠시 둘이서만 얘기합시다."라는 의미라고 생각하는 편이 옳다.

하지만, 예컨대 많은 사람이 있는 곳에서 "나 좀 봅시다." 한다고 해서, 반드시 그 두 사람이 자리를 옮겨 이야기를 하는 것은 아니다. 다른 사람들과 조금 떨어진 데로 간다거나 아니면 다른 사람들한테 등을 돌리는 것만으로도 "나 좀 봅시다."라는 상황이 성립하는 듯하다. 어떤 일에 관련된 사람을 암묵적으로 지정하는 것으로써 같은 시공간 안에서 여러 개의 상황이 설정될 수 있는 것 같다. 그러나 이렇게 해서 서로 다른 상황이 설정되었다고 해도 물리적으로는 공존하고 있으므로, 각각의 상황에서 일어나는 일은 그 상황에 관련되지 않은 사람들한테도 다 보인다.

같은 시간, 같은 공간 안에서 진행되는 여러 개의 상황이 서로 전혀 간섭하지 않을 리는 없다. 양립할 수 없는 상황은 물론 있다. 하지만 상당한 정도까지, 그 여러 개의 상황은 서로 독립된 것이라고 의식되는 듯하다. 그 결과, 해당 상황에 관련되지 않은 사람은 그 자리에 없는 것이나 마찬가지가 된다. 문자 그대로 '방약무인傍若無人'이다(이 말이 갖는 나쁜 뉘앙스는, 이 경우에는 완전히 잊어 주기 바란다).

누가 술을 내는가

1975년 이른 봄, 앞서 말한 영세민 취로대책 사업(「1. 현수의 리어카」를 참조)

때의 일이다. 청산동에서는 농로 확장공사를 했다. 명목상으로는 '영세민
취로대책'이었지만 실제 현장에서는 그것을 새마을운동의 일환으로
여기고 있었다. 그래서 공사작업에는 마을 사람이 전부 나왔다.
청산동에서는 상층 농가인 동곡 아재도, "나가〔내가〕 노임을 받자는 것이
아니라, 동네 사람덜이 모다 같이 하는 일잉께." 하면서 열심히 땀을
훔치고 있었다.

　마을 사람이 전부 나와서 마을길을 보수하는 작업은 전통적인
마을생활의 일부였다. 그리고 그럴 때는 작업을 하다 참으로 마실
막걸리를 상층 농가 몇몇 집에서 제공하는 게 관례였다.

　보통의 경우였으면 언제 어떤 작업을 하고 누가 술을 내는가도 사전에
충분히 이야기되었을 것이다. 그런데 이번만큼은 사업 자체도 마을에서
협의할 틈도 없었을 만큼 갑작스럽게 이루어져서, 누가 술을 내는지 등의
문제들을 작업을 시작해 놓고 나서 의논하는 형편이었다. 의논은 좀처럼
결말을 보지 못했고, 사업 수행의 책임자인 이장과 새마을지도자는
조바심을 내기 시작했다. 갑자기 새마을지도자 양반이 "시마 씨, 나 쫌
보씨요이." 하며 나를 불렀다.

　"우리 한국에서 새마을운동을 하고 있는 줄은 잘 아시지라? 이건
농민들이 제 힘으로 생활을 향상시킬랴고 노력하는 것이요이. 근디 요로콤
모다 일을 함서 막걸리도 한잔 못 하면 쓰겄소? 시마 씨는 외국인이지만
직금은 여게서 살고 있응께, 그렇께 말하자면 청산동 사람이라. 청산동
사람들이 힘을 합쳐서 하는 새마을운동으 정신을 이해혀서, 거시기
막걸리 한 말만 한 분 내볼라요?"

늘 신세만 지고 있는 몸이었으니까, 그런 걸로 조금이나마 답례의 마음을 표시할 수 있다면 나로서도 편하고 좋은 일이었다. 그 자리에 있던 마을 어르신 몇 분은 나중에,

"외국 사람인 자네헌티 그런 부탁을 한 것은 예의가 아니지라. 참 면구스럽구마이."

하셨지만, 오히려 어떻게 보면 남 취급을 받지 않았다는 거여서 나는 기뻤다.

그런데 그때 새마을지도자 양반은 이미 상당히 흥분한 상태였으므로, 앞서 말한 '둘이서만'의 이야기도 실은 큰소리로 한 것이었다. 마을 사람들 앞에서 연설을 한 것이나 마찬가지였다. 그러나 어디까지나 그것은 '그와 나 둘만의 이야기'고, 다른 사람들은 개입할 수 없는 것으로 간주되었다(혹시 "나 쫌 보씨요이." 하는 한마디로 장면이 전환되지 않고, 그래서 그 자리에 있던 전원이 참가한 토론에서 이 발언이 있었다면 어르신들이 당장 개입하셨을 것이라고 나는 생각한다).

의식과 잔치: 동시에 진행되는 장면

어떤 상황에 관련된 사람과 그렇지 않은 사람을 구별하고, 관련되지 않은 사람의 행동에 대해서는 그다지 괘념치 않는다는 것을 느꼈던 또 한 가지 보기를 들어 보자.

상월동의 한 청년이 결혼을 했을 때였다. 전통혼례의 경우에는 일본의

» 도시 예식장에서 결혼식을 치르는 모습(왼쪽)과
  하객들(오른쪽)

사카즈키고토盃事[26]에 해당하는 의식을 신부 집에서 치른다. 신랑신부는
며칠 동안 신부 집에 머문 뒤 비로소 신랑의 집으로 가게 된다. 그러나
최근에는 도시의 예식장(결혼식장)에서 식을 올리고 신랑신부는 신혼여행을
떠나는 게 보통이다.

대구시의 예식장에서 식을 올린 두 사람도 1박 2일의 신혼여행 뒤 먼저
신부 집에 가서 하룻밤을 묵고, 드디어 신랑 집에 도착했다. 그날, 신부는
신랑의 부모며 친척 되는 사람들과 처음 정식으로 대면하게 된다.

신랑 집에서는 이른 아침부터 일가 며느리들이 모여 잔치 음식을

---

26 부부나 의형제, 주종 관계 등을 맺으면서 술잔을 나누는 의식. 한국의 전통혼례에서는
   합환주合歡酒를 나누어 마시는 합근례合졸禮에 해당한다.

준비하느라 분주했다. 점심때가 지났을 무렵부터는 가까이 사는 손님들(남자)도 삼삼오오 모여들었다. 손님들은 나이에 따라 제일 웃어른들은 사랑방으로, 그다음 연령층의 사람들은 다른 방으로 모셔져 술상을 받았다. 그렇다고는 해도 누가 정식으로 인사말을 하는 것을 계기로 한꺼번에 축하연이 시작되는 것은 아니고, 손님 한 사람 한 사람이 도착하는 것이 그 사람에 대한 접대의 시작이었다.

오후 1시쯤 도착한 신부는 그동안 안방에 가 있게 되었다. 안방에는 신랑의 친척과 이웃의 나이든 여성들이 모여서 이야기를 나누고 있었는데, 신부는 방 한구석에 아무 말도 없이 고개를 숙인 채 앉아 있었다(이것이 관습이다).

한 시간쯤 지나서 준비가 다 되어, '폐백幣帛'이라는 신부의 인사 의식이 시작되었다. 마당에 넓게 자리를 깔고 병풍을 치고, 밤이며 떡을 쌓아 올린 잔칫상이 차려졌다.

먼저 정장을 한 신랑의 아버지와 큰아버지가 상 앞에 앉아서 신부의 절을 받았다. 이때 신부가 하는 절은 똑바로 서서 두 손을 양쪽에서 크게 들어 이마 앞에서 겹치고는 차례로 두 무릎을 다 꿇고 앉아 허리를 숙이는, 가장 큰절이다. 혼자서는 할 수 없으니까 양쪽에 다른 여성들이 붙어서 거들어 준다.

아버지와 큰아버지 다음은 어머니와 큰어머니였다. 그녀들은 절을 끝내고 허리를 펴고 앉은 신부의 무릎 위에 밤을 던지며 아들을 많이 낳으라고 축원했다. 어머니는 상 위에서 떡 접시를 집어 들고, 그것을 머리에 인 채 춤을 추었다. 아들의 결혼을 기뻐하는 마음의 표현이다.

≫ 신부가 시집 어른들에게 폐백을 드리는 장면

≫ 결혼잔치에 모인 하객들

이어서 조부모대의 남성들, 여성들, 아버지대의 남성들, 여성들, 〔신랑과〕
같은 항렬의 남성들, 여성들 순으로 세대와 성별의 질서에 따라 신랑의
친척들이 번갈아 가며 상 앞에 앉았고, 신부의 인사는 엄숙하게 계속
이어졌다.

그런데, 엄숙하게 법식대로 행동하는 이들은 절을 하는 신부와 절을
받는 친척이라는, 직접적으로 이 의식에 관련된 사람들뿐이었다. 그 밖의
(의식과 관계가 없는) 사람들은 주위에 둘러서서 구경하거나 잡담을 나누고
있었다. 심지어 의식이 행해지고 있는 바로 곁에서 아이들이 뛰어다니며
떠들고 있었지만, 폐백 상 앞에까지 달려들기라도 하지 않는 한 아이들을
제지하는 사람은 아무도 없었다. 하객들도 접대를 받은 뒤에는 삼삼오오
모여서 잡담을 하다가 이윽고 내키는 대로 돌아갔다. 잔치는 언제랄 것도
없이 끝나 가고 있었다.

그날 신랑 집에 모인 사람들의 행위 전체는 그날의 하이라이트라고도
할 폐백 의식의 진행에 초점이 맞추어져 있지 않았다. 폐백 의식은 분명
신랑의 친척들과 신부만이 관련된 것이었다. 이 '잔치 마당' 전체가
하나의 긴밀하게 구조화된 프로그램에 따라 전개된다기보다는, 새로운
부부의 탄생을 둘러싼 두 개의 장면, 그러니까 엄격한 형식에 따라
치러지는 폐백 의식과, 언제랄 것도 없이 시작해서 어느샌가 끝나는
잔치가 단순히 평행하고 있을 뿐이라는 인상을 씻을 수 없었다.

대를 이을 양자

좀 느닷없는 것 같지만, 시점을 약간 바꾸어 보자. 한국에서 조상의
제사가 더할 나위 없이 중요하게 여겨지고, 제사를 이어서 가계를
계승하는 것이 얼마나 중시되고 있는가는 이미 말한 대로이다. 이 원칙을
지켜 나가는 것이 수미일관된 친족제도의 근간이다. 그러나 때로는 이
원칙이 일견 모순이라고 생각될 만한 현상을 야기하는 경우도 있다.

한오권 군(24세)은 셋째 아들이다. 대를 이을 아들은 아니니까,
보통이라면 머지않아 결혼해서 분가를 해야 할 터였다. 그런데 그의
큰아버지들 중에 아들 없이 세상을 떠난 분이 있었다. 그래서 오권이가 그
집의 대를 이을 양자가 되었다. 지금 청산동에서 '오권이네'라고 하면
그가 양자로 간 큰집을 말한다. 그런데 '오권이네'에 실제로 사는 사람은
그의 양모인 큰어머니 혼자뿐이다. 오권이는 그대로 친가에서 살고 있다.
그러니까 '오권이가 양자로 갔다'는 말의 내용은, 그가 큰아버지의
제사의 계승자가 되고 그럼으로써 족보상에서 큰아버지의 후사가
이어지고 있다는 데 지나지 않는다.

임철승 군(26세)은 장남이다. 그러나 그는 큰아버지(아버지의 맏형)의
양자가 되었으니까, 친가의 입장에서 말하자면 그는 '양자로 간
사람'이고, 친가의 대를 잇는 이는 동생인 철준 군이 된다. 하지만
철승이의 양부모는 한참 전에 돌아가셨으므로 '철승이는 양자로 갔다'고
해도 그 내용은 '오권이가 양자로 갔다'는 경우와 마찬가지로 제사의
계승과 거기에 따른 족보상에서의 계통의 유지에 한정된다.

그런데 오권이의 경우에는 그가 양자로 간 큰집이 실제로 있으니까 장래에 친가를 떠나 옮겨 가서 산다는 생각도 해볼 수 있지만, 철승이한테는 그런 집도 없다. 나중에 동생 철준이가 결혼해서 형제 사이에 집을 분리해야 할 때가 오면 어떻게 될까? 내 예상은 이렇다. '양자로 간' 형이 대부분의 재산을 상속해서 실질적으로 친가의 후사를 잇게 될 것이다. 그리고 '친가의 계승자'여야 할 동생 쪽은 재산을 조금 나누어 받아서 '분가'할 것이다. 그러나 이 경우 동생은 어느 집에서 '분가하는' 것일까?

하지만 복잡하게 뒤얽힌 이 상황을 하나의 논리로 설명해 보려고 머리를 쥐어짜고 있는 사람은 아무래도 나 혼자뿐인 듯했다. 당사자들한테는 제사는 제사, 일상생활은 일상생활이라고 각각 별개의 논리가 깔끔하게 통하고 있는 것이다. 그러나 아무리 제사와 일상생활은 서로 다른 차원의 일이라고 해도, 구체적으로는 같은 한 무리(one set)의 사람들이 같은 '집'이라는 틀 안에서 계속해서 관여하고 있는 현상이 아닌가?

논리의 보편성과 정합성

여기에는 든 사례와 해석이 조금 극단적이라는 점은 잘 알고 있다. 그러나 그것들을 통해서 내가 생각한 바는 다음과 같다.

어떤 사회에서도 개개인은 다양한 역할을 맡고 있어서, 때와 장소에 따라 그것들을 구별하여 구사함으로써 다수의 사람들과 다양한 인간관계를 맺고 있다(한 사람이 담당하고 있는 모든 역할을 동시에 연출해야 된다면 상대방은 물론 자기 자신도 혼란에 빠질 것이다). 같은 사람들 사이에서도 상황에 따라 다른 관계가 나타남은 두말할 나위도 없다. 각각의 상황이 매끄럽게 전개되어 가는 것은, 그것이 어떤 상황인지가 암묵적으로 정의되고 거기에 걸맞은 역할이며 행동이 무엇인지에 대해 공통된 이해理解가 성립되어 있기 때문이다. 이 공통된 이해에 따라 어떤 시공간을 '하나의 상황'으로 종합하는 관계 또는 논리가 결정된다.

일본인의 경우, 하나의 관계 또는 논리에 의해 종합된 하나의 상황은 하나의 시공간을 전면적으로 점령해 버린다고 할 수 있을 것 같다. 바꿔 말하면, 하나의 상황은 그 자리(시공간)에 있는 사람들 전원의 행위(퍼포먼스)에 의해 진행된다(사회자의 〔다소 격식을 갖춘〕 인사로 시작하고, 이윽고 〔분위기가 무르익으면〕 전원이 함께 자리에서 일어서는 연회를 생각해 보라). 따라서 한자리에서 다른 관계 또는 논리가 적용되는 여러 개의 상황이 공존하는 것은 그야말로 '판을 깨는' 것으로, 아주 큰 위화감을 준다. 그러니까 같은 사람들이 다른 종류의 관계를 가지려면, 이를테면 '자리를 옮길' 필요가 있다. 말을 뒤집으면, 자리를 옮기면 논리 또는 관계가 완전히 전환될 가능성이 있다. 게다가 같은 자리에서도 자리의 흐름이 있으니까, 자리에서 독립된 보편적인 논리는 좀처럼 보이지 않는다.[27]

---

27 3장에서도 설명한 바 있지만, 일본의 '연회'는 여러 명이 한 상을 받지 않고 각자 따로 1 인용의 상을 받지만 그 자리(방 안)에 있는 모든 사람들이 같은 술자리에 참여하는 형식

이에 반해 한국인의 경우에는 관계 또는 논리 자체가 강한 자율성을 갖고 있기 때문에 '자리를 옮기지' 않고도 한자리 안에서 일부 사람들만이 "나 좀 봅시다."라는 말로 장면을 전환하거나 서로 배역을 달리하는 여러 개의 상황이 동시에 진행될 수 있는 것은 아닐까? "제사를 계승하는 것이야말로 집을 계승하는 것"이라는 논리는 그것을 담당하는 살아 있는 인간의 현실적인 사정과 괴리되는 경우에도 모순을 느끼게 하지 않으면서 관철되고, 장유유서 같은 기본적인 논리는 자리에 따라 바뀔 수가 없으므로 연령층에 따라 잔칫상을 따로따로 차려야 한다. 그러나 동시에, 개개의 국면에서 관철되는 논리의 보편성·자율성이 강하고 명쾌한 만큼, 다른 국면에 통용되는 여러 개의 논리 사이의 부정합도 때에 따라서 강하게 부각되는 것이라고 생각된다.

이렇게도 양립한다

작년 말, 나는 청산동으로 '귀성歸省'했다. 그전에도 청산동에는 서너 차례 들른 적이 있지만, 한 달씩이나 머무는 것은 10년 만이었다.

어느 집을 몇 번째인가 찾아갔을 때의 일이다. 예순 가까운 그 집

을 띤다. 처음에는 사회자의 개회 인사 등 다소 딱딱한 형식으로 시작하지만 술이 들어가면 상하의 질서가 없어지고 모두 한데 어울리게 된다. 그에 비해 한국의 '잔치'는 큰 상에 여러 명이 둘러앉는 형식이지만 연령대별로 자리를 따로 하고, 가까이 앉은 사람마다 제 각기 이야기가 오갈 뿐 아니라 본문에서 보듯이 공식적인 시작과 끝이 없다.

아저씨와 이야기를 하고 있는데, 아주머니가 들어오셨다. 남편한테 할 말이 있는 듯했다. 청산동 사람들과 나는 이제 오래 사귀어 와서, 적어도 나이가 좀 든 여성들과는 처음 대면할 때처럼 번거롭게 '남녀유별'의 규칙에 매이지 않게 되었고, 특히 그 집 장남과는 동갑이기도 해서 그다지 흉허물 없는 사이가 되어 있었다.

"어서 오쇼이. 청산동도 겁나게 변했지라우?"

잠시 이런 인사를 나눈 다음, 아주머니는 아저씨와 이야기를 시작하셨다.

"경운기 부품이 고장났다더만, 어떡했어라우?"

"응, 아침에 ○○이(장남)가 나갈 때 들려 보냈네이."

"그래서 어쩔라고?"

"낭중에(나중에) 공장 사람이 가지러 올 테닝께, 그때꺼정 ××씨한테 맡겨놓으라고 했네."

"임자가 직접 가보는 게 낫지 않겠소이?"

"괜찮것제."

"직접 가보는 것이 좋을 것 같은디."

아주머니의 음성이 점점 까칠해졌다. 이거 아무래도 바쁜 일이 있는 데 온 것 같았다. 그렇게 생각한 나는 자리에서 일어나려고 했다. 그러자 아주머니가 온화한 표정으로 돌아보면서,

"시방 술상 봐놨응께, 천천히 노시요."

하신다.

이윽고 술상이 나와서 잔을 주거니 받거니 하고 있는데, 다시 아주머니가 들어오셨다.

"○○이한테 전화해 봤는디, ×× 씨는 잘 모른다는디."

"그럼 ○○이한테 가 보라 그려."

"○○이는 일이 있당께, 임자가 전화라도 쫌 해보쇼이."

"자네가 ××한테 전화해 보쇼."

"임자가 쫌 하쇼이."

점점 말다툼에 가까워졌다(내가 보기엔 그랬다). 나는 다시 일어나려고
했다. 순간 아주머니가 나를 돌아보고 상냥하게,

"천천히 놀다 가쇼이."

아저씨도

"한잔 혀."

하고 술을 따라 주셨다. 이래도 되나 싶으면서도 잔을 받자, 두 분은 다시
(안심하고?) 말다툼을 시작하셨다. 나는 일어나려고 했다. 아주머니가 틈을
주지 않고 상냥하게, 정말로 상냥하게 화제를 바꾸셨다.

"애기가 머슴애라 그랬지라우? 좋겠네요이. 우리 손주는 가시낸디."

아저씨가 잔을 비우고 내게 내미셨다. 받지 않으면 실례다. 받으면 마시고
나도 한 잔 따라 드려야 한다. 그동안 두 분은 다시 말다툼을 하셨다.

내가 술 욕심에 계속 앉아서 마시고 있었던 것 같지는 않다(그렇게 생각하고
싶지 않은 거겠지?). 정말 볼일이 있을 때였다면 아저씨는 "자네, 천천히 놀다
가게이." 하며 나가셨으리라는 것을 몇 차례의 경험을 통해 나는 알고
있다. 부부 모두 나를 대접하는 것과 두 분 사이에 의논하는 것을 완전히
별개로 치고 계셨다고밖에는, 나는 생각되지 않는다.

청산동에서 첫째가는 명가名家에서의 한 장면이다.

16. 오해와 이해: 이문화異文化 사이에서

내가 처음 상월동을 찾은 때는 히로시마廣島에 부임한 지 1년 남짓 되었을
무렵이었다.

　내가 묵고 있던 재실에서 문중의 모임이 있었을 때의 일이다. 모인 분들
중에 식민지기에 히로시마에 가본 적이 있다는 어르신이 계셨다.
히로시마에서는 다케야초竹屋町라는 곳에 사셨다고 했다. 내가

　"그렇습니까? 제가 근무하는 대학도 거기 있습니다."

했더니 어르신은 고개를 저으며,

　"어데예(아뇨). 대학이 있는 데는 다케야초가 아니고 히가시센다마치
東千田町지요."

하고 정정해 주신다. 말씀대로였다. 다케야초와 히가시센다마치는 길

하나를 사이에 두고 있을 뿐이지만 다른 동네다. 내가 머리를 긁적이고
있자니 어르신은

"히로시마라 카마 속속들이 알고 있구마. 우쨌기나 18년이나 살았다
아잉교. 해방 전에 돌아와가 원폭은 안 맞았지요. 이 근방에는 히로시마
갔다온 사람이 많이 있구마."
하신다.

"요코가와横川에서 고이己斐, 미사사三篠랑 기온祇園 쪽까지 일하로
갔지요."
하는 말씀을 들어도, 히로시마에 산 지 겨우 1년 남짓, 그것도 대학에서
집 사이를 왕복하고 있을 뿐인 나로서는 도무지 가늠도 되지 않았다. 거의
40년 전의 일이라지만 18년을 살았던 사람의 지식에는 도저히 당할 수
없는 것이다.

"예에, 그건 어디쯤 됩니까?"
하고 얼빠진 질문을 하는 형편이었다.

직접체험이 가져다주는 것

자발적·비자발적인 여러 가지 형태로 식민지기 일본에서 살았던 경험이
있는 사람은 무척이나 많았다. 식민지 통치하의 조선에서 일본으로
흘러들어간 사람들은 동아시아 정세가 일대 변동을 맞은 1930, 1931년
무렵부터 급속히 증가하기 시작했고, 1942년부터는 조선징용령에 근거한

징용 연행도 추가되어 1945년 해방 당시 재일조선인 수는 거의 240만 명에 이르렀다. 이것은 당시 조선인 인구의 1할에 이르는 숫자다. 앞서의 어르신도 이런 사람들 중 한 명으로 히로시마에서 사셨던 것이다.

잠시 옆길로 빠지자면, 히로시마 시 인구는 1942년에 약 42만 명으로 식민지기의 최고점에 도달한 뒤, 1944년에 시작된 강제소개强制疏開 및 1945년 4월부터의 '학동소개學童疏開'로 인해 대폭 감소했다.[28]

자료에 따라 차이가 있지만 1945년 6월의 주식主食 배급기록에 근거한 인구는 24만 5,423명이고, 그해 7월의 조나이카이町內會 조사에 따르면 31만 2,277명이다. 원폭 피폭 당시 히로시마 시에 거주하던 조선인 수에 대해서는 4만 5천 명에서 7만 명까지 다양한 추계가 있어서 확실히 알 수는 없지만, 가령 5만 명이라고 하더라도 피폭 당시 히로시마 시 인구의 5분의 1에서 6분의 1에 해당하는 셈이 된다. 피폭국 일본의 역사를 생각할 때 이 숫자는 특기特記해 둘 만하다.

다른 한편, 식민지 조선에서 살았던 일본인 수도 상당하다. 패전으로 해외에서 일본으로 귀환한 500만 명가량 가운데 조선에서 온 귀환자만도 90만 명을 넘었다.

내가 직접 보고 들은 바를 중심으로 현대 한국의 농촌을 스케치하는 일에서 조금 벗어난 듯한 규모의 숫자를 참고로 제시한 것은, 다른

---

28 여기서 말하는 '소개'란 이차 대전 말기 연합군의 일본 본토 공습의 가능성이 높아지자 주요 도시 거주자들을 교외로 피난시킨 것을 가리킨다. 개별 가구의 피난 외에 집단적 강제소개도 행해졌는데, '학동소개'는 특히 국민학생(초등학생)들을 학교별로 소개한 것을 말한다.

뜻에서가 아니다. 일본의 식민지 지배라는 역사적 틀 속에서이기는
하지만, 유례없는 인적 접촉이 있었음을 말하고 싶은 것이다. 그것은,
옳고 그름을 떠나서 한국 사람들이 일본과 일본인에 대해 직접 · 간접적
체험을 통해서 막대한 지식을 가지고 있다는 뜻이다. 사정이 이러하다
보니, 그들이 내게 말해준 한국의 사정이 비교문화론의 형태를 띠는
경우가 종종 있다. 그러니까 그 이야기를 듣는 나로서는, 한국 사정을
듣는 동시에 그들의 눈에 일본(인)의 어떤 것이 이질적으로 비치는가를
듣게 되는 것이다. 특히 직접 일본인을 접해 본 사람들의 관찰은 실로
생생한 동시에 다면적이었다.

설탕 범벅 갈치조림

식민지기에는 청산동 근처에도 일본인이 꽤 살고 있었다. 예컨대
10킬로미터쯤 떨어진 읍에는 대지주가 있어서, 청산동 부근에도 땅을
갖고 있었다(당시 청산동 부근 농지의 2할 이상이 일본인의 소유지로, 그 가운데 6할
가까이가 그의 소유였다). 청산동 어귀의 저수지를 만들 때는 그가 큰 역할을
했던 모양이다.

　"수몰 예정지에 논밭이 있는 사람들은 모다 화가 났제. 곤봉하고
괭이를 갖고 와서 이 새끼 죽여 버린다고 난리였는디, 그거야 당연지사제.
근데도 그놈은 괜찮아, 괜찮아 하고 웃으면서 호위도 없이 걸어다녔당께.
대인大人이었제. 글코롬 부자인데도 절대로 차는 안 타고, 기모노에

조리[29] 신고 어디든지 걸어서 다녔당께."

이런 대지주만 있었던 것은 아니었다. 자작농으로 사는 일본인도 있었다.

"일본 사람 집에 품 팔러 가면 낮에는 절대로 술을 안 마신당께. 술이 나오는 건 저녁뿐이었제. 식사 때는 밥은 얼마든지 주는디, 건개〔반찬〕는 늘 한 가지더랑께"(「8. 임금교섭」 장을 참조하기 바란다).

"○○는 양반이었제. 품일 하는 사람한테도 말을 점잖게 하고, 설날 같은 때 떡을 만들면 부인이 일하러 오는 사람 집에 돌리고 다녔제. 사람 사귀는 것을 중히 여기는 사람이었제."

"거그 대면 ××는 순 쌍놈이었제(상놈은 양반에 대립되는 말로, 남을 낮춰 부를 때 쓴다). 더울 때는 훈도시[30] 하나만 걸치고 나댕겼당께. 옆에서는 속이 다 보이는디, 여자들이 지나댕겨도 암시랑도 않는 거여. 그놈은 짐승이나 한가지여. 교육도 없고."(맨살을 노출하는 것은 무엇보다 예의에 어긋나는 짓이다. 내가 반바지를 입고 있었던 것은 빈축을 사기에 충분했다. 무릎은 물론이고 정강이를 드러내는 것조차 실례였다.)

이렇게 개별적 관계로 체험된 일본인은 결코 '일본인'이라는 일반명사 속으로 녹아들지 않고, 어디까지나 한 사람 한 사람의 개성을 가지고 있었다. 그러니까 이 사람은 이렇지만 저 사람은 저렇다, 이럴 때는 이렇게 하지만 다른 때는 저렇게 한다는 식으로, 직접적인 체험에 입각한 부분의

---

29 기모노着物는 일본의 전통의상, 조리ぞうり는 일본 짚신이다.
30 훈도시褌는 일본의 전통적인 남성용 속옷 같은 것으로, 사타구니를 가리는 좁고 긴 천을 말한다.

이해에는 두께가 있으면서 유연했다.

하지만 직접체험의 범위는 한정되어 있고, 그것을 넘어선 일반론이 되면 상당히 경직된 고정관념으로 이행하는 경우가 많은 것은 역시 어쩔 수 없다. 하물며 간접적인 지식밖에 없는 경우는 말할 것도 없다. '한국 음식은 맵다', '일본 음식은 달다' 따위가 그 전형적인 예일 텐데, 나를 위해 신경을 쓴다고 내가 하숙하던 집 아주머니가 갈치 간장조림에 설탕을 쳐서 주셨을 때는 정말이지 할 말이 없었다.

지식인이 제시하는 '올바름'

그런데 고정관념이 된, 그것도 현실과 일치하지 않는 인식은, 자신의 문화에 대해서도 존재한다. '한국 음식은 맵다'는 '매울 것이다'라는 생각에 지나지 않을 뿐이며, 적어도 대표적인 한국 요리 중 하나인 불고기의 달짝지근함이 완전히 잊혀진 인식인 것이다.

이런 오해가 만들어지는 데 지식인이 얽혀 들면 사태는 훨씬 심각해진다. 유교사상의 영향을 강하게 받은 한국에서는 '올바른 행동양식'에 대한 확고한 규범이 있었다. 지식인인 유학자들이 수백 년에 걸쳐 포교布教해 온 내용이 오늘날 '전통문화'의 중요한 부분을 차지하기에 이른 것이다. 그 결과 예컨대 조상 제사의 '올바른 방식'과 현실의 방식이 다른 경우에 사람들은 "우리가 지식이 부족해서"라고 변명할 수밖에 없게 되는 것이다. 그리고 유교가 전래되기 이전부터 내려온 고유한 습속의 상당수가 '미신'의 지위로 폄하되었다. 지식인이 제시한 상이 '올바름'이라는 권위를 가지고 육박해 온 것이다.

이문화 이해의 과정

이런 것들은 모두 내가 하고 있는 작업에도 그대로 적용된다.

　이해하려고 하는 의도가 있든 없든, 이문화와의 접촉은 추상적 · 일반론적 수준에서가 아니라 구체적이며 특수 · 개별적인 사건으로서 일어난다. 의도적으로 다른 문화를 이해하려는 시도는 대상이 되는 문화의 전체 구도를 그려 내려는 작업이지만, 그 기초가 되는 여러 사실도, 그것들을 이해하고자 하는 개인이 부딪히게 되는 일련의 구체적 · 개별적 사건들 속에서 습득되는 것이다. 그러니까 그것들은 본래 무색투명할 수가 없다. 따라서, 그런 사실들을 하나로 엮어 가면서 구성되는 전체상은, 관찰자의 의도는 물론이거니와 만남의 상황이며 거기서 어떤 일이 생겼는가에 따라 좌우되는 부분이 크다고 하지 않을 수 없다. 게다가 그 경우 관찰자한테는 이질적인 부분이 더 확대되어 보이기 쉽다는 데도 주의해야 할 것이다.

　이 책에 수록한 일련의 에피소드는 내가 겪었던 온갖 일들 중 극히 일부에 불과하다. 하지만 특히 강하게 인상에 남은 사건들인 것도 사실이다. 그 사건들이 이 책에 기록된 형태로 정리된 것은 우연히 거기에 시선을 멈춘 나와 그것에 대해 내게 설명해 준 사람들, 쌍방의 해석이

합작한 결과이다. 그러니까 그 해석도 자동적으로 술술 이루어진 것은
물론 아니다.

속 편한 오해

청산동에 들어간 첫날, 하숙으로 정한 집의 주인인 공산 양반이 말씀하셨다.
 "자네, 오늘은 거시기 허게."
 "거시기가 뭡니까?"
 "긍께, 막걸리 서너 되랑 수박 네 통만 사 와. 그러는 거여."
 일상회화조차 아직 제대로 통하지 않던 내 한국어 실력으로도, 마을에
들어와 살게 되었다는 인사를 하라는 말 같다는 것은 간신히 이해할 수
있었다.
 "그것을 거시기라고 합니까?"
 "응, 그러제."
 나는 열심히, 그리고 알았다는 듯이, 현지조사 노트 첫 페이지에
기록했다.
 '거시기(コシギ)' = 마을에 들어와 살게 되었다는 인사를 차리는 의식儀式.
 현지조사는 순조롭게 진행되었다. 흡족한 기분이었다. 거시기라는 말의
의미를 완전히 헛짚은 줄도 모른 채. 공산 양반이 말씀한 것을
직역하자면, "자네, 오늘은 이렇게 하게." 하는 뜻일 뿐이었다.

오해 중에는 이윽고 이해가 진행됨에 따라 고쳐지는 것도 있다. 하지만 오해한 채로도 다른 사정과 앞뒤가 맞는 듯이 여겨져 그대로 간과되어 '사실'로 고정되어 가는 게 얼마나 될까?

　이문화 이해는 해석이다. 하지만 단지 해석일 뿐이라는 견해에 나는 찬성하지 않는다. 해석을 불러일으킨 사건은 엄연히 존재한다. 다만, 사건이 사건으로 관찰자의 눈에 포착되는 순간, 거기에는 이해와 오해가 뒤섞인 의미 부여의 필터가 개입된다는 것도 분명하다. 그러니까 같은 문화 안에서도 견해의 차이가 일상다반사로 일어나는 것이다.

　의도적 행위로서의 이문화 이해는, 특수하고 개별적인 현상을 발판으로 삼아 그것들을 해석하고 추상화해서, 일반론적으로 타당해 보이는 전체상을 끌어내려는 시도라고 하겠다. 그러나 추상화란, 실은 몇 겹으로 의미가 부여된 필터를 통과한 '사실'에서마저도 더 멀어져 가는 과정이다. 그런 가운데 만들어진 전체상이란, 노골적으로 왜곡된 것이 아니더라도, 관찰자의 눈에 비친 부분만이 유독 확대된 그림일 것이다.

　내 스스로가 '설탕 범벅 갈치조림'을 만들고 있지는 않은지, 반성해 보게 된다.

제2부

해후: 전통과 현대의 틈바구니에서

IV
길을 둘러서 역사로

17. 전환점: 다시 족보와 마주치다

환금작물 재배가 한창인 상월동에서 보낸 나날은 내게 새로운 경험이기는 했지만, 너무 무료한 시간이기도 했다. 농사일에 바쁜 마을 사람들에게 나를 상대해 줄 여유 따위는 없었던 것이다.

그런 나를 딱하게 여긴 것일까. 두 번째로 상월동에 머물던 1981년 여름, 하루는 재실 주인인 가동 어른이 서씨 집안의 족보를 들고 오셔서, 천천히 봐도 된다면서 놓고 가셨다. 그 족보는 개정된 지 얼마 안 된 것으로 총 11권, 각권이 평균 1천 페이지를 넘는 방대한 것이었다.

청산동에서도 족보를 얻어 볼 기회는 있었지만 이렇게 찬찬히 보게 된 것은 처음이었다. 하지만 그때 내가 당장 관심이 있었던 것은 상월동의 서씨 일가와 직접 관련된 20페이지 남짓한 계보뿐이었다. 그 밖의 것은 그야말로 남의 일이었다.

상월동 문중 부분을 찾아내서 들여다보고 있는데, 가동 어른의 손자인 충렬이가 왔다.[31] 그리고 함께 족보를 들여다보고 있다가, 충렬이가 문득 꺼낸 말이 지금도 기억에 선명하다.

"처음 이 동네에 들어온 거는 11대조 할배 때라요. 그보다 웃대 조상의 묘는 충청도에 있다 카는데, 아직 못 가봤지만 조만간 가볼라꼬요. 집안사람들한테 조상에 대해서 가르쳐 줄라 카마, 내가 단디 봐 갖고 알고 있어야 안 되겠능교?"

조그만 소문중이기는 하지만 종가의 장남으로 태어난 그는 자신이 장래에 떠맡게 될 역할을 생각하고 있었다. 그러나 내게는 이 한마디가, 조사지인 마을에서 바깥으로 눈을 돌리는 계기가 되었다.

"성과 본관을 같이하는 사람들은 같은 조상의 자손"이라는 것이 한국 씨족제도의 기본을 이루는 문화적 정의다. 계보는 시간과 공간을 뛰어넘어 멀리 떨어진 조상과 자손들을 이어 준다. 그러나 현지조사를 통한 친족 연구는 특정한 마을(조사지)을 무대로 한 문중 조직이나 집단 사이의 관계 등에 한정되어 있어서, 씨족의 전체상에 대해서는 원칙적인 설명만을 할 뿐이다. 동성동본인 씨족은 계보에 따라 몇 개 분파로 나뉘고 각각의 지역에 있는 문중은 그중 어느 분파의 계보에 연결되어 있다, 경우에 따라서는 여러 개의 지역적 문중을 연결하는 상위 문중이 형성된다, 는 식이다. 제도는 정연한 듯이 보이지만, 실제는 어떨까?

---

31 가동 어른은 상월동 영주 서씨 일파의 종손이었고 충렬은 그 손자다. 이 종손가의 이야기
    는 10장과 28장 등에 나온다.

충렬이의 한마디에 이끌려 마을 바깥으로 눈을 돌렸을 때, 맨 처음
보인 것은 공간적인 연결이었다. 17세기 전반에 성주군에 정착한 인물의
선대를 거슬러 올라가자 족보에 실린 묘의 소재지 기록을 통해 그 윗대
조상들이 밟아 온 여로가 드러났다. 그것은 충렬이가 언젠가는 가보고
싶다고 한 그 여행의 경로일 것이다. 그러나 조상 쪽에서부터 계보를 따라
내려오면, 수많은 자손들이 각각 다른 길로 해서 전국 각지로 퍼져 가는
모습이 그려진다. 그런 씨족의 전체상을 파악하려면 어떻게 해야 할까?
우선 해야 할 일은 어떤 한 씨족의 족보를 입수해서 끈기 있게 상세히
검토하는 것이다. 하지만 '조상의 기록/성스러운 것'으로 취급되는
족보를 손에 넣을 수 있을까? 청산동에서의 기억이 떠올랐다.[32]

그해 여름의 조사를 마치고 귀국하기 전에 서울 남산에 있는
국립중앙도서관에 들른 나는, 족보 전문 자료실 서가에 산더미처럼 쌓인
수많은 씨족의 족보에 압도되었다. 그중에는 서씨 집안의 족보도 있었다.
1930년대에 편찬된 그 족보에는 상월동 일파도 물론 수록되어 있었다.
도서관의 장서 중에 족보가 있다. 갑자기 구체적 전망이 열리는
느낌이었다. 하지만 귀국 직전의 발견이었다. 방대한 자료를 복사할
여유는 없었다. 일본으로 돌아온 뒤에 편지로 신청해 봤지만 좀처럼 일이
진척되지 않았다. 결국 서울대학교의 친구한테 부탁해서 복사본을
입수한 때는 이듬해 봄이 되어서였다.

---

32 4장의 "우리 집의 보책, 남의 족보" 부분 참조.

족보를 통해서 씨족의 전체상을 파악한다는 것은, 실은 꽤나 힘든
작업이다. 보통 족보의 한 페이지에는 여섯 세대분의 기록만이 실려 있다.
같은 세대에 속한 사람 수가 많으면 그들 대의 기록이 몇 페이지에 걸쳐
이어진다. 그러니까 그 아랫세대의 기록은 몇십 페이지 뒤, 경우에
따라서는 몇 권이나 뒤에 가서 기재되는 것이다. 예컨대 고려시대,
13세기의 인물인 서씨 집안의 시조부터 27세손인 충렬이까지 직선으로
세계世系를 따라가려면 여섯 곳이나 페이지를 이어 붙여야 한다. 이것만
해도 기억력에는 상당한 부담이 된다. 하물며 한없이 가지를 쳐 나가는
계보의 전체상을 머릿속에서 재구성하는 것은 불가능한 일이다.

전체상에 가까운 것을 어떻게든 한눈에 볼 수 있도록 할 수는 없을까?
나는 상월동 사람들이 속한 분파를 대상으로, 먼저 일가의 세계로는
제8세에 해당하는 파시조(분파의 시조)부터 제20세까지를 목표로 해서, 그
계보를 폭 40센티미터, 길이 10미터의 두루마리 모눈종이에 베껴 보기로
했다. 거기에 묘의 소재지를 기입해 가면 일가의 조상들이 밟아간 이주의
경로를 볼 수 있지 않을까?

반년 가까이 걸려 완성한 도면은 길이가 무려 40미터에 이르렀다.
그러나 그 덕분에 이주경로뿐 아니라 자손들이 정착해서 지금도 살고
있는 마을들이 도면 위에 드러났다. 이 도면에 의지해서 1982년 12월부터
이듬해 1월에 걸쳐 나는 전라북도에서 충청남·북도를 거쳐 경상북도까지
10여 곳의 마을들을 찾아다녔다. 영주 서씨(가명) 일파의 사람들이 14세기
말 이래 거의 20세대에 걸친 시간 동안 옮겨 가며 살았던 발자취를
좇아가는 여행이었다. 각 지역에서의 문중의 현상과 다른 지역 문중과의

관계를 조사하면 씨족의 전체상을 실증적으로 그려 낼 수 있을 것이다. 전망은 낙관적이었다(이 여행의 일부를 「13. 한국의 손님 접대」에서 다루었다).

그러나 여행을 시작하자마자 깨달은 것은, 어떤 위치에서 바라보는가에 따라 씨족의 상이 다르게 보인다는 것이었다. 같은 산이라도 보는 장소에 따라 모습이 달리 보이는 것과 같다. 이 일파의 파시조가 살았던 무렵(14세기)부터 줄곧 같은 지역에 살아온 사람들에게는 그 지역이야말로 일가의 중심지이고, 600년 전의 조상이 현재의 문중 조직에서 핵심적인 위치를 차지하고 있다. 그러나 다시 다른 곳으로 이주한 분파의 경우는 파 전체의 시조보다도 현재의 지역에 정착한 조상이 문중 조직에서 더 큰 의미를 갖는다. 그래도 파시조를 포함한 먼 조상의 제사에 참례하고 제사를 위해 조직된 상위 문중의 활동에 실제로 참가하고 있는 사람들은, 다른 지역에 사는 씨족원과의 개인적 면식을 통해 자신과 자신이 속한 마을의 문중을 씨족의 큰 네트워크 속에 위치 짓고 있었다. 하지만 친족의 행사가 사실상 현재의 거주지에 정착한 조상대까지로 한정될 뿐, 그보다 위의 세계에는 거의 구체적 의미가 없는 듯한 사람들도 있고, 최근에 와서야 정착 이전의 세계를 찾아냈다는 사람들도 있었다. 아직 그것을 찾아내지 못한 사람들도 있을 것이다.

문중의 일을 묻고 다니는 여행이었으니까, 가는 곳마다 사람들은 족보를 들고 나와 보여 주면서 설명을 했다. 그러던 중 어느 마을에서, 그렇게 얻어 보고 있는 족보의 내용이 내가 참조하고 있던 것과 다르다는 사실을 깨달았다. 그것이 공간적 연결에서 시간적 연결로 눈을 돌리게 된 전환점이 되었다.

　새로운 세대가 태어나고, 이윽고 앞 세대가 세상을 떠난다. 세대교체의 과정은 한순간도 멈추지 않는다. 계보를 기록하는 것은 그 흐름을 일단 고정하는 것이다. 그러나 기록해 둔 계보는 금방 낡은 것이 된다. 그러니까 조만간 족보는 증보할 수밖에 없게 되어, 지금까지 몇 차례나 수보修譜가 이루어져 왔다. 그 결과 시대가 다른 몇 개의 판본이 존재하게 된다. 이 당연한 사실이 갑자기 새로운 과제로 느껴졌다. 족보를 새로 수보한다는 것은 단순하게 생각하면 옛 판본의 편찬 이후에 생겨난 변동(출생과 사망, 결혼 등)을 추가해 넣는 정도의 작업일 것 같다. 하지만 과연 그럴까?

　국립중앙도서관에서 입수한 족보의 복사본에 의지해서 떠난 그 여행에서 돌아올 때, 나는 그것과는 다른 세 개 판본 — 아주 작은 분파 단위의 것까지 포함하면 다섯 개 판본 — 의 족보를 안고 있었다. 오래된 족보의 복사를 허락해 주신 분들이며, 최신판 족보(상월동에서 처음 본 열한 권짜리 판본) 등을 연구용으로 기증해 주신 문중 임원 여러분 덕분이었다. 그것들의 극히 일부를 비교해 보기만 해도, 판본에 따라 상당한 차이가 있음은 명백했다. 이것들을 본격적으로 비교해야겠다고 마음먹었다.

　때마침 퍼스널 컴퓨터가 보급되기 시작하던 무렵이었다. 컴퓨터를 쓰면 체계적인 판본 간 비교가 가능하지 않을까? 나는 오사카 국립민족학박물관에서 컴퓨터민족학의 간판을 내걸고 있던 스기타 시게하루杉田繁治 교수와 의논해 보기로 했다. 무지했던 만큼 무모한 기획이었지만, 그것이 10년 가까이 계속된 족보 데이터베이스 작업의 시작이 되었다(그때까지 데이터베이스용 소프트웨어가 없었기 때문에, 당초에는 개인정보를 카드에 베껴 쓰고 업자한테 외주를 주어서 자기 테이프에 담는 절차가 필요했다).

언뜻 보기에 족보가 기록하고 있는 것은 역사다. 그것은 시조(과거)에서 시작되어 시대를 내려와 자손(현대)에 이르는 역사로, 이제 와서는 변할 것도 없는 과거의 일인 듯이 여겨진다. 그러나 족보가 몇 번이나 거듭해서 수보되었다는 데 착안해서 판본 간 비교를 진행해 가는 동안, 기재된 일들의 배후에서 또 하나의 다른 역사가 보이기 시작했다. 그것은 '편찬하는 작업 = 자손들의 행위'의 역사였다.

전국에 거주하는 수만 명 또는 수십만 명의 계보를 편찬하는 작업은 편찬자 개인의 지식만으로는 불가능하다. 따라서 조선 후기 이래 대규모의 족보 편찬은 집단적 작업으로 행해져 왔다. 그 절차는 대개 다음과 같다.

① 발기인들이 편찬소[33]를 설치하고,
② 각지에 사는 씨족원 앞으로 통문通文을 보낸다.
③ 통지를 받은 사람들은 자기와 관련된 계보상의 정보를 정리해서,
④ 편찬소로 반송한다(족보단자).
⑤ 족보단자를 받은 편찬자들은 그 정보의 신빙성을 확인한 다음,
⑥ 전체를 정리해서 족보를 작성하고,
⑦ 완성된 족보를 씨족원들에게 송부한다.

---

33 '보소譜所', '보청譜廳'이라고 부른다.

그러니까 족보의 편찬에 관련된 이들은 중앙의 편찬자들과 각지에서 자신의 계보를 기록해서 편찬자 앞으로 보낸 사람들, 양쪽이라고 보아야 한다.

이 정보 교환이 성립하려면, 멀리 떨어진 곳에 사는 사람들이 서로 상대를 인지하고 있어야 한다. 따라서 각 판본에 수록된 계보는 각각의 시점에서 이 상호인지의 네트워크로 연결된 사람들의 범위를 반영한다고 생각할 수 있다. 많은 경우, 상호인지의 단위는 개인보다는 각각의 지역에 정착해서 집단화된 문중인 듯하다.

자손의 행위라는 각도에서 볼 때, '구축構築된 것'인 족보의 매우 중요한 측면이 떠오른다. 현재 족보의 기록으로 보는 한에서는 씨족의 계통은 고려시대 또는 그 이전의 시조의 시대부터 연면히 이어져 온 것이고, 족보에는 그것이 충실히 기록된 듯이 보인다. 그러나 한국의 족보의 역사를 돌아보면 가장 오래된 족보가 편찬된 때는 15세기, 족보 간행이 일반화된 때는 17~18세기 이후, 그러니까 시조의 시대부터 수백 년 뒤의 일이다. 17~18세기 이후는 한국의 씨족제도가 현재와 같은 형태로 정비된 시대다. 이 과정에서 많은 사람들은 우선 가까운 세대의 계보를 이용해서 근친자들을 조직화하고(문중 형성), 그다음에 씨족 전체의 계보 속에서 자신들의 위치를 확정하기 위해 더 먼 과거로 더듬어 올라가 조상의 계보를 찾아내는 작업을 해 왔다. 그러니까 현재의 족보에 수록된 계보를 지탱하고 있는 것은 조상을 (되)찾아내려는 자손들의 노력인 것이다. 그것을 위해 투입된 에너지는 막대한 것이었음에 틀림없다. 차츰 사회 전체로 확대되어 간 새로운 사고방식이 거기에 반영되어 있다.

자손들의 노력으로 복원되어 족보에 수록된 계통이 있는 반면, 어떤 사정으로 족보에서 사라져 간 계통도 있다. 이를테면 자손이 흩어져 버린 탓에 집단 수준의 정보교환 네트워크에서 탈락하게 된 경우가 있을 것이다. 족보상에서 후사가 끊겨 버린 가계 중에는 실제로 자손이 태어나지 않은 탓에 단절된 경우도 있겠지만, 자손의 행방을 알 수 없게 되어 기록이 끊겨져 버린 경우도 적지 않을 것임에 틀림없다. 마찬가지로 현지조사 현장에서는 좀처럼 파악할 수 없었지만, 일단 성립한 문중이라고 해도 노력해서 유지하지 않으면 조만간 뿔뿔이 흩어질 위험이 늘 잠재해 있음은 물론이다. 족보도, 그것을 지탱하는 사람들의 조직도, 극히 동적動的인 현상인 것이다.

점차 넓어지는 시야와 거기서 볼 수 있게 된 여러 가지 풍경. 돌이켜 생각해 보니, 충렬의 한마디는 나를 생각지도 않았던 여행으로 이끌었던 것이다.

이 장은 「族譜研究ことはじめ(족보연구의 시작)」이라는 제목으로 『韓國朝鮮の文化と社會(한국·조선의 문화와 사회)』 창간호(2002년)에 실렸던 글을 일부 가필한 것이다.

18. 호적: 역사와의 또 한 번의 만남

족보 연구가 궤도에 오르기 시작한 1986년 8월부터 1년간 나는 미국
하버드 대학교에서 보내게 되었다. 하버드 옌칭연구소Harvard-Yenching
Institute의 객원연구원이라는 신분은 아무 의무도 없이 자유로이 시간을
쓸 수 있는, 무척 고마운 것이었다. 연구실은 물론 도서관의 캐럴(서고 내의
개인 열람석) 같은 전용 공간이 없다는 정도가 불편했지만, 다행히도
한국학연구소라는 간판이 걸린 방에 책상을 하나 얻을 수 있었다.
조선시대사 전공인 와그너 교수의 배려였다. 한국학연구소는 쿨리지
홀Coolidge Hall이라는 건물의 3층에 있었는데, 같은 층에는 중국을
연구하는 페어뱅크 센터Fairbank Center, 4층에는 일본을 연구하는
라이샤워 연구소Reischauer Institute가 있어서, 동아시아 연구의 총본산
같은 양상을 띠었다.

　그 1년 동안 '이것을 해봐야겠다'는 구체적인 목표를 설정한 바는

없었다. 다만 청산동 조사를 개시한 이래 현지조사 등에 너무 집중했다는 반성을 하고 있었기에, 이 기회에 천천히 책을 읽으면서 인류학의 일반적인 문제에 다시 눈을 돌려봐야지 싶었다. 하버드 대학교 창립 350주년 기념행사로 막을 연 첫 학기는, 대학원의 몇 개 세미나에 출석하거나 서점에서 신간서적을 찾아서 읽거나 주말에 뉴잉글랜드의 시골을 드라이브하면서 보냈다. 오랜만에 여유 있는 나날이었다.

양상이 달라진 것은 크리스마스 휴가가 끝나고 봄 학기가 시작되고부터였다. 와그너 선생의 조선시대사 세미나에 출석하게 되었는데, 그 학기 주제로 족보와 호적 중 어느 것을 하고 싶으냐고 내게 물어 오신 거였다. 나는 주저 없이 호적이라고 대답했다. 족보 쪽은 벌써 손을 대고 있었고, 어느 정도 방향이 보이기 시작했다고 느끼고 있었다. 그러니까 새로운 자료 쪽에 관심이 향한 것이었다. 이렇게 해서 그해의 조선시대사 세미나에서는 조선시대의 호적을 제재題材로 정하게 되었다.

나 이외의 수강자는 조선시대사로 박사논문을 쓰고 있던 대학원생 마일런 군(현 펜실베이니아 대학 교수 히트매넥Milan Hejtmanek 씨), 서울대학교 국사학과의 젊은 연구자로 나와 같이 옌칭연구소 객원연구원이던 노태돈 교수, 신학 박사과정에 있던 최라는 사람이었다. 마일런 군한테서 나중에 들은 바에 따르면, 이 외에 MIT(매사추세츠 공과대학) 4학년생이라는 한국계 미국인 학생이 청강하고 싶다고 말했지만, "이번 학기 세미나는 너무 고급과정이라서" 와그너 선생이 거절했다고 한다.

수업 첫 시간에 건네받은 자료는 17세기 말부터 19세기 후반에 걸친

> 와그너 선생의 연구실에서. 왼쪽부터 마일런 씨, 나, 와그너 선생, 최씨.

대구지방의 호적의 일부, 라지만 1,200페이지 가까운 복사본 묶음이었다. 이것으로 각자가 어떻게든 고찰을 해보자는 게 과제였다. 노태돈 교수와 마일런 군한테는 익숙한 자료였겠지만, 최 씨와 나는 초보적인 한자 읽기부터 기초 공부가 필요했다. 그러나 호적은 일정한 형식에 따라 기록된 서류니까, 몇 가지 기본적 규칙을 이해하면 그다음은 거의 기계적으로 읽어 나갈 수 있었다.

이런저런 신분의 사람들이 한 마을에 살고 있다. 개별 호戶의 구성도 가지가지다. 친척들의 호가 몇 개씩이나 나란히 있다. 호 하나하나, 개인 한 사람 한 사람에 눈길을 주면서 읽어 가자니, 300년도 더 전의 자료인데도 현대의 농촌에서 가구조사를 할 때와 같은 감각이 생겼다. 역사학자 쪽에서 보면 위태로워서 보고 있기도 힘든 독법讀法이었으리라. 그러나 처음 역사의 일차 사료를 접한 나는 소박한 흥분을 느끼고 있었다.

수십 페이지를 읽어 나가면서 몇 개의 동네를 거쳐 조암방租巖坊 2리라는 동네 부분에 접어들었을 무렵, 이 자료를 가지고 당시 친족의 존재양상을 재구성할 수 없을까 하는 생각이 떠올랐다. 눈앞에 있는 조암방 2리의 (1690년 당시) 총 73호 중에 성주 이씨가 25호나 되었다. 동성同姓의 친족집단(문중)이라는, 나한테 친숙한 주제가 내 앞에 있는 것이 아닌가? 청산동과 상월동에서 조사할 때는 마을 사람들이 각 집家들끼리의 계보를 가르쳐 주었지만, 300년 전의 사람들한테 그런 이야기를 들을 수는 없다. 그러나 호적에는 성과 본관 외에, 호주 부부 양쪽의 증조부 이하 3대의 조상의 계보가 기재되어 있다.[34] 그러니까 그 정보를 끼워 맞추면 호들끼리의 상호관계를 밝힐 수 있을 것 같았다.

다음 세미나 시간에 그 구상을 말했더니, 와그너 선생은 "글쎄, 어떨까요?" 하고 고개를 갸우뚱했다. 대구와 성주는 서로 이웃한 지역으로, 조암방은 일찍이 행정적으로 성주 쪽에 속해 있던 지역이기도 했다. 호적에 기재된 본관이라는 게 실은 단지 현재 거주하는 곳의 지명을 쓴 게 아닐까 싶은 사례가 꽤 있으니까, 이 지역 호적에서 성주나 대구가 '본관'인 사람들을 대상으로 선정하는 데는 위험성이 있다고 생각하신

---

34 조선시대 호적에는 '사조四祖'라고 하여 호주 부부 각각의 증조부, 조부, 부 3대의 직역 職役과 (성)명, 그리고 외조外祖의 직역, 본관, 성명을 기재해서 혈통과 신분을 확인할 수 있게 하였다. 물론 양반이 아닌 사람들은 사조의 직역과 성명을 다 적지 못하는 경우도 많았다.

듯했다. 또 호적 말고도 여러 가지 문헌이 남아 있음직한(그러니까 '유력하고 저명한') 집안 쪽이 여러 자료를 끼워 맞춤으로써 당시의 상황을 더 잘 확인할 수 있으니까 연구하기가 쉽지 않을까 하는 말씀도 하셨다. 사료 비판이라는 점에서도 역사가다운 조언이었다.

그러나 청산동과 상월동이라는 아주 평범한 농촌에서 조사해 온 나는 대상에 적절하고 부적절한 것은 없다고 생각했다. "어떤 결과가 될지 조금 더 해보겠습니다." 하고 대답했다. "사무라이 정신이구먼." 우리의 대화를 옆에서 듣고 있던 마일런 군이 나중에 이렇게 평했다.

계보의 복원은 방식 자체는 단순해서, 25호 정도 규모라면 수작업으로 해도 그렇게 어려운 일은 아니었다. 그 결과 같은 성주 이씨라도 세 개의 근친자 집단의 덩어리(각기 10호, 9호, 6호)로 나뉨을 알 수 있었다. 그중 제일 큰 집단은 그 후 착실히 호수가 증가해서 19세기 중엽까지 39호나 되는 큰 집단으로 성장해 간 모습을 추적할 수 있었지만, 나머지 두 집단은 18세기 말에 모습을 감추었다. 그 이유를 호적에서 밝혀내기란 불가능했지만, 명암이 갈린 친족집단의 향방이 거기 있었다. 현지조사에서는 이렇게 장기간에 걸친 역사적 전개를 쫓아가기는 불가능하고, 무엇보다 사라져 버린 집단에 대해서는 아무것도 알 수가 없다. 그러니까 계보 복원이라는 수법을 개발해서 호적을 추적한 이 작업은 한국 농촌의 성격, 특히 그 유동성을 생각하는 데 아주 새로운 시각이었다.

계보 복원작업의 부산물로 또 하나 뜻밖의 발견이 있었다. 장남이 부모와 동거하다가 그 뒤를 잇는다는 한국의 이른바 '전통적인' 가족 형태가, 실은 18세기 후반까지는 보이지 않는 듯하다는 점을 알아챈 것이다. 가족구조의 역사적 변화를 추구할 가능성이 열렸다. 하지만 그러려면 한두 개 친족집단만이 아니라, 분석 대상을 일정한 폭의 지역사회 전체로 확대해서 검토하지 않으면 안 된다. 와그너 선생의 조선시대사 세미나는 그 뒤의 내 연구방향에 결정적인 영향을 미치게 되었다.

하버드 옌칭연구소의 도서관에는 한국의 족보가 무척 많이 소장되어 있었다. 와그너 선생이 중심이 되어 수집한 것들이었다. 그중에 1970년대 중엽에 간행된 일곱 권짜리 성주 이씨 대동보(씨족 전체에 대해 작성한 족보)가 있었다. 호적을 통해 조암방 2리 성주 이씨의 계보를 복원하는 작업이 어느 정도 진척되었을 때 나는 대동보에서 그 세계를 찾아보기로 했다. 그랬더니, 18세기 말에 자취를 감춘 두 집단의 세계는 보이지 않았지만, 19세기 중엽까지 확대되어 간 것이 확인된 집단의 세계는 보란 듯이 실려 있었다. 그 기록은 내가 호적에서 복원한 계보와 거의 모순 없이 일치했고, 게다가 자손들이 지금도 그곳에 살고 있는 듯하다는 사실도 알아낼 수 있었다.

그 뒤, 같은 서가에 성주 이씨의 또 다른 족보가 있다는 걸 알게 되었다. 한 권짜리 작은 족보였다. 그 족보를 펼쳐본 나는 깜짝 놀라고 말았다. 무슨 우연인지? 그것은 조암방에 계속 살았던 바로 그 집단의 자손들이 1950년대에 만든 파보派譜였던 것이다. 내가 호적에서 더듬어 찾아낸 맨 윗대의 인물로부터 비롯된 파 이름이 붙어 있었다. 바로 그가 조암방에 최초로 정착한 조상이었던 것이다.

19. 융성하는 전통: 1992년

김포공항에서 서울 도심까지는 약 20킬로미터다. 이 길을 다닐 때마다
주변 풍경이 급속히 변해 감을 느껴 왔다.

1969년 여름에 처음 한국을 찾았을 때 서울 시가는 한강 이북,
도심에서 반경 7, 8킬로미터 범위에 한정되어 있었다. 도심에서 약
5킬로미터쯤 되는 신촌 로터리를 지나 교외선 철도의 건널목을 건너면
벌써 인가가 드물어졌다. 한강 건너는 완전히 농촌지대로, 거기서 공항까지
가는 약 10킬로미터의 길은 드넓게 논이 펼쳐진 들판 한가운데를
가로질렀다.

1974년 3월부터 8월 초에 걸쳐 연세대학교에서 한국어를 배우느라고
신촌에서 하숙하던 무렵에 한강 이남에 '강남'이라 불리는 지구의 개발이
시작되었지만, 서울의 도심은 대체로 걸어서 다닐 수 있을 만한 규모였다.

그 뒤로 시가가 점점 확대되어, 서울을 찾을 때마다 그 격심한 변화에

≫ 서울역 앞의 현저한 변모 양상. (위) 1969년 (아래) 1992년

놀라게 된다. 이제는 조금만 더 있으면 시가지가 공항까지 연결되어 버릴 것 같다. 차로 무척 붐비는 도로가 지하철 공사로 더 정체되고 있다. 지하철이 개통되면 공항에서 시내까지 정말로 가까워질 것이다.

　이렇게 도시화와 근대화가 진행되는 한편으로, 동시에 역사와 전통에 관련된 여러 가지 행위가 성하게 된 듯하다. 1992년 이른 봄, 바쁘게 돌아다녔던 여행의 기록이다.

나주 성향공원

전라남도의 중심도시인 광주에서 남쪽으로 버스로 30분쯤 되는 곳에 나주 시가가 있다. 국도가 막 나주시로 접어들 즈음의 길섶에 "천년고도千年古都 목사牧使고을 나주"라고 새겨진 커다란 석비가 서 있다. '목사'란 중앙에서 파견되어 각 지방을 통치하던 행정관으로, 전라도에는 고려시대에 세 곳, 조선시대에 네 곳에 배치되었다.[35]

　전라도라는 이름 자체가 전주와 나주라는 두 개 지명의 앞 글자를 따서 만든 것이다. 이렇듯 나주는 유서 깊은 고장이다. 그러나 내가 나주 가까운 청산동에서 조사하고 있을 때는 이런 석비가 없었다.

35　조선시대 도 이하의 지방 행정구역은 부府·목牧·군郡·현縣으로 나뉘었는데, 목은 군이나 현보다 더 큰 고을이었다. 조선시대 전라도에서는 전주가 부, 나주·제주·광주·능주(화순)가 목이었다. 목의 수령인 목사는 정3품관이다.

"천년고도" 석비가 세워진 것은 1988년의 일이다. 이 무렵부터 나주시는 역사적 전통을 자기 고장의 이미지로 강조하면서 도시 정비를 추진할 방침을 수립한 듯하다. 1989년부터는 조선시대 목사가 사용했던 객사客舍인 '금성관錦城館'과 관아官衙, 그 정문 등 남아 있는 건물을 보수·보존하고, 나아가 읍의 동서남북에 있던 성문을 복원하려는 읍성 복원 9개년 계획을 시작했다. 중앙정부에 의한 지방통치라는, 말하자면 위로부터의 전통을 전해 주는 사적의 복원이다.

이듬해 1990년에는 성향공원姓鄕公園 조성 계획이라는, 민간 쪽의 전통을 표현하는 시설의 건설이 발안發案되었다. 나주는 경상북도 경주, 안동과 함께 많은 씨족의 발상지이다. 나주 자체를 본관으로 하는 씨족이 49개, 나주군 내의 다른 곳을 본관으로 하는 씨족이 13개로 그 총인구가 대략 115만 명에 이른다고 한다. 이 사람들한테는 나주야말로 궁극적인 고향(원고향原故鄕)이다. 많은 씨족의 시원지임을 기념한다는 나주시의 계획은, 조상을 공경하는 유교적 전통 및 그것과 결부된 씨족제도 안에서 나주시가 차지하는 위치를 어필하려는 시도라고 생각된다. 1992년까지 11개 씨족이 이 계획에 호응해서 공원 안에 기념비를 건립했다. 씨족별 석비의 건립 위치는 추첨으로 정했고, 그 크기며 건립비용에 제한을 둔 것은 씨족 간에 경쟁하지 않도록 하려는 배려였다.

그러나 행정당국이 씨족의 전통에 어필하는 것은 양날의 칼과 같다. 왜냐하면 현재의 나주시민 중에서 이들 씨족에 속한 사람들은 일부에 지나지 않기 때문이다. 시민이 아닌 사람들을 위해 시의 비용을 털어 넣어

> 성향공원에 세워진 비

공원을 정비하는 일에 대해 비판도 있다고 들었는데, 예상했던 바였다.

진주성

낙동강 지류인 남강 가에 있는 진주는 지금은 인구 6만 3천 명 정도의
지방도시지만, 옛날에는 목사가 배치되었고 20세기 초까지는 경상남도
도청이 있었을 정도로 오래전부터 경상도 남부의 요충지였다.

  이 시가의 북쪽에 일찍이 대봉산大鳳山이라고 불렸고 지금은
비봉산飛鳳山이라고 불리는 산이 있고, 그 산기슭에 '봉알(鳳卵) 자리'라는

유적이 있다. 전하는 말에 따르면, 옛날 진주를 본관으로 하는 강씨 일가의 세력이 강했던 것은 산 정상에 있던 봉암鳳巖이라는 바위 덕분이었다. 그런데 언젠가 〔조정에서 사람을 보내어〕 그 바위를 몰래 파내어 버리자 봉황이 날아가 버렸고, 그 뒤로 일가의 권세는 쇠퇴하기 시작했다. 그래서 봉황을 다시 불러들이려고 그 자손들이 이것을 만들었다고 한다.

비봉산 사면에는 고구려의 무신으로 서기 598년 수隋의 대군을 물리친 강씨 일가의 시조 강이식姜以式을 모신 사당이 세워져 있다. 16세기 중엽에 세워진 사당은 그 뒤 두 차례에 걸쳐 개축되었고, 지금의 건물은 1976년부터 1983년에 걸쳐 진주 강씨 종친회가 증축한 것이다. 그 우람한 건물은 진주시내 어디서나 바라다보여 강씨 일문의 위세를 과시하는 듯하다.

진주성은 남강 가의 작은 산을 이용한 산성이다. 이 성 안의 언덕 정상에 진주 정씨 종친회 건물이 있다. 공교롭게도 시가지를 끼고 강씨 사당과 마주보는 위치이다. 그것은 천 수백 년의 역사를 가진 두 개의 큰 씨족이 서로 양보 없이 대치하는 모습을 상징하는 듯하다.

하지만 진주에서 가장 잘 알려진 것은 임진조일전쟁〔임진왜란〕 때의 진주성 전투이다. 진주성은 1592년과 1593년 두 차례에 걸쳐 일본군의 공격을 받았다. 특히 1593년 전투는 임진조일전쟁 최대의 격전이라 이야기되며, 가토 기요마사加藤淸正, 고니시 유키나가小西行長, 구로다 나가마사黑田長政 등이 이끄는 5만의 군세軍勢를 맞아, 기껏 수천의 병사가 성을 지키면서 열흘에 걸쳐 항전한 끝에 전멸했다. 승리한 일본군은 성 안에서 축하연을 벌였는데, 그때 일본군의 무장을 꾀어내어 끌어안은 채

> 촉석루 아래를 흐르는 남강과 의암

강가에 있는 촉석루에서 남강에 몸을 던진 기생 논개의 전설은 너무나도 유명하다. 논개는 의기義妓로 칭송되어 지금도 성 안의 사당에 모셔져 있다.

그 뒤로 성의 규모는 축소되고 성 안에 민간 마을까지 생기게 되었는데, 진주시는 1979년부터 5년에 걸쳐 이곳을 공원으로 정비했다. 그 사업을 위해 민가 751채를 철거했다고 기록되어 있다.

성벽 일부와 목사가 집무했던 관아가 복원되고, 삼국시대 이전의 가야문화의 유물 등을 전시하는 박물관도 건설되었다. 하지만 1987년에 건립된 '진주성 임진대첩 계사순의단晉州城壬辰大捷癸巳殉義壇'(1592년 임진년의 큰 승리와 1593년 계사년의 전몰戰歿를 기념하는 비)에서 볼 수 있듯이, 이 공원이 말하는 진주 역사의 중핵은 '항일전쟁에서 드러난 애국심'이라고 할 수 있겠다.

다양한 연호

서울의 공원이라고 하면 경복궁과 비원, 아니면 남산공원 등이 유명하지만, 경복궁 정면의 광화문을 마주보며 좌회전해서 몇 분 거리에 있는 사직공원은 일반 관광객한테는 그다지 잘 알려지지 않은 곳인 듯하다. 이 공원은 조선시대 국왕이 국토의 안녕과 오곡五穀의 풍작을 기원하던 사직단社稷壇 터다.

공원 뒤에 있는 산의 허리쯤, 사직단이 내려다보이는 곳에 단군을 모신 묘廟가 만들어져 있다.[36] 단군은 하늘에서 태백산에 강림한 환웅을 아버지로 해서 태어나, 처음 나라를 세우고 '조선'이라고 부른 영웅이다. 단군의 조선 건국은 기원전 2333년이라고 한다. 사직공원의 단군 성묘聖廟는 단군의 개국 4300년을 기념해서 서기 1967년에 세워졌다.

단군은 단지 신화상의 존재에 그치지 않고 민족통합의 중핵, 민족의식의 상징으로 민족운동에 여러 차례 등장해 왔다. 식민지 통치하인 1919년 3월 1일 서울 종로 파고다공원(지금의 탑골공원)에서 낭독된 독립선언의

---

[36] 사단법인 현정회顯正會의 단군성전을 말한다.

날짜가 "단기檀紀 4252년 3월 1일"이라고 쓰여 있는 것은 우연이 아니다. 1945년 독립을 회복한 뒤로 한참 단기가 국가의 정식 연호로 사용되었던 것도 마찬가지로 민족의식의 표출이다.

지금은 서력이 사용되고 있지만, 신문의 발행 일자에는 서력과 함께 단기도 기재되어 있다. 신문에는 음력도 적혀 있으니까, 세 종류의 날짜가 나란히 있는 셈이 된다. 유교식의 조상 제사는 음력 날짜를 따르므로 음력은 시민의 실생활에 필요한 역법이다.

거기에 생각이 미쳐 둘러보니, 한국에서 사용되는 연호는 그 밖에도 여러 가지가 있다.

부산 교외의 김해는 신라와 백제 사이에 존재했던 가야의 여러 나라 가운데 가락국이 있던 곳이다. 『삼국유사』「가락국기駕洛國記」에 따르면, 후한後漢 무제武帝 때인 건무建武 18년, 곧 서력 42년 3월에 하늘에서 금으로 된 함이 구지봉 정상에 내려왔다. 그 함에 들어 있던 여섯 개의 황금알에서 맨 먼저 태어난 수로가 대가락국의 왕이 되었다. 가락기원 원년이다. 나머지 다섯 명은 다른 가야 제국諸國의 왕이 되었다. 수로왕은 가락국의 초대 국왕이지만, 동시에 김해 김씨 일가의 시조이기도 하다. 김해에 있는 수로왕릉은 김해 김씨 종친회가 관리하고 있다.

가락기원은 가락국이라는 옛 왕국의 연호이면서, 김해 김씨라는 현재까지 이어진 씨족집단의 역사를 말해 주는, 말하자면 사적私的인 연호이기도 하다. 구지봉과 수로왕릉 주변에 세워진 많은 석비에는 건립연도가 가락기원으로 새겨져 있다.

연호란 시작도 끝도 없이 연속되는 시간을 잘라내서, 개개의 시점時點의

≫ 구지봉 정상의 김해 김씨 시조 강림 기념 조각 (현재 이 조각은 철거되었다.)

위치를 확정하기 위한 좌표축이다. 거기에 따라 시간은 질서를 부여받게
된다. 어떤 연호를 사용한다는 것은 자기가 태어난 때를 포함한 모든
역사를 구조화하는 기준으로 그 좌표축을 선택한다는 것을 의미한다.
하지만 역사에 질서를 부여하는 좌표축은 입장에 따라 다양할 수 있다.
여기서 든 여러 사례는, 각자 과거를 돌아보면서 현대에 스스로를 위치
짓고 있는 사람들의 행위이다.

민속촌

서울의 지하철 1호선은 1974년 8월 15일에 개통되었다. 이 지하철과 이어진 서울과 인천 및 수원을 연결하는 전철도 동시에 개통되었는데, 이것은 한국 철도 최초의 전차 구간이 되었다.

이 전철을 타고 약 한 시간, 종점인 수원은 전철 개통에 따라 서울 수도권의 제일 외곽으로 편입되었다. 1967년에 경기도청이 서울에서 옮겨 왔을 때는 13만 명에 못 미쳤던 인구가 전철 개통과 함께 급증해 1992년에는 65만 명에 이르렀다.

수원역에서 다시 10킬로미터쯤 농촌지대로 들어간 곳에 '한국민속촌'이 있다. 1970년대 중엽에 한 민간회사가 문을 연 관광시설이지만, 100헥타르 가까운 부지에 이백수십 동의 건물을 배치한 일대 야외박물관이다.

여기에는 전국 각지의 특색을 보여 주는 농가 건물이며 생활양식이 전시되어 있어서, 지방에 따라 건물 형태와 방의 배치가 다름을 잘 알 수 있다. 또 ㉠약방과 각종 공예 장인의 집도 복원되어 있고, 도자기, 버들고리〔柳器〕, 죽세공, 한지, 담뱃대, 놋그릇 등을 제작하는 모습을 실연實演을 통해 볼 수 있다.

나 같은 외국인한테 민속촌은 근대화되기 이전의 한국의 생활풍속을 손쉽게 볼 수 있는 장소다. 현대화된 한국의 도시에서 자란 젊은이들한테도 일상생활에서 사라져버린 과거 한국의 풍속을 학습하는 장이 된 듯하다.

하지만 농촌에서 단체여행을 가는 사람들도 민속촌을 관광 코스에 넣어서 구경하러 온다. 이 사람들로서는 바로 얼마 전까지 자기들이 쓰던

> 민속촌에서 재미삼아 절구를 찧는 관광객

도구며 사는 모습이 거기 전시되어 있는 셈이다. "아, 저랬지. 맞아, 이랬지."
하고 추억을 이야기하면서 구경하고 있는 사람들한테 해설은 무용지물이다.
어느 농가에 들어선 두 명의 여성이 반쯤 재미로 공이를 집어 들고 절구를
찧기 시작했을 때, 전시품과 구경꾼 사이의 거리는 사라지고 없었다.

민속촌 설립 취지에서는 "외래문화의 유입에 따라 생활양식과 풍속이
급속히 변화하고 거기에 따라 전통문화가 소멸할지도 모르는 상황 속에서,
민족 고유의 생활양식과 생활문화를 보존하고 복원하여 전시 공개하기로
한다."라고 말하고 있다. 그러나 농가나 장인의 가옥과 나란히 양반이라고
불린 상류계층의 저택이나 지방 통치를 위한 정부의 관아가 전시된
모습을 볼 때, 민속촌이 보여 주려고 하는 '민속'이란 무엇일까 하는

생각이 든다.

적어도 지배자, 권력자와 구별되는 백성[民]의 풍속[俗]이라는 시각은
아니다. 여기 전시된 '전통적 생활풍속'의 의미는 '근대화 이전의
생활양식'이고, 더 구체적으로는 조선 후기 사회의 모습이 '민족 고유의
생활양식'으로 전시되어 있다. 민속촌이 한창 구상될 때 기획을 담당했던
사람들은, '밀어닥치는 근대화 = 외래문화의 물결' 앞에서는 권력자와
민중의 차이보다도 일체로서의 민족문화를 제시하는 쪽이 우선이라고
생각했던 것일까?

전통적 머슴 차림을 한 아저씨가 툇마루에 걸터앉아 방 안에서
물레질을 실연해 보이는 아주머니와 이야기를 나누는 모습을 보았다. 그
대화는 관람객을 위한 것이 아니라 전적으로 사적인 대화였으므로,
그들의 직무상으로는 분명히 탈선이다. 하지만 보여 주기 위한 복장과
어울려서 뜻밖에도 정말 '자연스러운' 일상생활의 분위기가 배어나는
것이 묘했다.

뿌리 찾기

한국의 자동차 등록 대수는 1970년에 13만 대에 못 미쳤던 것이,
1990년에는 340만 대까지 늘어났다. 1992년 6월 30일에는 장차 서울에서
부산까지 400여 킬로미터를 90분에 주파할 고속전철의 기공식이
거행되었다. 교통량의 증대는 그동안의 경제성장과 거기 따른 생활양식의

≫ 1991년 개관한 사설 족보도서관

변화를 반영하고 있다.

근대화에 국가의 총력을 기울였던 1970년대에는 전통적인 것은 곧 근대화에 방해가 되는 것이라고 생각하는 풍조가 있었다. 특히 행정 쪽에서 그런 자세가 강했다. 새마을운동에서 소리 높여 외쳤던 '미신 타파'며 '의례 간소화'가 그 좋은 예다. 하지만 요즘에는 '뿌리 찾기'라는 말이 자주 들린다. 급속한 변화에 떠밀려 가지 않으려고, 새삼스레 자신의 위치를 확인하려는 운동일 것이다.

도시에 나가 성공한 사람들이 고향의 묘소에 석비를 세운다. 요 십수 년 동안 이런 석비 세우기는 거의 경쟁적으로 이루어져 온 듯하다. 일가의 산소 근처에는 시향제 때 자손들이 모이는 건물인 재실이 세워져 있는데,

연대가 오래된 재실들 사이에 근년에 신축된 것도 적잖이 눈에 띈다.

족보의 편찬은 점점 더 활발해지고 있다. 대전시에 있는 한 족보 전문 출판사는 1954년 창업한 이래 지금까지 1,200종류 이상, 1만 수천 권의 족보 인쇄를 맡아 왔다고 한다. 계보는 실로 개인의 뿌리로서 개개인에게 역사적 관심을 불러일으키는 효과가 있다.

나주시의 성향공원 조성이며 진주시의 진주성 정비도 그렇지만, 더 크게는 한민족 전체의 기원에 대한 관심이 일반적으로 퍼져 있다. 중국 등 공산권 국가를 여행할 수 있게 되고 나서 얼마 안 된 1990년에 유력한 전국지 중 하나인 『조선일보』는 "한민족 뿌리 찾기"라는 제목 아래 "몽골 학술기행"을 연재했는데, 뿌리에 대한 관심의 맥락에서 생각하면, 충실한 객관적 탐구와는 별개의 차원에 있는 주체적 의미를 볼 수 있다.

한국어에는 "호랑이 담배 피울 적에"라는 표현이 있다. 일본어로 치면 "옛날 옛날에(昔むかし)"에 해당한다. 그런데 신대륙 원산의 담배가 유럽을 거쳐 동아시아까지 전해진 것은 16세기 후반. 조선에는 17세기 초에 전해졌다고 한다(말이 나온 김에 하는 이야기지만, 한국 음식에 빠질 수 없는 고추도 마찬가지다). 담배는 대인관계에서 중요한 의미를 담당한다. 자기가 피우기 전에 상대한테 먼저 권하는 것이 예의고, 연장자 앞에서는 절대 피우지 않는다. 연령상으로는 예닐곱 살 차가 맞담배를 피워도 괜찮은 한계인데, 이런 연령의 상하질서는 한국에서 유교화된 규범의 전형이다. 그리고 유교적 행동규범이 일반 사람들의 생활에까지 침투한 것은 18세기 무렵의 일이다.

전통이 새로운 것이라고 말하려는 것은 아니다. 전통이란 언제나 현재와의 관계 속에서 생각되고, "호랑이가 담배 피우던 시절"이란 현대와 대비되는 과거 일반을 가리키는 표현이다. 그러나 전통이라는 피륙을 짜고 있는 개개의 요소는 서로 다른 길이의 과거를 배경으로 하고 있다. 그러니까 찾는 방법에 따라서 여러 가지 깊이의 뿌리가 드러나게 되고, 새로운 각도에서 다시 보기도 이루어지는 것이다.

이 장은 1992년 6월부터 8월에 걸쳐 『中國新聞(주고쿠신문)』에 연재하고, 나중에 주고쿠신문사 편, 『アジアを語る十三人の視點(아시아를 말하는 13인의 시점)』에 수록된 글을 수정한 것이다.

20. 고전운영실의 사람들

국립중앙도서관 고전운영실

서울의 국립중앙도서관은 1988년 남산에서 한강 이남의 서초구 반포동으로 이전했다. 고속버스 터미널 바로 곁에 있다. 건물 맨 위층인 7층에 고전운영실이라는 방이 있다. 1990년경부터 나는 서울을 방문할 때마다 이 방에서 며칠을 보내는 것이 습관이 되었다.

　내게 고전운영실의 매력은 많은 족보 컬렉션이다. 열람실을 빙 두른 서가에 꽂힌 수천 권의 족보는 모두 요 수십 년 사이에 간행된 양장본으로, 간행자에게서 기증받은 것들이다. 모두 이용도가 높은 듯 모서리가 꺾이거나 장정이 닳아 해어져 있다. 1960년경보다 더 이전에 간행된 족보는 거의 한적漢籍처럼 장정되어 있는데, 그중 일부 비교적 최근의 것은 복사해서 간이 제본한 것이 서가에 꽂혀 있어서 일반이 이용할 수 있게 해놓았다. 원본이 파손되지 않도록 보호하기 위한 조치이다. 1980년대 초에 남산에서 보았을 때는 원본이 그대로 꽂혀 있었던 게 생각났다. 복사하기 쉬워진 것과 이용도가 높아진 것 두 가지가 그 배경일 것이다. 식민지기 이전에 간행된 오래된 것은 복사·제본되어 있지는 않지만, 사서에게 신청하면 서고에 소장된 원본을 열람할 수 있다. 이 상황으로 추측해 보면 사람들이 가장 많이 이용하는 것은 비교적 새로운 족보인 것이다. 일부러 연대가 오래된 족보를 신청해서 보는 사람은 그렇게 많지 않은 듯하다.

서가로 둘러싸인 열람실에는 여섯 명이 앉을 수 있는 큰 책상이 8개 있다. 매일 거기서 많은 사람들이 족보를 책상 위에 쌓아 놓고 천천히 페이지를 넘기다가 메모를 해가면서 조사를 하고 있다. 대부분이 50대 후반에서 70대쯤으로, 그것도 거의 100퍼센트 남성이다. 도서관 전체로 보면 대학생을 중심으로 한 젊은 남녀 이용자가 많은 중에, 이 방은 조금 차원이 다른 세계다. 서고에서 꺼내온 책을 이용자에게 건네줄 때도, 다른 열람실에서는 '○○○ 씨'라고 부르지만 여기서는 '○○○ 선생님'이라고 부른다. 이 층에만큼은 '경로휴게실'이라는 이름의 흡연실이 설치되어 있는 것 등도 역시 그렇다.

몇 번쯤 방문하는 동안 나는 이 방에 단골들이 있다는 느낌을 받았다. 때로 서로들 주고받는 대화의 내용으로 보면 (전문 연구자들이 아니라) 동네 아저씨, 할아버지들이다. 내가 이곳을 찾는 횟수는 기껏해야 1년에 몇 번뿐이지만 그때마다 몇 명인가 같은 얼굴들이 보였다. 혹시 이 사람들은 1년 내내 여기에 있는 것은 아닐까?

처음에 나는 그 사람들이 자기 조상에 대해 조사하고 있는가 보다 하고 막연하게 상상했다. 그러나 생각해 보면 족보는 방대한 기록이다. 자기 계보를 정확하게 알지 않으면 족보 안에서 자기 조상에 관한 기록 부분을 찾아내기란 불가능하다. 그리고 그런 지식이 있을 정도의 사람이라면 대개 자기 집에 자기 일가의 족보를 갖고 있을 확률이 높다. 일부러 도서관에 와서 찾을 필요는 없을 것이다.

정말로 자기 조상을 찾으려고(뿌리 찾기) 오는 듯한 사람들은 이런 기본적인 지식을 갖지 못한 경우가 많다. "제 조상은 ○○공이라고 하는데, 그 족보를 보고 싶으니까 찾아 주세요." 하고 사서와 상담하는 장면을 몇 번 보았지만, 그 ○○공의 계보적 위치가 확실하지 않으면 사서도 도와줄 수가 없다.

K 씨

한번은 개가식 서가에 꽂힌 족보의 판권장을 모조리 확인해 본 적이 있다. 한국 최대라고 하는 족보 전문 출판사에서 출판된 족보가 이 도서관에 얼마나 소장되어 있는지를 확인해 보려고 생각했던 것이다. 일반적으로 족보를 이용하는 양상과 완전히 이질적인 작업이었으므로, 다른 사람들의 눈에 내가 이상한 짓을 하고 있다고 보여도 어쩔 수 없었다.

그러나 나한테 직접 묻기는 어려웠던 걸까? 같이 작업하고 있던 대학원생 S군한테 "무엇을 조사하고 있느냐?" 하고 물은 사람이 있었다.

S군은 "저는 잘 모르니까, 저희 교수님한테 여쭤 보시라고 했습니다." 했다. 그러자 그 사람은 S군한테 "족보라는 건 전부 가짜야."라고 했다는 거였다. 그런 식으로 말하는 한국인과 마주친 것은 처음이었다. 그가 K씨였다.

내 정체를 안 K씨는 이번에는 나한테 "동경대의 Y라는 교수를 알고 있습니까?" 하고 말을 걸어왔다. 도쿄대학 문학부 조선사연구실의 Y교수 얘기였다. Y교수도 족보에 관심이 많은 분이어서, 나는 '역시 그 양반도 여기 단골인가?' 하고 속으로 고개를 끄덕이며 "물론 알고 있습니다." 하고 대답했다. 그 뒤로 K씨와 나는 얼굴을 마주칠 때마다 인사를 하는 사이가 되었다. 실은 나는 그전부터 K씨의 존재를 눈치 채고 있었다. 애당초 고전운영실에 단골이 있음을 눈치 채게 된 계기가 K씨 때문이었던 것이다. 그는 때로 다른 사람들과 대화를 나누기도 했지만, 대체로 열람실 구석에 정위치해서 묵묵히 족보를 뒤지고 있었다. 그런 모습을 몇 년이나 계속 보았다. 펼쳐 보고 있는 족보는 그때마다 다른 듯했지만 무엇을 조사하고 있는지 짐작도 가지 않아서, 내 쪽에서도 이상하게 생각하고 있었다.

서로 안면을 튼 지 얼마 안 되어서 K씨와 식사를 할 기회가 생겼다. 그때 들은 바에 따르면, K씨는 프리랜서 상담소 같은 것을 운영하는 듯했다. 전국적으로 개발이 진행되고 있는 현재, 먼 조상의 묘에 딸린 토지의 경제적 가치가 갑자기 크게 상승하는 경우가 있다. 그런 토지에 대한 권리를 둘러싸고 심각한 이해 대립이 일어나고, 소송으로 발전하는 경우도 적지 않은 듯했다. K씨는 그런 상담을 받아서, 족보에서 확인할 수 있는 정보를 제공하고 있다는 것이었다. 혹시 고전운영실의 단골들 다수가 이런 데 관련된 조사를 하고 있는 거라면, 그런 서비스에 대한 수요가 그만큼 크다는 얘기다.

그 뒤 K씨로부터 일본에서 식민지기의 기록을 조사해 줬으면 하는 부탁을 한두 차례 받았다. 안타깝지만 내 지식은 그런 실용적인 방면으로는 향해 있지 않기에 도움이 되지는 못했지만.

여대생의 숙제

"뭐 좀 여쭤 봐도 될까요?" 고전운영실에는 전혀 어울리지 않을 젊은 여성의 목소리에 눈을 드니, 대학교 1학년쯤 되어 보이는 여학생이 서 있었다. 족보 보는 법을 가르쳐 달라는 거였다. 여름방학 숙제로 자기 조상에 대한 것을 족보에서 찾아오라는 과제가 나왔다고 했다. 그러나 그녀가 자기 조상에 대해 알고 있는 것은 밀양 박씨라는 본관과 성뿐으로, 그중 어느 파에 속한다든지 조상이 살았던 마을 이름이라든지, 실마리가 될 만한 정보를 하나도 가지고 있지 않았다. 아버지한테 가르쳐 달라고 하지 그랬냐고 했더니, 아버지는 그런 것은 하나도 모른다는 거였다. 그렇다면 아저씨라든가 할아버지라든가 친척 중에서 알 만한 사람은 없냐고 물었더니, 가까운 친척이 아무도 없어서 그것도 안 된다고 했다. 이래서야 손을 들 수밖에 없다. 도와줄 수도 없었다.

자기가 말을 건넨 상대가 외국 사람인 줄 알게 된 그녀는, 한국 사람한테 물으면 가르쳐 줄지도 모른다고 생각했던 걸까. 이번에는 K씨한테 가서 물어보았다. 그러나 결과는 마찬가지였다. 한참 동안 포기할 수 없다는 듯이 밀양 박씨 족보를 몇 권 손에 들고 이리저리 아무데나 페이지를 넘기다가, 이윽고 돌아갔다.

"족보 탓으로 싸움이 일어나는 일도 있다. 그러니까 족보라는 것은 함부로 남한테 보여 주는 것이 아니다." 예전에 청산동에서 들은 말이 떠올랐다.[37]

부계 혈통과 그 기록인 족보는 역사나 신분제도와 복잡하게 얽혀서 만들어진 것이다. 그러니까 예전에는 족보를 취급할 때는 여러 가지로 신경을 써야 했고 자제도 해야 했다. 그런데 '뿌리 찾기'라는 말로 상징되는 '전통의 융성' 속에서 그런 배려가 어느샌가 자취를 감추고, 대신 씨족제도는 한국 사람이 아주 먼 옛날부터 모두가 다 공유해 온 전통이라는 생각이 통용되게 된 것은 아닐까? 모든 사람이 본관과 성을 가지고 있다. 이것은 사실이다. 그러나 "족보는 각 씨족의 계보를 망라한 것이다."라는 말은 이념일 수는 있지만 사실은 아니다. 숙제를 낸 대학교수는 아무리 노력해도 그 과제에 답할 수 없는 학생이 있다는 사실과 그 역사적 배경을 깨닫지 못한 것 같았다.

---

37 4장 교승 씨의 일화 참조.

복사 아저씨

고전운영실 제일 깊숙이에 복사 코너가 있다. 신청서에 책 제목과 복사해야 할 페이지를 기입하고, 그 문헌의 복사할 곳에 갸름하게 자른 종이를 끼워서 들고 가면 복사를 해준다. 이 일을 하고 있는 사람은 나이를 알 수 없는 아저씨다.

당초에는 나도 그런 정식 절차를 거쳐 복사를 신청했다. 그러나 내가 필요로 하는 족보자료는 분량이 많은 데다가 복사해야 할 곳을 지정하기가 너무 복잡해서 성가시다. 아무리 생각해도 내가 직접 복사하는 편이 간단했다. 게다가 복사 담당자는 아저씨 한 사람뿐인데 복사기는 두 대 있었다. 그래서 무뚝뚝해 보이는 아저씨한테 쭈뼛쭈뼛 말을 꺼내 보았다. 그랬더니, "하는 방법은 아십니까? 알고 있으면 하세요." 하고 뜻밖에도 간단히 승낙해 주었다. 그 뒤로 내 것은 전부 내가 복사하게 되었다. 물론 복사값은 지불하고 있다.

어느 날 나는 고전운영실 서고에 소장된 안동 권씨 일가 족보의 여러 가지 판본을 집중적으로 조사하고 있었다. 같은 일가에 속하는 사람들이 다양한 연대에 한반도 여기저기에서 편찬한 족보를 비교함으로써, 족보라는 것의 성격을 고찰해 보려고 생각했던 것이다. 그 목적을 위해서라면 아무 씨족의 족보라도 상관없으니까, 안동 권씨를 고른 것은 우연이었다. 다만 안동 권씨는 현존하는 가장 오래된 족보를 편찬한 씨족이라는 점에서 다른 씨족과 조금 다른 데가 있다. 나도 왠지 거기에 끌렸던 것은 사실이다.

복사한 종이의 매수를 헤아리면서 아저씨가 혼잣말처럼 중얼거렸다.

"왜 하필 안동 권씨래? 외국 사람들은 미국 사람이든 일본 사람이든 모두 안동 권씨 족보만 본다니까. 거기 말고도 집안이 얼마든지 있는데……."

지당한 얘기였다. 동시에, 이 아저씨는, 외국인을 포함해서 이 방을 이용하는 연구자들이 어떤 자료에 관심을 갖고 있는지를 훤히 알고 있을 것이라는 데 생각이 미쳤다. 그 자체가 재미있는 연구주제라고 생각했지만, 또다시 이상한 연구를 시작해서는 안 된다고 자제했다.

문득 매수를 헤아리는 아저씨의 목소리가 들려왔다. "이치, 니, 산, 시…… 니-이치, 니-니, 니-산, 니-시……."[38] 일본어였다. 어릴 때 몸에 밴 습관이 그대로 남은 것일까, 아니면 내가 일본 사람이라는 게 원인이 된 걸까?

---

38 일본어로 "일, 이, 삼, 사…… 이십일, 이십이, 이십삼, 이십사……." 하고 세고, 21부터 는 '이십일, 이십이'가 아니라 '이일, 이이' 하는 식으로 발음하고 있다.

21. 조암租巖을 찾아서

1990년 봄, 나는 대구를 찾았다. 상월동을 조사했을 때로부터 10년의
세월이 흘렀다. 그동안 족보와 호적의 분석을 통해서 역사로 먼 길을 둘러
돌아 왔지만, 특히 최근 4년쯤 사이에 호적 분석을 하면서 자료로 계속
보고 있던 조암이라는 데가 어떤 곳인지 내 눈으로 직접 확인하고
싶어졌던 것이다. 그곳을 찾을 실마리는 조암과 월배月背라는, 조선시대
호적에 나오는 지명뿐이었다. 이 두 지명은 호적에 연이어 나오니까 아마
인접한 곳일 거라고 예상했다. 손닿는 곳에 각종 지도가 있었고 그중에는
최근 대구지방의 지도며 식민지기에 만들어진 5만 분의 1 지도도
있었으니까 그것들을 펼쳐서 확인해 두었어야 하는 것을, 가보면 알겠거니
했던 것은 경솔한 짓이었다. 행정단위가 재편성되거나 지명이 바뀌었을
가능성을 빠뜨렸던 것이다.

　마중을 나와 준 경북대학교 유명기 교수의 설명에 따르면 조암은 현재

어디인지 확정할 수 없지만 월배는 실제로 존재했던 읍의 이름으로, 그곳은 몇 년 전 대구시에 합병되어 달서구의 일부가 되었다고 했다.[39]

대구시라고는 하지만, 그가 보여 준 지도상에서 보면 시가지에서 꽤 떨어져 있고, 최근 경지 정리가 된 듯한 논 한가운데로 고속도로(대구와 마산을 잇는 구마고속도로. 1970년대 후반에 개통)[40]가 지나갔다. 지도에서는 조암이라는 지명을 찾을 수 없었지만, 고속도로 곁에 월암동月巖洞이라는 동네가 있고 그 부근 논이라고 생각되는 곳에 '선돌바위'라는 글자가 적혀 있었다. 유 교수는 이 '바위(巖)'라는 글자가 조암의 '암'과 뭔가 관계가 있는 게 아닐까, 하고 말했다. 그 위태로운 가정을 의지해서 찾아가 보기로 했다.

동대구역에서 승용차로 대구 시가를 가로질러 남서부의 월배로 향했다. 도중에 우방타워라는 텔레비전 송신탑이 높이 치솟은 두류공원 곁을 지났다. 상월동을 조사할 무렵에는 이 언저리가 대구의 변두리로 시가지 조성 공사가 한창이었는데, 이제는 완전히 시내가 되어 있었다. 그다음부터는 처음 가보는 길이었다.

10여 분 뒤, "여기가 월뱁니다." 하며 유 선생이 차를 세운 곳은 시장 앞이었다. 시장으로 들어가는 길 입구에 '월배시장'이라는 아치형 간판이 걸려 있었다. 안쪽에 2층짜리 콘크리트 건물이 보여서 상설시장임을

---

39 1981년 7월 1일 대구시가 대구직할시로 승격되면서 달성군 성서면과 월배면이 대구직할
    시 달서구로 편입되었다.
40 현재 이 구간은 중부내륙고속도로 지선이 되었다.

알았지만, 분위기로는 나주나 성주의 정기시와 그렇게 다르지 않은 듯한, 시골스러운 느낌의 시장이었다.

우리는 거기서 좌회전해서 국도를 벗어났다. 방위로 말하자면 북서쪽 방향으로 길을 잡은 셈이었다. 고작 몇 분 만에 시가지를 벗어나니, 작은 공장들이 줄지어 서 있고 그 맞은편에는 집들이 불규칙하게 밀집해서 이루어진 동네가 보였다. 월암이었다. 멀리서 언뜻 보기로는 수백 호 규모가 아닌가 싶었다. 청산동이나 상월동과는 비교할 수 없을 만큼 큰 동네였다. 동네 입구에 한눈에도 이게 당산나무구나 싶은 풍격風格의 큰 나무가 서 있었다. 당산나무란 마을의 수호신이 깃든 신목神木이다.

동네로 들어가자 길은 구불구불 굽어지면서 극도로 좁아졌다. 아직 자동차 시대를 따라잡지 못한 도로 상황이었다. 나 같으면 그쯤에서 포기해 버렸을 텐데, 유 선생은 자신만만하게 계속 전진했다. 그러나 곳에 따라서는 차 양옆으로 몇십 센티미터밖에 여유가 없어 보였다. 괜찮을까?

악전고투하고 있노라니 갑자기 눈앞에 논이 펼쳐졌다. 동네를 빠져나온 것이었다. 전방에 고속도로가 보였다. 동네와의 거리는 300~400미터쯤 될까? 꼭 그 중간쯤에 커다란 돌이 논 한가운데 서 있는 게 보였다. 곁에 가서 보니, 내 키를 훨씬 넘는 큰 돌이다. 이것이 조암이며 월암이라는 지명의 '암'에 관계된 물건일까?

논 사이 농로農路를 따라 고속도로 아래를 빠져나가자, 그 앞에 넓은 도로 같은 것이 또 하나 보였다. 비상활주로라고 했다. 그 활주로에 차를 세우고 둘러보았다. 주위가 탁 트인 평지였다. 그 전방에는 다시 수백 미터 폭의 논 저편에 공장처럼 보이는 새 건물들이 늘어서 있었다.

≫ 조암마을 앞 논의 입석

성서공업단지라고 했다. 그렇다면 저곳은 예전의 성서면이다. 월배도
조암도 지나와 버린 게 확실했다.

돌아보니, 동남쪽에서 남쪽 방면으로 4킬로미터쯤 저편에 산기슭부터
산꼭대기까지 나무로 뒤덮인 옹골진 산들이 줄지어 있다. 대구시 남쪽에
자리한 앞산으로 이어지는 산들이다. 아까 우리가 통과한 동네는 평야의
한복판에 위치한 마을이라는 게 실감되었다. 마을 맞은편에 월배 시가가
있을 테지만, 높은 건물이 없으니까 전혀 눈에 띄지 않았다. 바로 곁의
고속도로와 우리가 지금 서 있는 활주로가 아니었다면 도시에서 멀리
떨어진 농촌지대에 있는 듯했을 것이다. 그러나 북동쪽을 바라보니 멀리
고층 아파트가 숲을 이루고 선 게 보였다. 이쪽도 거리가 4킬로미터쯤

될까? 대구 시가가 바로 거기까지 다가서 있었다. 혹시 조암의 현재를 조사한다면 서둘러 움직여야 할 것 같았다. 그러나 아직 구체적인 이미지는 그려지지 않았다. 호적의 분석은 여전히 지지부진했고, 우연히 연구를 시작하게 된 조암이라는 장소의 의미를 알게 된 것은 한참 뒤의 일이었다.

돌아올 때는 아까와는 다른 길을 따라 또 한 번 월암 마을을 통과했다. 천천히 마을을 빠져나가는데 간판 하나가 눈에 들어왔다. "대한노인회 대구 달서구지부 조암분회"라고 적혀 있었다. 역시 거기가 옛날 조암방 자리였던 것이다.

V

도시의 현재: 1996~2004년

22. 도시 개발과 씨족집단의 현재

족보와 호적의 분석에 열중해 있는 동안 십수 년의 시간이 흘러갔다. 히로시마 대학 재임시절의 태반을 거기에 쏟아 부은 셈이었다. 조암방 2리라는 한 동네에서 시작한 호적 연구는 그동안 도합 열 개의 동네를 포괄하게 되었다. 1980년 대구시에 합병되기 전의 달성군 월배읍과 거의 일치하는 범위다. 17세기 말부터 19세기 후반에 걸쳐 이 지역에서 많은 친족집단이 등장했다가는 사라져 간 모습이 떠올랐다. 그중에서 몇 개 집단은 그 시기를 일관해서 계속 존재해 왔다는 사실도 확인할 수 있었다. 그 자손에 해당하는 사람들은 현재 어떻게 살고 있을까? 각각의 문중의 현재를 알아보고 싶다는 마음이 강해졌다.

　1996년 여름. 센다이仙臺로 옮겨 간 그해, 나는 한참 손을 놓고 있던 현지조사의 현장으로 돌아가기로 했다. 월배시장 가까이에 있는 여관에 짐을 푼 때는 7월 하순이었다. 엄청나게 빠른 템포로 도시화가 진행되고

≫ 월배시장 입구. (위) 1990년, (아래) 1996년.

있음을 느낄 수 있었다. 6년 전 처음 차를 멈추었던 월배시장 앞의 국도는 모조리 파헤쳐져 있었다. 지하철 1호선 공사였다. 이것이 개통되면 월배는 대구시 중심부와 곧장 이어지게 되는데, 그 전해 일어난 공사현장의 가스 폭발 사고로 완공이 늦어지고 있다고 했다.[41]

그러고 보니 그 사고가 일본의 신문에도 크게 보도되었던 기억이 났다.

이번 현지조사는 청산동이나 상월동의 경우와는 완전히 사정이 달랐다. 무엇보다, 호적을 연구하면서 대상으로 삼았던 열 개 동네는 동서와 남북으로 각각 4킬로미터가 넘는 넓은 범위에 산재해 있었다. 게다가 1980년대 중엽 이래 도시계획에 따라 본격적으로 개발이 이루어진 결과 월배 지역 일대는 일거에 도시화가 진행되어 인구도 25만 명이 넘었다. 예전에 있던 동네들은 거의 다 시가지에 편입되어, 외관으로는 본래 동네가 있던 자리를 판별하는 것도 곤란한 지경이었다. 그런 탓에, 직접 걸어서 돌아다니며 예전 지도와 현재 지도를 대조해서 동네의 위치를 확인하고 그 지리적 배치며 환경 등을 몸으로 느껴 보는 것이 첫 해의 큰 과제가 되었다.

현지조사 방법도 도시라는 대상에 맞추어야 했다. '마을에 들어가서 함께 생활하면서 천천히 사람들과 서로 알게 된다'는 고전적인 방법은 쓸 수 없는 것이다. 호적 속에서 발견한 씨족집단의 사람들이 지금도 과연 거기에 살고 있기는 한 것일까?

---

41 1995년 4월 28일 대구광역시 상인동 지하철 1호선 공사장에서 일어난 가스 폭발 사고를 말한다.

최초의 교두보로, 유명기 선생이 접촉해 주어서 한 씨족집단의 대표자 분을 만날 수 있게 되었다. 그분의 설명에 따르면 월배 지역에는 대표적인 씨족집단(성씨)이 일곱 개 있고, 그 밖에도 최근까지 또 하나의 집단이 살고 있었다고 한다. '토박이'라고 불리는 그 지역의 토착집단인데, 그분이 거론한 씨족집단의 이름이 호적을 분석하면서 내가 익숙해진 집단과 겹쳤다. 과거와 현재를 잇는 작업은 실현 가능성이 보였다. 그해 여름, 전혀 낯선 지역에서 암중모색을 해가며 보낸 2주일 사이에 그래도 거의 모든 씨족집단의 대표자분들을 한 번씩 만나볼 수 있어서 다행이었다.

현지의 상황이 서서히 머리에 들어오기 시작하면서 몇 가지 흥미로운 점을 발견하게 되었다. 그 하나가, 내가 애당초 호적 연구를 시작하게 된 계기가 된 조암이라는 장소의 씨족 구성이다. 17세기 말 시점에 그곳(조선시대에 조암방 1리와 2리라고 불린 두 개의 동네)에는 5호 이상 규모의 친족집단이 일곱 개 있었고, 그중에서 세 집단(경주 최씨, 성주 이씨, 함안 조씨)이 차츰 규모를 키워 가면서 19세기 후반까지 이어져 왔다. 이것은 호적 연구를 통해 알고 있던 사실이다. 그런데 이번에 현지에서 들은 바에 따르면, 그 마을은 정말로 이들 '세 성씨가 함께 살아온 곳'으로 이야기되고 있었다. 그 역사는 호적을 통해 알 수 있었던 상한을 넘어 임진조일전쟁(임진왜란) 이전 시기까지 거슬러 올라갔다. 그리고 세 성씨가 함께 살아왔음을 기념하는 석비가 안치된 '삼모사三慕祠'라는 사당이 있어서, 매년 음력 10월 말에 제사를 지낸다는 것이었다. 여러 씨족집단이 한 동네에 살고 있다면 그 사이에 생기는 갈등관계가 주목을 끄는 경우가

많은 터라, 이 세 씨족의 친화적 공생관계는 한층 더 신선한 인상을
주었다.

그해 음력 10월 30일, 나는 삼모사의 제사에 참예參詣할 수 있었다.
양력으로는 12월, 초겨울의 맑은 날씨였다. 오전 10시쯤에 마을에
도착하니 지금도 그곳에 살고 있는 성주 이씨와 함안 조씨 사람들이
모여서 제사 준비를 하고 있었다. 경주 최씨 일가는 1970년대 말까지 모든
가구가 이사를 가버려 현재는 조암에 살고 있는 사람이 없다. 그래도
이날에는 반드시 대표자가 참석하러 온다고 했다. 최씨 일가 사람들이
도착하기를 기다렸다가 11시 좀 넘어서 제사가 시작되었다. 제사의 형식은
유교식의 조상 제사와 같이 제수祭需를 차리고 향을 피우고 축문을 읽고
세 명의 제주祭主가 술을 올리는 순서로 엄숙히 거행되었다. 술을 올리는
순서는 최씨, 조씨, 이씨 순으로 하는 게 통례로, 조상들이 의형제를
맺었을 때의 순서라고 한다. 이것은 세 성씨의 조상이 조암에 입향入鄕한
순서에 따른 게 아닐까 싶다.

제사가 끝나자, 같은 부지 안에 있는 재실로 자리를 옮겨 음복飮福을
했다. 달암재達巖齋라는 이름의 이 재실은, 본래는 다른 씨족의 소유였던
것을 사들여서 이축한 것이라고 한다. 상량上樑할 때 대들보에 써놓은
상량문의 날짜에서, 이 건물이 이축된 때가 함풍 원년咸豊元年(1851년)임을
알 수 있었다. 함풍은 청淸의 연호이다.

음복 자리에서 구의회 의원으로 있는 이가 유명기 선생한테 "삼모사를
대구시 문화재로 지정받을 수는 없겠습니까?"라고 이야기하고 있었다.
자기네 마을의 역사를 공적으로 인정받아 후손에게 물려주고 싶다는 말

>> 삼모사의 제사

같았다. 그에 대해 유명기 선생은 "무엇이 가능할지 모르겠습니다만, 생각해 봅시다." 하고 대답하는 듯했다. (후일담이지만, 2003년에 조암을 방문했을 때 삼모사는 없어지고 재실은 멋진 새 건물로 바뀌어 있었다. 대구시 문화재로 지정되어 보조금이 나왔다고 한다. 이전의 재실도, 그 대들보에 적혀 있던 연호도 자취를 찾을 수 없었다.)[42]

조암의 씨족집단은 도시화가 진행되는 지역에서 벌어지는 현상을 잘

---

42 본문의 서술과는 다르게, 새로 세워진 달암재는 비지정문화재이다. 글쓴이는 '(유형)문화재'라는 것이 옛 건물의 역사적 가치와 관계없을 수 있다는 것이, 그러니까 오래된 옛 건물 대신 복원된 새 건물이 들어서도 그것이 '문화재'가 될 수 있다는 사실을 흥미로워했다.

보여 준다. 평지 한가운데 위치한 조암에서는 동네 가까이에 묘를 만들 수가 없다. 한국어로 묘는 '산소山所'라고 하는데, 그 말 그대로 산에 만들어야 하는 것이다. 그러니까 조상의 묘는 대개 동네에서 조금 떨어진 산의 사면에 조성되어 있다. 조암의 경우에는 특히 동네에서 북쪽과 북동쪽으로 각각 1.5킬로미터 정도 거리에 있는 낮은 구릉의 사면에 묘가 많이 모셔져 있다. 그런데 그곳이 1980년대 이래 대대적으로 추진된 도시 개발의 현장이 된 것이다. 사람들은 묘를 이장해야만 했다.

　토장土葬 방식으로 시신을 매장해 온 한국에서 묘는 1인 1기基 또는 부부 합장해서 1기가 되는 것이 기본이다. 조암 사람들처럼 400년 이상에 걸쳐 한 동네에 정착해 온 씨족집단의 경우 선영先塋의 수가 엄청나다. 그 전부를 이장하는 데는 수천 평, 수만 평의 땅이 필요하다. 게다가 그것은 조암 동네만의 특수한 사정이 아니다. 도시 개발에 포함된 모든 동네들이 같은 사태에 직면해 있는 것이다. 그러니까 대체할 산소 터를 확보하기란 쉬운 일이 아니다. 각 씨족집단의 임원들은 새로운 묘소의 후보지를 찾아서 아주 멀리까지 발을 뻗지 않을 수 없었다. 씨족마다 제각기 다른 사정이 있었다. 어떤 씨족집단에서는 입향조(그 지역에 처음 정착해서 살기 시작한 조상)를 중심으로 하는 대문중이 중심이 되어 모든 묘를 하나의 새 묘소로 이전했지만, 다른 씨족집단에서는 입향조로부터 몇 단계에 걸쳐 가지를 쳐서 나간 분파의 사람들이 각자의 분파인 소문중마다 이장지를 찾았다. 어떤 경우가 되었건 각 문중은 이장지를 찾느라 활발한 활동을 벌인 듯했다. 하지만 그 결과 조상의 묘는 마을에서 한참 떨어진 장소로 옮겨 가게 되었다. 조암의 세 씨족집단의 새 선영의 위치는, 가장 가까운

> 이장·정비된 묘지

곳도 조암에서 약 12킬로미터, 가장 먼 곳은 60킬로미터 이상이나 되는
거리에 있다.

1997년 가을에 한 씨족집단의 시향제時享祭에 동행하게 되었다.
시향제란 5대 이상의 조상 묘 앞에서 지내는 제사로, 음력 10월에 지낸다.
조암에 사는 이 씨족 사람들의 시향제는 11월 9일(음력 10월 10일)에
시작되었다. 첫날 제사는 16세기 중엽에 조암 마을에 입향한 입향조와 그
아버지를 모시는 제사로, 두 분의 묘는 조암에서 6킬로미터쯤 남쪽의 산
중턱에 있다. 그곳은 임진조일전쟁(임진왜란) 때 입향조가 피난했다는
장소로, 이 일가의 묘 중에서 이장하지 않은 것은 이 두 분의 것뿐이었다.
다음 날 제사는 입향 2대조부터 4대조까지의 제사로, 묘의 이장지는

V _ 도시의 현재 : 1996~2004년   233

낙동강을 건너 고령군 개진면 내(조암에서 약 25킬로미터)였다. 이틀 건너서
시향제 셋째 날에는 5~8대조까지의 제사를 지냈는데, 장소는 경상남도
합천군 쌍책면 내(60킬로미터)였다. 그리고 마지막 날에는 9대조의 제사로,
장소는 고령군 쌍림면 내(40킬로미터)였다. 성묘를 갈 때는 모두 자가용을
이용했다. 한국 경제가 고도성장하며 도시가 확대되었고, 그에 따라
자가용이 일반화되었다. 교통수단의 변화가 없었다면 선영을 멀리
이장하는 일 따위는 생각할 수 없었을 것이다. 제사를 지내고 돌아오는
길, 마찬가지로 성묘를 마치고 돌아오는 차들로 고속도로는 심하게
정체되었다.

　시향제에 동행하면서 인상적이었던 점이 또 하나 있다. 첫날과 둘째
날의 제사(더 먼 조상의 제사)에 참가한 이들은 거의가 문중의 어른뻘이 되는
50대 중반 이상의 남성들뿐이었다. 이것은 청산동에서 본 시향제의
풍경과 마찬가지였다. 그런데 나중 이틀간의 제사(현재에 더 가까운 조상의
제사)에는 20대, 30대의 젊은 사람들도 끼어 있었다. 그뿐만이 아니었다.
조암에서 멀리 떨어진 선영에 모여든 차들에는 부인과 애들도 함께 타고
있었다. 그렇다. 고향을 떠나 뿔뿔이 흩어진 것은 묘뿐만이 아니다.
경제성장에 따라 마을에서 태어나고 자란 일가 사람들도 먼 곳에
취직해서 새로운 지역으로 이주해 갔다. 그 사람들에게 시향제는 많은
집안사람들이 함께 모이는 좋은 기회인 것이다. 실로 소풍 같은
분위기였다. 그러나 그들이 모이는 장소는 고향마을에서 멀리 떨어져
있었다.

23. 활성화되는 문중의 전통

단양 우씨 일가는 고려시대 말에는 국정國政의 중추에 관여했지만,
고려에서 조선으로 왕조가 교체되면서 지위를 잃고 전국으로 낙향해
갔다. 그 일파가 월배 땅에 정착한 것은 15세기 중엽의 일로 보인다.

그로부터 약 한 세기 반, 입향 5대째에 해당하는 우배선禹拜善(호는
월곡月谷) 때, 도요토미 히데요시의 군대가 이 땅에 쳐들어왔다. 일본에서는
'분로쿠게이초의 역文祿慶長の役', 한국에서는 '임진왜란'이라고 부르는
전쟁의 시작이었다. 이 위기에 직면한 우배선은 의병을 조직해서 방위에
나섰다.[43]

---

43 우배선(1569~1621). 자는 사성師聖, 호는 월곡月谷. 1592년 임진조일전쟁이 일어나자 의
병을 모집, 이 지역에서 전공을 올렸다. 그 공으로 벼슬길에 올라 합천군수, 금산군수, 낙
안군수 등을 지냈으며, 1604년에는 선무원종공신宣武原從功臣에 책록되었다(한국학중
앙연구원 편, 『한국민족문화대백과사전』 참조).

기록에는 이 의로운 스물네 살의 청년이 '백면서생白面書生'이었다고 쓰여 있다. 그때까지 학문에만 전념하던 젊은이가 의기義氣에 사로잡혀 무기를 들고 조국을 지키기에 나섰다는 것이다. 그러나 이것은 무武보다도 문文을 중시하는 유교의 영향이 강했던 후대 사람이 써놓은 말이다. 월배 일대의 사람들이 이 스물네 살 청년 휘하로 달려간 배경에는 그의 조부며 숙부 등이 무관 경력을 갖고 있었다는 집안 내력이 있었음은 의심할 나위가 없지만, 그렇게 모여든 사람들을 지휘해서 전투를 수행할 수 있었던 우배선 자신도 다부진 젊은이였음에 틀림없다. 결코 '방 안에서 책만 읽던 백면서생'은 아니었을 것이다. 그거야 어쨌든, 배선의 공적으로 우씨는 이 지역에서 확고한 입지를 굳히게 되었다. 그 뒤 우씨 집안에서는 과거 합격자들이 많이 나왔다.

때는 더 내려와서 1919년. 프랑스 파리에서는 제1차 세계대전의 뒤처리를 하기 위한 평화회의가 열리고 있었다. 이때 조선의 유림儒林은 회의에 편지를 보내 일본의 식민지 지배로부터의 해방을 요구했다. 파리장서사건長書事件이라고 불리는 사건이다. 이 편지에 서명한 137명 가운데 월배에 사는 우씨가 5명 포함되어 있었다.

우억기禹億基 씨는 우배선의 12대손으로, 단양 우씨 일가의 대표를 맡고 있다. 파리장서사건 2년 뒤인 1921년에 태어나, 1928년 월배에 덕산학교德山學校라는 사립학교가 생겼을 때 1기생으로 들어갔다가 1930년에 개교한 월배공립보통학교로 옮겨 1934년에 졸업한 뒤, 홋카이도北海道의 오타루小樽로 건너가 중학교를 다녔다고 한다. 해방 후에 귀국한 뒤로는 대구시청에서 오랫동안 근무했다.

우억기 씨가 우씨 문중의 활동에서 중심적인 역할을 하게 된 것은 1970년대 들어서부터였다. 그가 50대에 접어들었을 무렵이다. 이 정도 연배가 되어 집안의 핵심그룹에 들어가 친족집단의 활동에 힘을 보태기 시작하는 것은 한국인 남성의 전형적인 인생 경로라고 할 수 있을지도 모른다. 장유長幼의 질서가 중시되는 친족 사이에서는, 그보다 젊은 나이로는 일하기가 힘들다는 점도 이유가 될 것이다. 그가 대구시청에서 오랫동안 공직 경험을 쌓은 것도 중요하게 작용했을 것이다. 그는 1970년대 중엽에 월배를 중심으로 하는 우씨 문중의 규약을 만들고, 문중을 법인으로 등록하는 일을 추진하며 조직의 근대화에 진력했다.

　우억기 씨의 활동은 차츰 폭이 넓어져 단양 우씨 전국 조직의 임원이 되는 한편, 대구 향교鄕校의 임원도 맡게 되었다. 향교라는 것은 조선시대 전국 각지에 설치된 관립 유학교육시설인데, 그곳에 설치된 유교의 성인을 제사하는 문묘文廟는 오늘날에 이르기까지 각 지역 유림의 구심점으로서 존재하고 있다. 향교의 임원으로 출입하는 이들은 각 지역 주요 문중의 대표자들이다. 또 1991년에는 서울의 성균관成均館(전국유도회全國儒道會의 중앙조직)의 임원이 되었고, 내가 그를 처음 만난 1996년에는 부관장직을 맡고 있었다. 그야말로 한국의 유교적 전통을 한 몸에 구현하고 있는 듯한 존재라고나 할까.

　대구시의 확대에 따른 도시화의 물결이 월배 지역에 미친 것은 우억기 씨가 월배 지역 우씨 문중의 대표로 이렇듯 정력적으로 활동하고 있을 때였다. 우씨 일가가 15세기에 입향한 이래 대대로 살아온 곳은 상인동上仁洞이라는 곳인데, 그 일대가 도시계획에 따라 아파트 단지

개발지구로 지정되었다. 아파트 단지의 조성 공사는 1988년에 시작되어, 1994년에는 20층짜리 고층 아파트가 정연하게 늘어선 시가지가 출현했다. 이때 건설된 아파트의 총수는 1만 5천 가구분이나 된다.

이 개발에 즈음해서 동네 주위에 있던 논밭이며 과수원은 물론, 우씨 일가의 선영이며 거기 딸린 위토位土(수확을 제사 비용에 충당하기 위한 논밭)도 수용되게 되었다. 상인동 자체가 거의 사라지고 말았다. 우씨 문중의 경우에는 개발지역에서 벗어난 남쪽 산의 사면에 넓은 산림을 소유하고 있어서 그곳에 묘를 이장했다. 그런 면에서 조암의 씨족들 같은 곤란에 직면하는 일은 없었다. 해마다 제사 비용을 충당해 주던 위토는 없어졌지만, 그에 대한 보상금을 받았다. 어떤 문중은 보상금을 문중 구성원끼리 분배한 모양이지만, 우씨 문중에서는 그것을 일괄해서 문중 전체의 사업에 투입했다. 그 구상을 주도한 이는 물론 우억기 씨였다.

먼저 600평의 토지를 새로 구입해서 지하 2층, 지상 8층의 종중회관을 건설했다. 지하철 상인역 예정지에 인접한 장소로, 절호의 입지조건이었다. 거기에 은행이며 증권회사 등이 전세로 입주했다. 임대 수입을 가져다주는 이 빌딩은 현대판 위토의 역할을 멋지게 해내고 있다.

이 빌딩 5층에는 유장각遺章閣이라는 이름의 시설이 만들어졌다. 그것은 문중의 사무소인 동시에 우씨 일가 조상의 유품을 전시하는 자료관을 겸비한 장소이다. 월곡공 우배선의 의병 관련 문서, 조상들이 관직에 나갈 때 받은 교지敎旨(임명장)류며 그들이 남긴 문집, 문중 조직인 종계宗契의 문서 등이 전시되어 있다. 의병활동의 모습을 인형과 그림으로 재현한 전시물도 있다. 이 시설을 거점으로 해서, 역사학자한테 의뢰해서

편집한 자료집이며 그 해제, 의병운동 관련 연구 등 조상의 사적事蹟에
관한 출판물도 다수 간행되었다.

다시 문중에서는 예전에 일가가 모여 살던 동네의 뒷산과 거기 인접한
서원書院의 토지 약 1만 평을 주택 개발에서 제외시켜 일가 세거지世居地
(대대로 살아온 땅)의 기념비를 세우고, 그 땅 일부를 정비해서 공원으로
일반에게 개방했다. '상인공원'이라고 이름 붙인 이 공원에는 월곡공의
현창비顯彰碑며 파리장서사건을 기념하는 석비, 그리고 조국의 평화통일을
염원하는 기념비('민족정기탑')도 세워졌다. 이 기념비들은 조상들의
호국·애국활동을 월곡지역 우씨 일가의 역사의 핵심으로 삼아, 그
이야기를 자기 자손들에게 전하는 동시에 세상에 어필하고 있다.

우억기 씨의 활동은 여기에 그치지 않았다. 성균관 부관장을 사임한
우억기 씨는 유장각 관장의 입장에서, 조상에 관한 전시의 내용을
확충하기 위해 독립된 박물관 건립을 기획했다. 장소는 상인공원과
서원에 인접한 부지 안이었다. 2002년 5월에 개관한 이 박물관은
우배선의 호를 따서 월곡역사박물관이라고 이름 붙여졌다. 잔디가 심어진
앞뜰이 딸린 건평 400평의 당당한 2층 건물이다. 1층에는 사무실과 강당,
그리고 개발 이전에 이 지역 농가에서 사용하던 농기구 등을 모은 전시실이
있고, 2층에는 예전 유장각에 있던 조상들의 유물을 전시해 놓았다. 현재
단양 우씨 일가로 이름을 꼽을 만한 사람들에 관한 전시실도 새로
덧붙여졌다. 유장각 서고에 꽂혀 있던 장서는 2층의 유리문을 단 서고로
옮겨졌다. 박물관 개관과 함께 공원의 이름도 '월곡역사공원'으로
고쳤다.

  도시 개발에 따른 거액의 보상금 수입은 조상 현창을 위한 갖가지
기념활동을 활성화했다. 그 활동의 방향을 결정한 것은 우억기 씨를
중심으로 한 문중 임원들의 강력한 리더십이었다. 조상의 사적을 기념하는
여러 가지 시설이 정비되면서 우씨 일가의 역사가 가시적으로 사람들 앞에
제시될 수 있게 되었다.

  개관한 박물관의 관장실을 찾았을 때 우억기 씨는 이 박물관이 앞으로
자라나는 자손들에게 자기 조상의 역사를 돌이켜 보는 장소가 된다면
좋겠다고 말했다. 1층 강당에서는 우씨 일가의 역사를 소개하는 비디오가
상영되고 있었다. 이 비디오는 미국의 한 대학교 대학원에서
영상인류학을 전공하고 온 전문가에게 의뢰해서 만든 것이라고 한다.

문중이란 무엇보다 먼저 조상의 제사(시향제)를 행하기 위한 조직으로, 그 제사 행위야말로 일가의 결속에 중요한 역할을 해왔다고 할 수 있다. 월배의 우씨 문중은 우배선으로부터 4대 뒤인 18세기 초에 정식으로 결성되어, 그 뒤로 계속 이어져 왔다. 그것은 어디까지나 일가 전체의 조직이고 결코 한 개인이 자의적으로 운영할 수 있는 것이 아니다. 그러나 동시에 문중에는 늘 중심적 역할을 떠맡는 인물들이 있어서 집안사람들을 통솔해 온 것도 사실이다. 그 인물들의 리더십에 의해 그때그때 조직의 존재방식이 결정되어 온 측면을 간과해서는 안 된다. 월배 우씨 문중의 경우, 600년 동안 일가의 본거지였던 동네의 소멸이라는 시대의 커다란 전환기를 맞아, 그리고 무엇보다 토지 수용에 따른 보상금의 사용처를 둘러싸고 지도자가 보여 준 비전vision과 주도적 역할이 특히 현저하게 부각되었다고 할까? 방식은 다르지만, 조암의 경우에도 각 문중의 대응에서 각각의 지도자들의 리더십이 매우 중요했다는 사실이 떠올랐다.

얼마 전 대구시는 시내의 주요 도로에 새 이름 — 많은 경우 역사와 관련된 이름 — 을 붙였다. 상인동 일대의 아파트 단지를 남북으로 관통하는 간선도로에는 '월곡로'라는 이름이 붙었다. 그것은 도시화와 현대화가 진행되는 한편으로, 그것과 평행해서 역사가 새삼스럽게 조명되고 전통으로 자리잡아 가는 전국적인 전개와 궤를 같이하고 있다. 하지만 사회의 변화 속도는 한층 더 빨라져 간다.

17세기 이래로 형성되어 온 몇 개 친족집단의 현재 모습을 조사한다는 목적으로 시작한 월배 지역에서의 현지조사. 그 현장은 한국 제3의 대도시의 시가지에 편입되어 도시 개발이 한창이었다. 친족집단도 큰 변화의 물결에 휘둘리고 있었다. 현대적 일자리를 구해서 고향마을을 떠난 사람들, 개발에 휘말려 멀리로 이전해 간 조상들의 묘, 그리고 시가지 속으로 사라져 버린 동네. 지역사회에 뿌리내려 온 친족집단의 기반이 근저에서부터 흔들리고 있다. 그런 가운데 활성화된 문중의 활동은 유교적 색채를 강하게 띠었던 근세·근대적 사회질서의 최후를 장식한 꽃이라 하겠다.

24. 노상路上으로 나가다

수백 년 이어져 온 마을들을 밀어내고 출현한 거대한 아파트 단지. 갑자기 도시가 확 덮쳐 온 듯한 인상이다. 그곳을 지날 때마다 길가에서 장사를 하고 있는 사람들의 모습이 눈에 띈다. 저만치 떨어진 곳에서 장사를 하는 사람도 있지만, 대개는 여러 명의 상인들이 한데 모여서 노점상가를 이루고 있다. 초근대적인 고층 아파트와 노점상이라는 조합이 어쩐지 기이하게 느껴진다. 하지만 시골의 면소재지에는 닷새에 한 번 서는 정기시는 있어도 노점상가는 볼 수 없다. 노점상가는 도시의 발달과 함께 출현한 현상인 것이다.

문중 관계 조사가 일단락된 2000년 7월, 나는 그런 노점상가 자체를 찬찬히 들여다보고 싶어서 월배 지역의 몇 군데 아파트 단지를 돌아다녔다. 어느 단지나 한복판에는 개발계획에 따라 만들어진 상당한 규모의 상가 건물 구역이 있어서 일용품을 사러 나온 사람들로 북적거리고 있었다.

그리고 그 상가지구에 접한 도로의 인도에도 노점상이 쭈욱 늘어서서
장사를 하고 있었다. 이쪽도 상당히 붐비고 있었다. 그 사람들과 이야기를
해보고 싶었지만, 어떻게 말을 꺼내면 좋을지 생각이 떠오르지 않았다.

'봉제사 접빈객奉祭祀 接賓客'이라는 말이 있다. 조상의 제사를 지내고
찾아온 손님을 대접한다는 의미로, 양반적 생활양식의 일면을 '양반 된
자가 해야 할 행위'의 시점에서 표현한 것이다. 나 같은 외국인 방문자라도
문중의 역사며 조상의 이야기를 듣고 싶다고 찾아가면 거절하는 법이
없다. 대학교수라는 직함으로 나를 소개하면, 문인文人의 부류로 쳐서
정중하게 대우해 준다.

이렇게 양반의 전통이 강한 한국에서는 '사농공상士農工商'이라는
전근대적 신분계층의 서열에서 '사士'〔한국의 경우 '샤'는 '무사武士(사무라이)'가
아니라 '사대부/양반'〕의 반대편에 놓인 '상商'은 실로 이 서열의 최하위이고,
또 노점상은 그중에서도 최하층이라고 여겨져 온 면이 있다. "얘기를 좀
듣고 싶다."라고 해도 수상한 눈으로 보게 마련이다. 몇 번이나 말을
건네어 봤지만 늘 "뭐 하러 그런 걸 묻느냐?"라는 식의 대응밖에 해주지
않는다. 경계심이 무척 강하다는 느낌이다. 게다가 연구를 위한 인터뷰
따위는 장사에 방해가 될 뿐인 것이다.

그해 여름 일정의 마지막 날. 이제 슬슬 포기해야겠다 하면서, 딱 한
군데 더 들른 곳이 T지구였다. 이곳은 1998년에 최종 준공된, 지은 지
얼마 안 되는 아파트 단지다. 1996년에 이 근처를 지나갈 때는 도로가
파헤쳐지고 덤프트럭이 돌아다니면서 한창 공사가 진행 중이었던 게
떠올랐다. 그랬던 것이 이제는 15층에서 20층의 건물이 140동 가까이

늘어서고 입주 가구수는 1만 2천 여, 내가 문중 조사를 하고 있던 겨우 몇
년 사이에 인구 5만 명의 새로운 시가지가 출현한 것이다. 보기로는
노점상가도 꽤 큰 규모였다.

　"여기서 장사하는 사람은 몇 명쯤이나 됩니까?" 하고 말을 건네자,
"그런 거는 번영회 회장님한테 물어보이소. 저쪽에 있심더." 하고 상대를
해주지 않았다. 역시 안 되나 싶었지만, 아 잠깐. 번영회 회장……이라니,
내가 찾아가야 할 특정 인물이 처음 등장한 것이 아닌가?

　회장님은 노점상가의 맨 끄트머리에서 야채를 팔고 있었다. 내 소개를
하고 이야기를 좀 듣고 싶다고 했더니, "좋심더. 뭐든지 물어보이소." 하고
뜻밖에도 시원시원한 대답이 돌아왔다.

일단 "언제부터 여기서 장사를 하셨습니까?" 하고 물었더니, 물꼬가 터진 듯이 이야기가 시작되었다. 자신의 경력이며 여기서 장사를 시작하게 된 곡절, 노점상가의 관행 등, 물건을 사러 온 손님을 맞느라 때때로 중단하면서도 40~50분쯤 이야기를 계속했던 것 같다. 내가 질문을 할 필요 따윈 전혀 없었다. 그의 경력을 간단히 정리해 보면,

그는 경상남도의 농촌 출신으로 젊은 시절 서울에 가서 작은 공장을 경영하게까지 되었지만, 11억 원의 부도를 내고 도산해서 시골로 돌아왔다. 토굴 같은 허름한 집에 살면서 7년 동안 이웃의 농사를 거들었다. 그동안 그의 성실함을 인정해 준 어느 노인이 농사를 그만두면서 농지 1만 2천 평을 천만 원, 시가의 10분의 1도 안 되는 파격적인 가격으로 넘겨주었다. 1979년경이었다. 이후 그는 축산을 중심으로 경영을 확대해서 이윽고 살던 지역의 '영농후계자'로 지명되고 군의 대표로 활동하게까지 되었다. 대통령 표창을 받은 적도 있다. 하지만 1997년 IMF 사태 때 그가 대출 보증을 섰던 지인들의 사업이 차례차례 도산하면서, 자신도 전 재산을 잃고 말았다. 담뱃값도 없는 생활을 하고 있자니 한 친구가 방충제 10만 원어치를 "돈은 나중에 줘도 되니까 일단 팔아 보라." 하며 건네주었다. 노점상을 해본 건 처음이었지만, 여름 한 철을 그걸로 먹고살았다. 그 돈이 다 떨어질 무렵, 유기농 작물을 재배하다 한파 피해를 입은 다른 친구가 밭에 남은 배추를 가리키며 "이대로 두면 모두 얼어 버린다. 거저 줄 테니 가져가서 팔아 보면 어떻겠냐?" 하고 말했다. 그게 이 장사를 하게 된 계기였다.

참으로 파란만장한 인생이다.

노점으로 나서서 배추를 팔려고 했던 곳이 공교롭게도 동사무소 바로 앞이었기 때문에 동사무소와 한바탕 붙었던 모양이지만, 그 이야기는 생략한다. 그로부터 1년쯤 뒤 번영회의 전前 회장이 장사를 그만두었을 때 회장 자리를 물려받게 되었다고 한다. 여기 오기 전의 경력이며 동사무소와의 대거리 등을 통해서 다른 노점상들한테서 인정받는 존재가 된 것이다(몇 년 뒤에 아파트 주민한테서 들은 바에 따르면, 동사무소 직원이 동사무소에서 조금 떨어진 곳에서 장사하던 다른 상인한테 "이 사람도 먹고 살아야 되니까, 같이 장사를 좀 하게 해 주라." 하며 장소를 마련해 주는 장면을 목격했다고 한다. 회장님한테서 들었던 곡절과 일부 부합하는 증언이었다).

아주 시원스럽게 대응해 주는 회장님한테 푹 빠진 나는, 여기서 조사를 해도 좋겠는지 물어보았다. 그러자 "아, 상관없심더. 쪼매 안내를 해드리까요?" 하고, 장사를 옆사람한테 맡긴 채 길을 나섰다. 수백 미터에 걸친 노점상가를 지나가며 곳곳에서 몇몇 상인에게 나를 소개해 주었다. 번영회 임원들이었다. 실로 조사 허가의 보증을 받고 있는 셈이었다.

오후의 해가 기울고 있었다. "내년 여름에 다시 오겠습니다." 하고 헤어졌다. 생각지도 못한 만남에서 또 하나의 새로운 문이 열렸다.

T지구의 노점상가는 단지 중앙에서 직교하는 두 갈래 간선도로를 끼고 동서 500미터, 남북 400미터쯤의 범위에 걸쳐 있다. 2001년 여름의 제1차 조사(10일간)에서는 T지구의 개요를 파악하는 일과 노점상인들과 안면을 트는 일을 최대의 목표로 삼았다. 대구의 여름은 덥다. 35도를 넘는

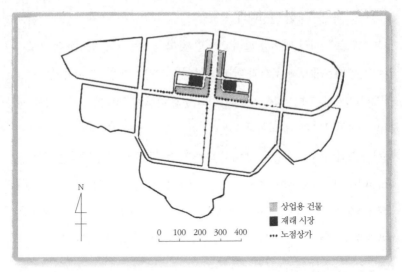

상업용 건물
재래 시장
••• 노점상가

0 100 200 300 400

≫ T아파트 지구의 지도

뙤약볕 속을 하루 종일 걸어다니는 것은 큰일이었지만, 몇몇 상인한테서
"작년에 오셨던 분이네예." 하는 말을 듣고 기억해 주는구나 하고
생각하니 마음이 든든했다. 처음 며칠 동안은 그저 인사만 하면서
돌아다녔다. 지난해에 회장한테서 허가를 받았다지만, 장사를 하는
사람들 한 사람 한 사람한테 나를 인지시키는 것이 선결조건이었으니까.
게다가 노점상가가 어떤 곳인지 모르는 상태에서는 관찰의 초점을 정할
수가 없었다.

　며칠째 걸어 다니는 동안, 관찰한 것을 기록하려면 개개의 상인을
식별하는 것이 필수적이라는 데 생각이 미쳤다. 이미 몇 명쯤은 쉽게
개별적으로 인식·파악할 수 있었지만, 전원을 그리 하기란 꽤나 어려웠다.

하나의 방책으로, 내 멋대로 한 사람 한 사람의 노점상한테 별명(handle name)을 붙여 주기로 했다. 롯데리아 맞은편에서 뿌리채소를 파는 사람은 '롯데리아 뿌리채소집', 늘 신문을 읽고 있는 과일장수는 '신문 아줌마', 늘 싱글벙글하고 있는 야채장수는 '웃는 얼굴'이라는 식이었다. (나중에 노점상들도 같은 방식으로 서로를 부르고 있다는 사실을 알았다. '콩나물'이라든가 '멸치', '갈치'라는 식으로 취급하는 물건 이름으로 서로를 불렀다!)

늘어선 장소의 순서로 별명과 상품을 기록하고 한두 마디 이야기를 나누면서 노점상가를 한 바퀴 도는 데만도 거의 하루가 걸렸지만, 그 덕분에 조금씩 상인들을 구별할 수 있게 되었다. 그것과 평행해서 관찰의 실마리가 될 만한 것이 조금씩 눈에 띄게 되었다. 날에 따라 또 시간대에 따라 변화는 있었지만, 전체적으로는 늘 100~120개 정도의 점포가 영업을 한다. 나와 있는 사람들의 면면을 보면, 쉬지 않고 매일 장사를 하는 사람, 일요일은 쉬는 사람, 반대로 일요일만 장사하러 나오는 사람, 부정기적으로 (여러 곳을) 돌아다니는 상인 등 몇 가지 패턴이 있다. 그 결과, 월요일부터 토요일까지와 일요일은 상인들의 면면이 크게 바뀌고 동시에 노점상가의 분위기도 완전히 일변한다.

매일 장사를 하는 사람은 거의 같은 자리에 전을 편다. 그 자리에 대한 권리가 생겨나 있는 듯하다. 지나가던 상인이 비어 있는 자리에서 장사를 시작했다가도, 늘 그 자리를 쓰고 있는 사람이 나중에 나타나면 자리를 비켜 준다. 그러나 공공의 도로상에서 하는 장사니까, 소유권이 있는 것은 아니다. 어디까지나 사실상의 양해관계이다.

상품의 종류에 따라 진열방식에 일정한 패턴이 있다. 예컨대 야채나 뿌리채소는 보도 위에 그대로 또는 시트를 한 장 깔기만 하고 늘어놓는다. 과일장수는 발포 스티로폼 상자나 낮은 걸상 같은 것 위에 널빤지를 깔아서 진열대를 만들고 그 위에 상품을 늘어놓는다. 어묵이나 튀김 등을 파는 노점은 포장마차 형식의 조리대가 있다. 상품이 진열되는 높이에 따라 상인이 있는 위치가 달라지고 손님이 물품을 고를 때의 자세가 변화한다.

상품은 일정한 단위로 나뉘어 진열되어 있다. 과일과 뿌리채소, 마늘, 고추 등은 작은 소쿠리에 소복이 담아 놓는다. 오이나 우엉같이 가늘고 긴 것은 열 개 정도씩 삼각형의 산 모양으로 쌓아 놓는다. 일본의 슈퍼마켓에서 장을 보는 일에 익숙한 내게는 양이 너무 많아 보였지만, 그만큼씩이 판매 단위였다. 상인들은 어떻게 하면 예쁘게 진열할 수 있을지에 신경을 쓴다. 골판지 상자를 찢은 데다 가격을 적은 표찰이 상품 앞에 놓여 있다. 옛날같이 가격을 흥정하는 광경은 없어진 듯하다. 그러나 대개의 노점상인은 물건을 비닐봉지에 담아서 손님한테 건네줄 때 덤으로 조금 더 끼워 준다.

노점상가 바로 곁에는 대형 슈퍼마켓도 있다. 그곳에는 야채와 과일이 온도가 일정하게 맞추어진 진열장 안에 깔끔하게 진열되어 있다. 판매 단위도 훨씬 세분되어 있어서, 과일 같은 것은 한 개씩도 판다. 손님 중에는 이쪽을 더 좋아하는 사람도 있다. 그러나 슈퍼 안에서 야채나 과일에 할당된 매장 면적은 주민 5만 명의 수요에 비해서는 너무나도 좁다. 틀림없이 노점상들의 존재가 영향을 미치고 있는 것이다. 노점상들은 말한다. 자기들의 가게는 점포 임대료가 없는 만큼 싸게 팔고

있다고. 하지만 가격의 차이라고만도 할 수 없을 것 같다. 노점을
기웃거리고 가는 여성들은 상인과의 대화를 포함한 대면적인 관계를
쇼핑의 일부로서 즐기는 듯이 보였다.

　2년째 되던 여름에는 "또 오싰네예." 하며 나를 맞아 주는 사람이 대폭
늘었다. 그리고 어느 날 저녁. 통행인이 줄어든 노점상가를 걷고 있는데,
몇 명의 노점상들이 모여 앉아서 떡을 먹고 있었다. 그 가운데 한 사람이
"여게 앉으소." 하며 '다라이'를 뒤집어 걸상을 만들어서는, 내게 떡을
같이 먹자고 권했다. 맞은편 상가 건물에 새로 개업한 병원이 인근 건물의
세입자들 전부와 노점상들에게 개업인사로 돌린 떡이었다.
　이윽고 "전부터 물어보고 싶었는데, 물어봐도 될랑가?" 하고 내게
질문을 하기 시작했다. 무엇을 조사하고 있느냐, 무엇 때문에 조사를
하느냐, 내 돈을 들여서 하는 거냐 등등. 모두들, 대학교수라고 하는 이
일본 사람의 정체가 뭔지 몰라서 수상쩍게 여기고 있는 게 틀림없었다.
그것을 2년째가 되어서야 겨우 직접 내게 물어온 거였다. 이런 대화가
가능해진 건 나로서는 대환영이었다. 이윽고 정해진 수순처럼 가족
이야기가 나왔다. 애는 몇 명이냐, 남자냐 여자냐, 나이는 몇 살이냐 하는
식이었다. "위에가 아들이고 밑에가 딸입니다." 했더니, "거 좋네. 우리는
세 번째 가서야 겨우 아들을 낳았는데." 하며 서로 비교를 한다. 모두들
고등학생 자녀가 있다는 걸 알게 되자, "공부나 쫌 열심히 해주마
좋겠는데."라거나 "입시가 진짜로 큰일이데이."라며, 공감이 되는 화제가
나왔다. 단 한 가지로 가족을 껴안고 살고 있는 인간이라는 측면이

드러남으로써 서로 간에 울타리가 조금 낮아졌다. 현지조사 중에, 한숨 돌린 순간이었다.

25. 노점상가의 풍경

갖가지 노점상들

노점상을 하고 있는 사람들의 경력은 각양각색인데, 부침浮沈이
격심하다는 점은 공통적이다. 회장만이 유별난 인생을 살아온 것은
아니다. 또 노점상을 평생의 업으로 생각하고 있는 사람도 없다.

  노점상이 된 계기 중 하나는, 생활이 막다른 골목에 부딪혔을 때의
임시변통이라는 것이다. 대구는 예전부터 직물 관계 산업이 성했던
곳이다. 1970년대쯤부터는 방적·염색 관련이며 이불 공장 등의
영세기업이 시내에서 이전해 왔기 때문에 월배 지역은 반농반공적半農半工的
성격을 띠게 되었다. 1996년부터 입주가 시작된 T지구 아파트 주민
중에는 그런 영세기업의 경영자들도 있었다. 그 직후에 발생한 것이
1997년의 IMF 사태다. 파탄 난 한국 경제를 다시 일으켜 세우기 위해

국제통화기금의 지원을 받으면서 산업 전반에 걸친 대규모 구조조정이 있게 된 것인데, 그때 회사가 도산해서 노점상이 되었다는 사람들이 적지 않았다. T지구 노점상가의 30대 후반부터 50대 전반의 남성들은 거의가 그런 경력을 갖고 있었다. 이 사람들은 이미 아파트를 구입해 놓은 T지구에 계속 살기 위해서 거리로 나온 것이었다. "인자는 장삿속도 쪼매 알게 되고 일에 탄력도 쪼매 붙으니까 많이들 밝아졌지만, 처음에는 마카(모두) 표정이 어두웠지요." 하고 회장님은 말했는데, 인생의 밑바닥으로 굴러 떨어진 것이니까 당연한 일이었다.

그러나 한편으로, 경제위기와는 관계없이 적극적으로 노점상으로 전직轉職한 사람들도 있다. 대구 시내에서 음식점을 경영하다가 T지구로 입주하면서 집 가까이에서 할 수 있는 일로 노점을 시작한 여성이 두 명 있었다. 또 그때껏 일하던 회사를 그만두고(구조조정당한 것은 아니고) 노점상이 되었다는 사람도 두 명쯤 만났다. 모두 다 부부가 함께 장사를 하고 있었다. 외국계 자본의 자동차 부품 제조회사에서 근무하면서 휴일만 속옷 노점을 하고 있다는 40대의 남성은, 회사에서 받는 급료는 늘 정해져 있지만 노점 장사는 열심히 하면 그만큼 수입이 오르니까 재미있다고 했다. 그의 경우는 회사의 동료가 몇 명이나 구조조정되는 것을 보고 혹시 모르니까 미리 준비해 둔다는 의미도 있는 듯했지만, 노점이라는 장사 형태에 대해 부정적인 이미지를 갖지 않은 사람들이 있는 것도 확실했다. 어느 날 상가 건물 입구에 걸터앉아 코앞에서 장사를 하고 있는 다른 속옷 상인의 장사 방법을 지켜보던 그의 눈은, 진지함 그 자체였다.

이색적인 사람도 있다. 벌써 20년 가까이 노점상과 도매시장의 중매인을

≫ 노점상가의 야채장수

해왔다는 사람으로, 노점 경력이 다른 사람들에 비해 압도적으로 길었다.
T지구에서는 1996년에 아파트를 구입해서 입주한 직후부터 장사를 하고
있었다. 그러나 장사를 하며 여기저기 돌아다니는 동안 농사일이 하고
싶어져서, T지구에서 차로 한 시간쯤 걸리는 곳에 농지를 구입했다고
한다. 물건을 떼다가 들여놓고 나면, 장사는 부인한테 맡기고 본인은
농사일을 하러 간다.

　노점상가는 아파트 단지 중앙에 있는 상가지구 앞길에 면한 보도 위에
늘어서 있는데, 상가 건물 뒤쪽으로 들어가면 재래시장이라고 불리는
별도의 한 구역이 있다. 여기는 주택지구 개발 계획에 따라 시장으로
정비된 구획으로, 2~3층의 작은 건물들이 네 동쯤 서 있고 1층에서 수십

개의 가게가 영업을 하고 있다. 식당, 정육점, 어물전, 양복점, 한약방, 액세서리점 등 업종은 다양하지만, 업종 면에서 분명하게 노점상가와는 영역이 분리되어 있다.

　재래시장을 형성하는 것은 네 개의 건물만은 아니다. 오히려 네 건물 사이 통로의 이용방법이 재래시장의 독특한 분위기를 결정짓고 있다고 하겠다. 이 통로들 위에는 지붕이 덮여 있고, 양쪽 점포에서 내밀듯이 설치된 대 위에 상품들이 빽빽이 진열되어 있다. 통로 중앙 부분에는 먹을거리를 파는 포장마차가 주욱 줄지어 서 있다. 포장마차는 거기서 식사를 제공할 뿐만 아니라 배달도 한다. 노상에 설치된 포장마차지만 냉장고며 수도, 가스 등도 갖추고, 배달 주문을 받을 수 있도록 전화가 설비되어 있다. 여기서 알게 된 두 명의 점주 중에서 한 사람은 회사원이었다가 전직을 했고, 다른 한 사람은 양복점을 하다가 전직했다고 한다. 두 사람 다 먹는장사를 해보고 싶었다며 부부가 함께 영업을 하고 있었다. 수입은 이쪽이 더 좋다고 했다.

　조사를 시작한 지 4년째, 재래시장을 지나는데 문득 누가 나를 불렀다. 돌아보니 이전에 노점상가에서 자주 이야기를 나누던 사람이었다. 냄비며 주방용품을 취급해서 여기저기 돌아다니며 장사를 하고, T지구에는 일요일에만 나오던 사람이었다. "최근에 못 뵈었네요." 했더니, 노점의 냄비 장사는 집어치우고 부인과 함께 재래시장에서 먹는장사를 시작했다고 했다. "노점은 암만캐도 힘들거든요. 여름에는 덥지, 겨울에는 춥지." 그랬다. 분지에 위치한 대구는 진짜로 여름은 너무 덥고 겨울은 너무 춥다. 과거 30년간 최고기온은 39.5도, 최저기온은 영하 14.1도를 기록했다. 나도 딱 한 번 1월에 노점상가를 찾은 적이 있는데, 너무 추워서 도저히 못 견디고 물러나고 말았던 것이다. "가게 설비는 어떻게?" 하고 물었더니 그전에 하던 사람한테서 4천만 원에 넘겨받았다고 한다. 노점상가와 재래시장은 역시 요구되는 자본의 수준이 다른 것이다.

장사 방법

싸잡아서 노점상이라고 했지만, 점포의 규모나 장사의 방법은 갖가지이다. T지구에서 수적으로 가장 많은 야채며 과일 상점을 예로 들어 보자. 대개 남성이 하는 점포는 규모가 크고, 운반용 자동차를 갖고 있어서 도매시장에서 대량으로 물건을 떼어다가 판다. 가령 번영회 회장의 점포 면적은 최대규모로, 폭이 17미터에 이른다. 다만 회장이 차지한 자리는 노점상가의 맨 끝이라서 노점상의 밀도가 낮은 곳이므로, 물건이 꽤 널찍널찍하게 놓여 있다. 그러나 그의 점포가 노점상가에서 가장 큰 것 중 하나임은 틀림없다. 회장은 아침 일찍 시장에서 물건을 떼서는 일단 집에 가서 아침을 먹고 나서 '출근'하니까, 가게를 여는 시간은 10시 반이 지나서다.

　상품의 양이 제일 많기로는 노점상가 중앙부에 약 12미터 폭에 걸쳐 야채가게를 하고 있는 사람이다. 이 사람은 1980년대 중엽에 잠시 인근 시장에서 노점상을 한 적이 있는데, 그때는 트럭이 없어 도매시장에서 사들인 물건을 전문 운송업자한테 부탁해서 날라 왔다고 한다. 그 뒤

한동안은 노점상을 그만두고 섬유 관계의 작은 공장을 경영했다. 그러나 1997년의 IMF 사태 때 도산해서 다시 노점상을 시작했는데, 그때부터 자기 차로 상품을 운반하고 있다고 한다. 그동안 한국사회에서 자동차 소유가 그야말로 일반화된 것이다.

그러나 지금도 업자한테 맡겨서 상품을 날라 오는 사람도 있다. 예컨대 노점상가 중앙 부근에서 과일을 취급하는 부부의 경우, 남편이 전날 팔다 남은 물건을 가지고 전을 펴는 게 9시부터 9시 반 사이이다. 물건을 떼러 가는 쪽은 부인으로, 버스를 타고 도매시장에 가서 구입한 물건을 운송업자한테 위탁하고 돌아온다. 운송업자는 노점상 몇 사람의 물건을 받아 이곳저곳의 노점상가를 돌면서 배달해 주니까, 그날의 상품이 도착하는 시간은 10시 반부터 11시쯤이 된다. 이 가게는 저녁 무렵의 바쁜 시간대에는 부부 모두 가게에 나와 있지만, 그 외의 시간대에는 교대로 장사를 한다. 전을 걷는 때는 밤 9시경이다.

다른 한편 할머니들의 노점은 협소한 것이 많아서, 폭이라야 기껏 1미터나 1.5미터밖에 되지 않는 경우도 적지 않다. 할머니들은 새벽 5시 반쯤에 버스를 타고 시내 큰 시장에 갔다가, 그곳 가게에서 사들인 물건을 카트에 담아서는, 다시 버스를 타고 이곳으로 온다. 아침에 왕복하는 데만도 두 시간 반 이상 걸린다고 한다. 구입가격은 계절과 날씨에 따라 상당히 크게 변동하니까 일률적으로 말할 수는 없지만, 규모가 제일 큰 야채상인이 하루치 물건을 떼어 오는 비용이 40만 원 정도라면, 규모가 제일 작은 할머니의 하루치 원가는 겨우 1만 5천 원 남짓이다. 그러나 할머니들은 종일 손을 놀린다. 마늘을 깐다, 우엉이며 도라지 뿌리를

≫ 여성들의 소규모 노점

≫ 노점의 상품 진열

씻어서 껍질을 벗긴다, 잘게 썰어서 물에 헹궈서는 소쿠리에 소복하게
담는다, 파 뿌리를 자르고 다듬어서는 가지런히 놓는다, 깻잎 같은 것은 한
장씩 씻어서 묶는다, 등등. 그러니까 이렇게 부가가치를 더한 부분이
할머니들의 수입이 되는 것이다. 아침에 사온 물건이 다 팔리면 이웃
노점상한테 사서 채워 가면서까지 계속 장사를 한다.

　손을 쉬지 않는 이들이 할머니들뿐만은 아니지만, 그 내용은 다르다.
규모가 큰 노점에서는 팔리는 물건의 양이 다르다. 내놓은 물건이 팔리는
데 따라 차례차례 상품을 보충하지 않으면 안 된다. 각각의 상품을 일정한
분량씩 보기 좋게 진열하는 데는 요령이 있다. 같은 양이라도 보기에 더
많아 보이도록 진열하는 요령이 있다. 규모가 큰 채소가게는 그런 작업을
하느라고 바쁘다. 그 곁에서 과일을 팔고 있던 여성이 계속 재게 손을
놀리는 채소집을 곁눈질하면서 "채소장사는 바빠서 싫대이." 한마디
한다. 이 여성한테 내가 '신문 아지매'라는 별명을 붙인 것은, 애당초
노점상가의 사정을 아무것도 몰랐던 우리[44]가 보기에도 느긋하게 신문을
읽고 있는 모습이 인상적이었기 때문이다. 그러나 과일장수라도 물건을
보충하고 손님의 눈길을 끌도록 진열해야 한다는 사정은 다름이 없다.
오히려 과일 쪽이 판매 단위가 크고 무게가 있는 만큼, 손님이 집까지
배달을 부탁한다는 덤이 붙는 경우가 보통이다.

　이런 상인들 사이에 섞여서 외견상으로는 구별되지 않지만, 가까운

---

[44]　지은이 외에, 뒤에 나오는 대학원생 S군이 있었다.

농촌에서 직접 생산한 야채며 과일을 팔러 나온 사람들도 있다. 그러나 이는 예전 시골에서 5일장에 주변 농촌의 주부들이 야채며 쌀을 조금씩 가지고 나와 그것을 판 돈으로 필수품을 구입하던 것과 크게 다르지 않다. 아주 최근까지 농촌이었던 곳에 아파트 단지가 갑자기 개발되고 거기에 다시 노점상가가 출현한 데 따른 현상으로, 상설이 된 노점상가에서 팔기 위해 농가 쪽에서는 재배하는 품목을 바꾸어 야채류의 비중을 높이고 있는 듯했다. 도매시장을 거치지 않고 아침 일찍 수확한 것을 바로 들고 나와 파는 것이니까 신선하기야 말할 수 없다. 점포 자체의 규모는 그렇게 크지 않지만, 중간 마진이 없는 만큼 매상은 나쁘지 않은 듯했다. 폭 4미터 정도의 노점을 낸 여성의 남편이 한번은 이렇게 말했다. "하루 10만 원어치 팔린다 치마[치면] 한 달에 300만 원이제. 대학교수하고 어느 쪽이 더 낫겠노?"

교제

같은 노점상끼리도 사이가 좋은 사람들이 있는 반면 성격이 맞지 않는 사람들도 있는 것은 당연하다. 이웃한 사람끼리 사이가 좋으면 한쪽이 잠깐 자리를 비운 사이에 손님이 왔을 때 물건을 대신 팔아 주기도 하고, 식사 때 함께 모여 앉아 밥을 먹는 장면도 흔히 볼 수 있다. 몇 명이서 같이 재래시장 안에 있는 음식점에 배달을 시키는 그룹도 있다. 다른 한편, 이웃에 있으면서도 한마디 말도 나누지 않는 사이일 것 같다는 게 느껴지면 어느샌가 나도 그것을 염두에 두고 대화를 하게 되니, 복잡하다.

노점상가에는 노점상을 주된 고객으로 삼아 장사를 하는 사람도 있다. 손수레에 인스턴트 커피며 주스 분말을 싣고서 여름에는 얼음과 냉수, 겨울에는 따뜻한 끓인 물로 마실 것을 만들어 파는 여성 등은 그 전형이다. 노점상 쪽도 이 여성이 순회하는 것을 기다렸다가 자기 마실 것을 주문하거나 단골손님한테 대접한다. 주스 아줌마한테 휴대전화로 전화를 걸어서 지금 어디쯤 있는지를 확인하는 경우도 있다.

때로는 노점상이 단골손님한테 술을 권하는 장면을 마주칠 때도 있다. 이것은 술을 좋아하는 남성 노점상의 경우로, 상대방 손님도 물론 남성이다. 애초에는 "한잔 할랍니꺼?" 하며 내미는 게 막걸리(탁주)였지만 나중에는 한방재를 넣어 담근 청주 계통의 술을 권하는 일도 있어서, 그곳을 조사하는 몇 년 사이에도 시대가 변하고 있음을 느끼기도 했다. 다만 이렇게 술만 마시고 있어서는 장사가 안 될 테니까, 술이 등장하는 곳은 아주 소수의 한정된 점포뿐이다.

노점상은 바로 앞 상가 건물의 상인들과도 어떤 종류의 거래를 하고 있다. 예컨대 야간 조명의 전원으로 자가용의 배터리를 쓰는 사람도 있지만, 맞은편 점포에서 전기를 끌어다 쓰는 사람도 있다. 그것에 대해 매달 정액의 전기료를 지불하는 사람이 있는 반면, 팔고 있는 과일 등을 갖다 준다든지 해서 적당히 처리하는 사람도 있다. 영업하는 데 필요한 좌판이나 걸상 같은 도구의 보관 장소로 맞은편 건물의 계단 밑 같은 데를 빌려 쓰는 사람도 있다.

종류가 조금 다르지만, 은행과의 거래도 있다. 남자 행원과 여자 행원이 두 사람 한 조가 되어 매일 한 차례 노점상가를 순회한다. 그러면 노점상들이 그날 매상의 일부를 은행에 예금하곤 한다. 이 경우에는 장사하는 쪽은 대기업인 은행이고, 노점상들이 고객이다.

현대화되는 사회, 지속되는 상식

1996년에 이 지역을 처음 찾았을 때 기이하게 느껴졌던 것이 하나 있었다. 고층 아파트 가街의 주변 보도의 일부에 녹색 페인트가 칠해진 모습이었다. 자전거용 도로라는 표시였다. 1970~1980년대 청산동이나 상월동을 조사할 무렵, 자전거는 무척 예외적인 도구였다. 일반 마을 사람들 중에 자전거를 타는 사람은 거의 없었고, 주로 짐을 배달하는 노동자들이 일할 때 쓰는 물건이라는 인상이 강했다. 뒤집어 말하자면 그 밖의 사람들한테 자전거는 그다지 적합하지 않은 탈것으로 간주되는 듯한 느낌이었다. 그러니까 자전거용 도로의 표시를 보고서도 도대체 누가 이런 것을 필요로 하나, 하는 의문이 들었던 것이다.

그런데 노점상가 조사를 시작한 지 2년째 되던 2002년에, 자전거를 하나 빌려서 타고 다니면 어떨까 하고 유명기 선생이 제안하는 거였다. 확실히 내가 묵고 있던 여관에서 노점상가까지는 걸어서 20분 이상이 걸리고, 밥을 먹으러 갈 때도 자전거가 있으면 편리할지도 몰랐다. 그런 이유에서 유명기 선생이 자전거포에 교섭을 해주어 자전거를 빌리게 되었다. 빌리는 값은 하루 5천 원을 내라는 것을 유명기 선생이 3천 원

합시다, 하고 깎아서, 그렇게 하기로 했다.

내가 자전거를 타고 다니게 된 탓인지, 주위를 둘러보자 갑작스럽게 자전거포가 몇 집 눈에 들어왔다. 어느새 이렇게 자전거포가 늘어났을까? 어쨌든 자전거를 이용하는 인구가 는 것은 틀림없었다. 문득 깨닫고 보니 노점상 근처의 보도에 자전거를 세워 둘 수 있도록 보관대가 설치되어 있었다. 거기에 자전거를 세우면서, 생활의 상식이 조금 변했나 하고 생각했다.

노점상가에서 돌아오는 도중, 구둣방 앞에 진열된 샌들이 눈에 띄었다. 한여름 무더위 속에 하루 종일 구두를 신고 있는 것도 큰일이다. 한 켤레 사기로 했다. 저녁 먹으러 가는 길, 맨발에 샌들이 상쾌했다.

이튿날 아침, 인사를 한다, 잠시 얘기를 나눈다 하면서 한참 노점상가를 걸어 다니다가 어느 노점상에서 멈춰 섰을 때였다. 대화를 시작한 상대방 노점상이 나지막이 이렇게 말했다, "맨발은 안 되는데." 나는 어라? 하고 주위를, 특히 노점상들의 발 쪽을 둘러보았다. 그리고 깨달았다. 더운 계절이다. 역시 바짓단을 조금 접어 올리거나 무릎 아래까지 오는 반바지를 입은 사람은 있었다. 그러나 맨발인 사람은 없었다. 모두 떡하니 양말을 신은 위에 운동화를 신고 있었다. 청산동과 상월동에서 조사할 때를 떠올렸다. 맨살을 드러내기를 꺼리는 문화를 가진 나라인 것이다.

다음 날부터 양말을 신은 다음 샌들을 신기로 했다. 그러나 동행한 대학원생 S군은 맨발인 채로도 아무 거리낌이 없었다. 나이가 행동을 판단할 때의 기준에 들어가는 것도 옛날 그대로다.

자전거 보관대의 이용자가 누군지도 알게 되었다. 학원에 다니는 애들이었다. 자전거를 타고 다니는 이들은 어른이 아니었다. 유명기 선생도 내가 문중 조사를 하는 동안에는 자전거를 타고 이 지역을 돌아다니라고 하지는 않았던 것이다. 급속히 변해 가는 외관 아래에 지속되는 사고가 숨 쉬고 있었다.

26. 단결

T지구에서는 1996년 아파트 단지 일부가 완성되어 입주가 개시된
직후부터 노상에서 장사를 하는 노점상이 등장했다. 당초에는 십수 명
정도였다지만, 내가 찾은 2000년에는 늘 100여 명의 상인들이 나오는 일대
노점상가로 성장해 있었다. 처음에는 조직도 무엇도 없던 노점상들이
그사이 자발적으로 번영회라는 조합조직을 결성하게 된 배경에는
노점상들의 처지가 있었다.

공공 도로에서 이루어지는 노점상의 영업은 법적으로는 불법행위이다.
따라서 당국은 종종 단속을 실시해 영업을 정지시킨다. T지구의 노점상
단속은 출점 개시 직후부터 시작되어, 그동안 노점상들은 몇 번이나
영업정지를 당했다. 이에 대해 노점상들은 개인의 힘으로는 대처할 수
없었기 때문에, 단결해서 당국과 교섭함으로써 자신들의 생활을 유지할
길을 열었던 것이다. 이 장소에서 노점을 내기 시작한 사람들 중에는

그전에 다른 곳에서 영업했던 경험이 있는 사람도 있어서, 다른 곳에서 알게 된 방법에 의거해서 번영회를 조직하게 되었다고 한다. 조직을 만드는 것은 사활이 걸린 문제였다.

당초에는 조직이라고 해도 친목회 정도였다는데, 1999년에 회장이 바뀐 직후의 단속을 계기로 번영회의 상황이 크게 바뀌었다고 한다. 그때는 20일 동안이나 단속이 계속되었다. 새 회장이 내놓은 방침은 강경한 투쟁보다 안정적으로 장사할 수 있는 환경을 만드는 것을 최우선으로 삼겠다는 것이었다. 그러기 위해서 번영회의 규약을 제정하고 자치적인 통제체제를 명확히 하는 동시에 구청에서 정한 질서를 잘 지키겠다는 서약서를 노점상 전원으로부터 받아 내서 구청과 교섭했고, 그 결과 장사를 재개해도 좋다는 양해를 얻어 낼 수 있었다고 한다. 구청 측에서도 많은 노점상들의 생활이 걸려 있음을 잘 알고 있었던 것이다. 노점상 번영회가 모임을 가질 때 동사무소 회의실을 빌려 준 적도 있다고 한다. 양자의 상호적 관계가 눈앞에 보이는 듯했다.

그때 번영회 내부에서 자주적으로 정한 합의 내용은 다음과 같다.

보도 위에서 장사하는 이상, 그 때문에 본래의 보도 폭이 좁아지고 통행인에게 불편을 끼치는 것은 불가피하다. 그 민폐를 최소화하기 위해 노점상이 상품을 진열하는 폭을 제한했다. 구체적으로는, 대략 폭이 4미터인 보도에 상품을 늘어놓는 위치를 차도 쪽 가장자리에서 보도블록 6장 분(약 1.3미터)으로 제한했다.

밤에 장사를 끝내고 돌아갈 때는 장사에 쓰던 용구 등을 전부 철거하고, 노상에 방치하지 않을 것, 특히 노점 자리 주변을 깨끗이 청소해서

쓰레기를 남기지 말고, 장사하는 장소 일대를 청결하게 유지할 것도 합의
사항이었다. 트럭을 소유한 상인은 용구를 차에 싣고 돌아갈 수 있지만,
그렇지 않은 상인은 보도 맞은편 상가 건물 안에 어떤 형태로든 보관
장소를 확보해야 했다.

물건을 실어오는 트럭 등으로 차도의 교통에 지장을 주지 않도록 짐을
다 부린 차량은 다른 장소로 이동시킬 것. 이와 관련해, 매주 구청과
경찰이 단속을 실시해 위반한 차량에 벌금을 부과했다. 단속에 걸리는
것은 대개 물건을 사러 나온 일반 사람들의 차였다.

상인 각자가 장사를 하는 장소에 대해서 일정한 '권리' 같은 것이
형성되어 있음은 앞서 소개한 대로다. 다른 곳의 노점상가에서는 그
'권리'가 상인들 사이에서 매매되기도 하는 모양이지만, "여기서는 그런
것은 못하게 한다"(회장의 말). 현재 장사를 하고 있는 상인이 장사를
그만두면 그 자리는 아무라도 이용할 수 있다고 합의되어 있다.

때때로 인근 농가의 노파가 야채를 팔러 오는 일이 있다. 대개의
노점상가에서는 그런 경우에 자리를 내주지 않고 쫓아 보내지만, 여기서는
그런 사람들한테도 적극적으로 자리를 내준다. 농가에서 직접 팔러 나온
야채는 신선하고 양도 얼마 안 되어서 금방 다 팔려 버리니까, 그렇게
신경을 쓸 필요는 없다고 회장은 말했다. 아파트 단지의 규모가 크고
노점상가의 끝 쪽에는 아직 공간에 여유가 있다는 것도 한 가지 이유일
것이다.

이런 약속을 지켜 가며 장사를 계속하려면 상인들 간에 다툼이 생기는
상황을 극력 피하지 않으면 안 된다. 그 한 가지 방법으로, 각 상인의 취급

품목을 도중에 변경하는 것을 금지하고 있다. 어떤 상품이 잘 팔린다고
해서 다른 상인들도 그것을 취급하면 상인들끼리의 이해利害가 충돌하게
되니까, 취급하는 품목을 바꿀 경우에는 장사하는 장소도 옮기도록
정해져 있다. 여름 동안에는 노점상가의 중심부에서 속옷을 팔던 여성이
가을부터 겨울에 걸쳐서는 상가의 가장자리 쪽에서 붕어빵을 파는 것이
그 한 예이다.

번영회 회원수는 계절에 따라 상당히 변동되는 듯해서, 내가 조사했던
여름철에는 130명 전후였지만 사람이 제일 많은 봄철에는 200명을
넘는다고 했다. 영업 규모가 작은 할머니들이며 잠깐잠깐 나와 장사하는
사람들에게는 가입을 강제하지 않는다지만, 정기적으로 영업하려면 주위
상인들과 이해를 조정하기 위해서도, 또 당국과의 관계를 조정하기
위해서도 사실상 번영회에 가입해야 한다.

번영회를 만들어 단결했다고는 하지만, 노점상들을 에워싼 환경은
안팎으로 혹독하다. 예컨대 노점상가가 있는 장소는 아파트 단지의
중심부에 늘어선 상가 건물 앞의 도로다. 건물의 1층에는 각종 상점이
들어서 있다. 이 상점 주인들은 애초 노점상들을 눈에 거슬리는 존재 또는
영업상의 경쟁자로 간주한 듯, 통행 방해라거나 미관상의 문제라거나
도로가 더러워진다는 등 갖가지 이유로 구청에 민원을 제기해 그때마다
구청에서 단속을 나오는 일이 반복되었던 모양이다. 한번은 노점상들의
영업장소를 큰길에서 보이지 않는 단지 주차장으로 옮기게 한 적도
있었다고 한다. 그러나 그 결과 사람들의 눈에 닿지 않는 장소로 내몰린

노점상들의 영업이 부진해졌을 뿐만 아니라 상가지구 전체에 왕래하는 사람이 격감해 상가 내 상점의 매상도 뚝 떨어져 버렸다. 노점상가는 상가지구 전체로 손님을 불러들이는 중요한 역할을 하고 있음이 분명해진 것이다.

또 한때는 지역의 신문이 게재한 기사 내용이 부당하다고 해서 노점상들이 항의하고자 집단으로 신문사로 몰려간 적도 있었다.

노점상이 번영회의 합의에 좀처럼 따르지 않는 경우도 있었다. 다른 데서 들어온 상인(번영회 회원이 아닌)한테 차도에 트럭을 세워 두어서는 안 된다는 번영회의 결의를 받아들이게 하려 한 일화를 하나 소개한다. 이 일화를 이야기해 준 사람은 번영회 회장이다.

"저쪽 모티[모퉁이]에서 트럭에 수박을 실어 놓은 채로 장사를 할라 카는 기라요. 그래가 '사장님, 수박 내려놓고 파이소. 사장님 때문에 우리가 다 죽심더.' 캤지요. 그랬는데도, 우리 회원들도 몇 번이나 가서 얘기를 하고 싸움을 해도 그 새끼가 말을 안 들더라꼬요. 그래가 우야마[어떻게 하면] 이 새끼를 쫓아내까 곰곰이 생각을 하다가, '보소, 사장님, 수박 얼만교?' 하고 물으니까 만 원이라 카더라꼬요. 3천 원에 팔던 거를. 암 말 안 하고 만 원 주고 샀지요. 사 갖고, 그 자리에다 패대기쳐 갖고 깨뿠지[깨뜨려 버렸지]. 노점 앞에 수박이 좌악 깨져가 뒹굴고 있으마 장사가 될 리가 있겠능교? 그 새끼가 그거를 치울라 카대요. 그래 내, 캤지요. '어이 당신, 내 수박에 손 대지 마. 내가 돈 주고 사가[사서] 내가 버린 기야. 당신이 와 치우노? 치우고 싶으마 당신이 돈 내고 사라.' 그캤디마 '얼마 내마 되겠노.' 카더라꼬요. '50만 원 내라.' 캤지요. '이런 도둑놈이!' 카대요. '도둑놈은 당신이야. 그라이께 좋은 말로 할 때 와 안 듣냐꼬?' 그캤지요. 그 새끼는 차에 타고 가뿌대요."

노점상들을 통솔하는 역할은 아무나 할 수 있는 게 아니다.

번영회를 조직하는 것은 노점상들뿐만이 아니다. 재래시장에서 영업하는 사람들은 그들 나름대로 번영회를 조직하고, 상가 건물의 세입자들도 건물 단위로 조직을 만든다. 어느 곳이나 공용면적의 청소 등 공동으로 대처해야 할 안건이 있기 때문이다. 그런데 재래시장이나 상가 건물 측 사람들이 만든 번영회는 그다지 단결력이 없어서, 금방 해산되어 버리거나 활동이 정지되는 경우가 많은 듯하다. T지구뿐만 아니라 몇 군데 다른 아파트 단지의 상가지구에서 들어보니 상황이 대개 비슷한 모양이다. 가장 큰 이유는, 재래시장에서도 상가 건물에서도 대다수 가게가 점포를 세내어 영업하고 있어서, 같은 장소에서 장기간에 걸쳐 영업할 수 있다는 전망을 가지지 못하는 데 있는 듯하다. 그런 상인들은 지금 영업하는 장소에 대한 애착이 낮은 것이다.

장기간에 걸쳐 영업을 계속하려는 지향이 없는 것은 노점상들도 마찬가지다. 그러나 노점상의 경우는 불법영업에 대한 단속으로부터 자신을 지킨다는 절박한 사정이 있는 한, 조직으로서의 단결이 불가결한 것이다.

2004년 9월, 4년간 계속된 프로젝트의 최종 조사를 위해 T지구를 방문한 나는 많은 노점상이며 쇼핑객이 붐벼야 할 거리가 텅 비어 있는 광경을 보고 깜짝 놀랐다. 노점상가가 사라져 버린 것이다. 어안이 벙벙해

≫ 노점상이 사라지고 쇠 울타리를 친 거리

있는데, 맞은편에서 걸어오는 한 무리의 사람들이 보였다. 노점상을 하던
사람들이었다. 물어보니, 당국의 단속 때문에 영업을 할 수 없게 되었다는
거였다. 이유는 보도와 차도 사이에 쇠 울타리를 설치하는 공사
때문이라고 한다. 공사가 실시되는 구간은 노점상가 전체로 보면 아주
일부분이지만, 불평등하지 않도록 전원이 휴업하고 있다는 거였다.
열흘에 걸친 영업중지 기간 동안 그들은 매일 출근해서 노점상가를
순회했다. 다른 상인이 들어오는 것을 막고 자기 자리를 지키기
위해서였다. 그 행동은 그들의 조직의 규율과 통제력을 잘 보여 주었다.
노점상들로서는 귀찮고 힘든 상황이었음은 말할 것도 없다. 그러나
나로서는 평소라면 볼 수 없는 광경이라는 의미에서, 귀중한 만남이었다.

상가 건물 뒤쪽으로 돌아가자 몇몇 할머니들이 건물 1층의 가게 앞에서 야채를 늘어놓고 영업을 하고 있었다. 평소에는 큰길에 면한 노점상가에서 장사를 하는데, 단속 때는 늘 여기서 한다고 했다. 노점상가를 순회하며 자리 확보에 애쓰는 이들은 일정 규모 이상의 면적이 필요한 상인들이었다. 그리고 번영회는 할머니들이 다른 장소로 옮겨 가서 영업을 계속하는 것까지 규제하지는 않았다. 상점 사람들도 할머니들한테 폭 1미터가 될까 말까 하는 자리를 내주는 것을 당연한 일로 받아들이는 듯했다.

27. 오가는 길모퉁이

한국의 총인구에서 도시 거주자가 차지하는 비율은 1965년에는
33퍼센트였지만 1976년에는 50퍼센트를 넘어섰고, 1990년에 74퍼센트,
2000년에는 거의 80퍼센트에 달했다. 공업화와 경제성장이 계속되는
가운데 맹렬한 기세로 인구이동이 일어났던 것이다. T지구도 그런
도시로의 인구집중에 대응해서 개발된 아파트 단지이다. 5만 남짓한
주민들은, 당연한 말이지만, 거의 전원이 다른 곳에서 이주해 온
사람들이다. 노점상들도 그 이주의 물결 속에 있다.

경상북도 남부에 위치한 대구시의 경우, 주민 가운데 경상남·북도를
중심으로 하는 농촌 지역 출신 이주자가 차지하는 비율이 매우 높은 것은
당연하다. 그러나 개중에는 훨씬 먼 지방에서 이주해 온 사람도 있고, 또

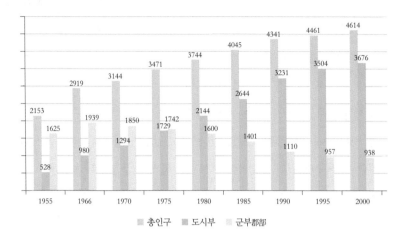

> 인구의 추이(단위: 만 명)

노점상 번영회 회장처럼 지그재그의 코스를 밟아온 사람도 적지 않다.

 풍모가 조금 닮아 있어서 내가 '오다 가즈마사小田和正 상'[45]이라는
별명을 붙여 준 한 과일장수는, 한국전쟁 직전 북조선에서 태어나 전쟁
중에 부모 손에 이끌려 남으로 피난해서 서울 영등포에서 성장했다.
대구로 온 것은 1980년대 초로, 손위 처남이 시작한 안경공장에서 일하기
위해서였다. 덧붙이자면 안경테 생산은 대구의 주요 산업 중 하나이다.
그러나 최근 들어 값싼 중국산 제품을 당해 내지 못하고 하나둘씩 공장이
중국으로 이전되고 있다고 한다. 그런 가운데 처남도 공장을 정리해

---

45 일본의 가수 겸 작곡가

버렸기에, 그는 1990년대 말에 노점상을 시작하게 되었다. 그 역시 IMF 사태의 희생자 중 한 사람인 것이다. 대학생인 두 자녀들은 교대로 휴학하며 학비를 벌고 있다는데, 아버지의 노점에 나와서 싹싹하게 일을 돕는 모습을 몇 번인가 본 적이 있다.

충청북도 태생으로 "전에는 음악 관계 일을 해서, 색소폰 주자로 청주 KBS 방송국에서 연주했던 적도 있다."라고 말한 남성(40대 후반)은 사업에 실패한 후 대구에 왔다. "낯이 알려진 곳에서 노동일을 한다는 건 좀 그래서"라고 말하는 그가 노점을 시작한 때가 1990년대 중엽이니까, IMF 사태와는 관계가 없다. 그가 취급하는 주력 상품은 의류다.

DC마트(백화점이나 전문점의 주문을 받은 공장에서 주문량보다 많이 생산해서 남은 물건을 싼 값에 처분하는 할인점)나 이월 매장(시즌 중에 팔다가 남아 이듬해로 넘어가야 할 재고를 처분하는 매장. 정가의 5퍼센트 정도[46]에 구입할 수 있다고 한다)에서 떼어 오는 것이라서, 노점에서 싸게 팔아도 마진은 크다고 한다. 어느 해 여름휴가 기간에 동해안 쪽으로 여행을 간 참에 강원도의 어느 관광지에서 노점을 차렸을 때 일본인 관광객이 혼자서 청바지를 세 장이나 사 갔다고 하면서, "일본에서는 청바지가 비싼가요?" 하고 체험에 근거한 질문을 한다. 호기심이 많다.

경상북도 북부 안동지방 출신인 남성(40대 후반)은 고향에서 고등학교를 졸업하고, 맏형이 세탁소를 경영하던 거제도(부산 남서쪽에 있는 섬)에서 4년쯤

---

46 지은이도 옮긴이도 모두 너무 싸다고 생각하지만, 당시 지은이가 들은 말 그대로 옮겼다.

일을 거둔 뒤 노점상이 되어 여기저기 돌아다니다가, 1996년에 이 거리로 와서 살게 되었다.

노점상 중에는 일본에 다녀온 경력을 가진 사람도 있다. 예컨대 앞에서도 소개한 (휴일에만 나오는) 속옷장수. 전라남도 남부 출신으로 창원과 부산, 포항 등에서 일한 적이 있다니까, 한국의 남부에서 남동부 해안을 따라 이주하다가 최종적으로 내륙부인 대구까지 오게 된 셈이다. 현재의 자동차 부품 제조공장에 취직한 때가 1980년대 중엽으로, 1990년대 말에는 회사에서 파견되어 나고야名古屋로 가서 달포쯤 도요타 공장에서 연수를 했다고 한다. 또 화학공장 기사로 정년퇴직을 하고 나서 "아무것도 안 하고 있으니까 건강에 안 좋아서" 노점상을 시작했다는 한 양반은, 1970년대 중엽에 욧카이치四日 시의 공장에서 석 달쯤 연수를 받았다고 했다.

식민지기

그런데, 이렇게 높은 이동성은 근년의 경제성장과 도시화 과정에서 시작된 것이 결코 아니다. 예컨대 아버지가 야마구치山口 현의 철도역에서 일했다는 남성. "일곱 살 때까지 일본에서 국민학교[47]를 댕깄는데, 전쟁

---

[47] 이차 대전 이전 일본의 초등학교의 명칭은 '소학교小學校'였지만, 1941년 4월 1일부터 의무교육 연한 확대와 '황국皇國의 도道에 입각한 초등보통교육'을 위한 국민학교로 개편되었다. 패전 후인 1947년 국민학교가 폐지되고 다시 소학교 제도가 실시되었다.

중이니까 학교에 가도 공부는 못하고, 방공호로 대피하든지 교정에서 고구마를 가꾸든지" 했다니까, 내가 만난 2001년에는 60대 전반이었을 것이다. 일본에서는 아버지가 매일 말을 타고 출근하는 것을 보았다고 한다. 해방을 맞았을 때, 함께 살던 외삼촌이 일본에 남아 있으면 위험하니까 돌아가야 한다고 주장해서 모두 귀국하게 되었다. 외삼촌 일가도 함께였다. 그때는 배낭 가득 돈을 쑤셔 넣고 돌아왔지만, 부산항에 도착했을 때 환금할 수 있었던 것은 극히 소액뿐이라서 나머지는 바다에 던져 버렸다고 한다. 귀국해서 아버지의 고향 마을로 돌아왔지만 생활은 어려워서, 경상남도의 농촌지대 이곳저곳으로 이사를 다니며 생활했던 모양이다. 지금은 자식들도 독립해서, 이 지역 아파트에 입주한 뒤로 "심심풀이로 장사를 하고 있다." 한다.

나이가 든 노점상 가운데는 이 남성처럼 식민지기에 일본에서 살았다는 사람이 적잖이 섞여 있다. 일본인인 나와 만남으로써 옛날 기억이 떠올라 화제가 되었겠지만, 그 빈도가 높은 데 놀랄 지경이었다. 예컨대 어느 날 네 사람쯤 나란히 야채를 팔고 있던 나이 든 아주머니들과 이야기를 시작했을 때 그중 한 명이 "나는 일곱 살까지 오사카大阪에서 안 살았나." 했다. 65세의 아주머니였다. 그러자 옆에 있던 아주머니가 자기는 미에三重 현에서 태어나 욧카이치 시에서 살았다는 거였다. 이어서 또 한 사람이 자기는 홋카이도北海道에서 태어났다고 했다. 이 아주머니들은 인근 농촌의 주민들인데, 네 사람 중 세 사람이 일본에서 돌아온 것이었다.

이 아주머니들 곁에 며칠 전에 막 장사를 시작한 할머니가 계셨다. 낙동강 건너 동네에 살면서 대구시내에 통근하는 아들이 차로 이

노점상가까지 태워다 준다는데, 그 할머니가 우리 대화에 끼어드시며
"나는 여덟 살 때 부모 따라 일본에 안 갔능교. 아오모리青森하고
교토에서 살다가 열일곱에 귀국을 했는데, 귀국할 때 고마 우리가 탔는
배가 까라앉았다 아잉교. 거서 우예 근그이 살아나와 가 고향에
돌아왔제. 그래 있다가 같이 일본서 나와가 한 동네 살던 남편캉 결혼을
했지예." 하시는 거였다.

일본의 식민지 지배의 역사가 끝난 지 55년 이상이 흐른 시점에서,
T지구의 노점상가에서 알게 된 120명쯤의 사람들 가운데, 그것도
수적으로는 그렇게 많지도 않은 나이든 분들 중에서 식민지기에 일본에
갔던 적이 있다는 사람을 여덟 명이나 발견하게 되었다. 조금 더 어린
연령층의 사람들 중에도 부모가 일본에서 살았던 적이 있다든가 형이나
누나가 일본에서 태어났다는 사람이 몇 명이나 있었다.

해방 당시 일본 본토에 있던 조선인(징용연행자를 포함)은 240만 명에
달했는데, 그것은 당시 조선인 인구의 거의 1할에 상당하는 숫자였다. 그
밖에도 한때 일본에서 일하다가 해방 전에 귀국한 사람들이 상당수 있을
것이다. 그 수를 확인할 길은 없지만, 양자를 합하면 식민지기에 일본에서
생활한 적이 있는 사람의 비율은 당시 인구의 몇 할쯤에 달하지 않을까
추측된다. 당시의 조선과 일본의 사회적 이동거리가 가까웠다는 것은
상월동 조사 때도 느낀 바 있었다.[48] 식민지 통치하 조선에서의 생활이

---

48 16장의 일화 참조.

그토록 곤란했다는 것이 상식적으로 타당한 해석일 것이다.

조선시대

그러나 그런 생각을 하고 있을 때, 내 머릿속에서 갑자기 다른 회로가
작동했다. 인구의 지역적 유동성이 높은 데는 최근의 도시화나 식민지기
일본으로의 이주 같은 개별의 시대적 요인을 넘어서, 더 긴 시간의
길이(time span)를 가지고 생각해야 할 측면이 있지 않을까, 하고.

　본래 내가 월배 지역을 조사하게 된 것은, 이 지역의 조선시대 호적을
만나게 되면서부터였다. 그리고 내가 호적 연구를 통해 깨달은 것 중 한
가지는, 이 지역 인구는 조선 후기(17~19세기)에도 무척 유동적이었다는
사실이다. 당시의 조암방, 월배방에서는 40년 남짓 동안에 마을들을
구성하는 집의 반수 정도가 전출했고, 70년쯤 되자 8할이 교체되었다.
대도시가 없던 시대의 일이니까, 사람들은 농촌지역 사이를 높은 빈도로
계속 옮겨 다녔다고 생각하지 않을 수 없다. 뒤집어 말하면, 내가 1996년에
현지조사를 시작했을 때 소개받은 일고여덟 개의 토박이 집단(그 지역에 오래
산 친족집단)이란 17세기 이래 이 지역에 계속 거주할 수 있었던, 예외적으로
운이 좋은 소수자였던 것이다. 게다가 이 토박이 집단 내부를 보더라도 그
지역에 계속 정주한 이들은 입향조의 자손 중 일부였고, 많은 자손들이
다시 다른 장소로 이주한 것이 현실이다.

　여기서 청산동의 일이 떠올랐다. 1970년대 중엽에 내가 만났던 60여

가구의 사람들의 조상이 그 마을에 이주한 시기는, 가장 오래된 가계라도 19세기 중엽보다 더 올라가지는 않았던 것이다.

높은 유동성은 족보의 기록과도 부합한다. 한국의 어떤 씨족의 족보를 펼쳐보더라도, 거기에 기록된 것은 일가 시조의 자손들이 고려시대부터 조선시대를 거쳐 오늘날에 이르는 동안 전국 방방곡곡으로 이주해 간 역사에 다름아니다. 전체로 보았을 때, 근대 이전의 조선사회를 안정된 정주적定住的 사회였다고는 생각하지 않는 게 좋을 듯하다.

이런 유동성이 전국에 해당하는 현상이었다면, 영토의 주변부에서는 국경을 넘는 이주가 있었다고 해도 이상하지는 않다. 예컨대 현재 중국에 있는 조선족 같은 현상이다. 이것은 결코 근년이 되어서 처음 발생한 일은 아닐 것이다. 밖으로부터 도래渡來해 온 사람도 있었다. 공자孔子의 자손이라는 곡부 공씨 등을 비롯해서, 한국의 씨족 중에는 중국에서 도래했다는 내력을 가진 성씨도 적지 않다. 임진조일전쟁 때 투항해서 귀화한 일본의 무장 사야가沙也加의 후손[49]도 그런 월경자들의 일부일 것이다.

조금 많이 빗나간 듯하다. 이야기를 되돌려 보자. 사람들이 특별히 좋아서 계속 이주했을 리는 없다. 높은 유동성의 배후에는 그 나름의

---

49 임진조일전쟁 때 가토 기요마사 군의 장수였던 사야가는 경상도병마절도사 박진에게 귀순했고, 이후 조일전쟁과 병자년 조청전쟁 등에서 여러 차례 전공을 세웠다. 선조로부터 김해 김씨 성과 충선忠善이라는 이름을 하사받았다. 대구광역시 달성군 가창면 우록리 녹동서원에 그의 위패가 봉안되어 있다. (사성) 김해 김씨와 우록 김씨가 그 후손들이다.

필연적인 이유가 있었을 것이다. 하지만 일본과 비교하면 한국사회는 외래자에게 개방적인 특성이 있고, 또 사람들도 꼭 같은 장소에 머물러 사는 데 집착하지 않는 것 같다는 인상을 받는 이는 나뿐일까? 높은 유동성을 가능케 해온 문화적·사회적 장치는 무엇이었을까? 아직도 만족할 만한 답을 찾지 못했다. 그러나 1970년대부터 증가하고 있는 미국과 캐나다 방면으로의 이민, 그리고 최근에는 아시아 각지에서 탄생하고 있는 코리아타운의 현상 등을 포함한 한국인의 디아스포라화/세계화 현상을 각각 따로 떼어 놓고 생각할 것이 아니라, 조선시대부터 이어져 온 이런 동향의 연장선상에서 보는 시각도 가능하지 않을까?

C상 이야기

월배 지역에서 문중 조사를 시작한 지 얼마 안 되어, 어떤 동네에 일본인 여성이 한 명 살고 있다는 사실을 알게 되었다. C상이라는 그 여성은 당시 79세. 도호쿠東北의 한 지방도시 출신으로, 돈을 벌러 그곳에 와 있던 (조선인) 남편과 만나 결혼하고 해방 후에 귀국하는 남편을 따라 월배까지 오게 되었다. 해방 전에 두 번 남편 고향인 월배를 방문한 적이 있었다니까, 월배가 어떤 곳인지를 충분히 알고서 조국으로 돌아오는 남편과 행동을 같이했을 것이다. 해방 직후 한국의 시골에서 일본인으로, 말도 통하지 않는 상태로 생활한다는 것은 이루 형언할 수 없는 경험이었음에 틀림없다. 그러나 시댁 일가 사람들이 너무 잘 대해 주었다고, C상은 말했다. 무척 밝고 적극적인 성격이 인상적이었다. 덧붙이자면, 남편은 작은 지파이기는 하지만 소문중의 종가(큰집)의 가장이었다. 일가 사람들도 그녀가 고생도 많이 했지만 정말 열심히 생활했다고 입을 모아 칭찬했다.

1996년에 처음 만난 때로부터 10년. 월배를 찾을 때면 거의 매번 C상의 얼굴을 보러 갔다. C상에게 들은 이야기 중에 여성들의 부업 이야기가 있다. 대구시 근교에 위치한 월배에서는 식민지기에도 농가 사람들이 부업으로 온갖 가내수공업을 했다. 슬리퍼 만들기도 그중 하나였는데, C상이 월배에 들어왔을 무렵에 마침 아무도 그 일을 하지 않았기에 그녀가 시작하게 되었다고 한다.

슬리퍼의 재료로 쓴 것은 골풀 속대로, 이 지역에서는 '골소'라고 부른다. 이것을 틀에 맞추어 짜서 슬리퍼 바닥을 만든다. "밤 두 시쯤까지 슬리퍼를 짜가, 손도 등도 뻣뻣해졌제." C상의 일은 슬리퍼를 짜는 수작업만이 아니었다. 재료인 골풀의 산지는 경상남도 합천인데, 거기서 트럭으로 운반해 왔다. 그것을 C상이 받아서 일하는 사람들한테 나눠 준다. 재료를 받은 사람들은 자기 집에서 슬리퍼 바닥을 짜고, 다 되면 C상네로 가져온다. 완성된 슬리퍼가 5천 켤레가 되면 C상이 대구의 도매집에 가져간다. 운반 자체는 남한테 맡기지만, C상도 도매상한테 가서 대금을 직접 받는다. "논두렁으로 막 질러서 갔다가, 하룻밤 묵고 돌아오는 기라." 그러니까 C상의 역할은 중간 도급업자이고, 장부를 적고 재료와 제품 관리를 한 셈이다. 시댁 일가를 포함한 동네의 많은 사람들이 그 일로 수입을 얻었다. 부지런히 쫓아다니며 마을 사람들한테 도움을 주는 C상의 모습이 연상되었다. 10년쯤 그 일을 계속하다가 남편이

≫ 시향제에 참가한 C상의 뒷모습(왼쪽에서 세 번째)

세상을 떠난 뒤 그만두었다고 했다. 1960년경이었던 모양이다.

C상처럼 한국인 남편과 결혼해서 해방 이후에도 한국에 남거나 귀국하는 남편을 따라 한국에 건너온 일본인 여성들에 대해서는 그다지 알려져 있지 않은 모양이지만, 그 수는 적지 않다. 결혼, 그것은 식민지라는 상황이든 아니든 사람들이 오가고 만날 때는 반드시 생겨나는 당연지사다. 그녀들은 부용회芙蓉會라는 조직을 만들어 서로 의지해 왔다. 대구지부에도 30명쯤 회원이 있어서 정기적으로 모임을 갖는다고 한다. 그러나 모두들 고령기를 맞이한 실정이다.

C상 시댁 일가의 시향제에 동행하게 된 적이 있다. 그날 그녀는 일가 사람들한테 둘러싸여 생기가 넘치는 큰집 할머니였다.

28. 생각지도 않았던 해후

월배 지역에서 조사를 개시했던 1996년 8월의 일이다. 조선시대부터
이어져 온 친족집단의 현재 모습을 조사한다는 방문 목적과는 별개로,
우뚝우뚝 솟은 아파트 숲에 호기심이 동한 나는 아파트 단지 안으로 발을
들여놓았다. 바깥에서는 한 개의 거대한 단지로 보였지만, 그 안은 5~6동
정도 단위로 몇 개 구획으로 나뉘어 있었다. 그리고 구획마다 아파트
배치도를 포함한 안내판이 세워져 있었다.

안내판 하나를 들여다보고 있을 때였다. "여보시오." 갑작스런 음성에
돌아보니, 조금 떨어진 건물 그늘에 노인이 한 분 앉아 계셨다. 거동이
수상한 자라고 미심쩍게 보는가 하면서 "예에" 하고 건성으로 대답하고
가볍게 고개를 숙여 보이고는, 다시 안내판 쪽으로 돌아섰다. 그러자 다시
"어데서 왔능교? 일본서 왔능교?" 겉모습만으로도 일본 사람인 것을
간파당한 듯했다. 어쩔 도리가 없었다. "예, 그렇습니다." 하고 대답하고

다시 안내판을 향했다. 그러자 "……혹시, 시마 상 아잉교?"

깜짝 놀란 나는 비로소 그 노인장 쪽으로 완전히 돌아서서 제대로 얼굴을 보았다. 세상에, 15년 전 성주군 상월동에서 조사를 할 때 재실에 다섯 달이나 묵게 해주신 서씨 문중의 종손이 아니신가![50]

"아…! 오랜만입니다! 그동안 잘 계셨습니까!?" 서로 손을 마주잡고 재회를 기뻐했다. 어떻게 여기 계시는지 여쭤 보니, 종손 내외는 중학생 손녀딸을 데리고 이 단지에 살고 있고 아들 내외는 상월동에 남아서 수박·참외 농사와 과수원을 하고 있다고 했다. 여유가 있는 시골 가정에서는 자녀를 도시의 고등학교에 진학시키기 위해 중학생 때부터 도시로 내보내는 것은 흔히 있는 패턴이고, 엄마나 할머니가 도시로 따라가서 같이 산다는 것도 자주 들은 이야기였다.

"우리 안사람이 저쪽에 있구마." 하고 내 손을 잡아끌다시피 하셔서 따라갔더니, 길가에 늘어놓은 과일 가판대 옆에 아주머니가 서 계셨다. 종가의 며느리가 노점상을, 하고 조금 당황했지만 "낮에는 할 일도 없고 심심하잖아예." 하시기에 얼마간 납득이 되었다. 늘 뭐라도 일을 하고 계시던 아주머니였으니까. 남편으로 말하자면, 매일 근처 산으로 산책을 가거나 아파트 단지 안에 있는 경로당에서 노인들과 잡담을 나눈다고 했다. 그날은 단지에 딸린 공원 한구석에서 재회의 소줏잔을 나누고, 아파트 주소와 전화번호를 확인한 후 헤어졌다.

---

50 10~12장 이하에 나오는 가동 양반의 아들이자 충렬의 아버지다. 그러니까 이 문단 바로 아래 서술에 나오는 상월동에 남아 있는 아들이 충렬이다.

이듬해 여름, 다시 대구를 찾은 기회에 그 주소로 찾아가 봤지만 종손네는 이미 다른 곳으로 이사를 간 뒤였다. 아마 손녀가 다른 학군의 고등학교에 진학한 것 같았다. 아파트 관리인도 이사 간 곳을 알지 못했다. 인구 250만의 대도시에서의 우연한 재회는 그렇게 끝났다.

1998년 11월 말. 나는 조상 제사 장면을 비디오로 촬영하기 위해 오사카 국립민족학박물관 팀과 함께 월배를 찾았다. 촬영 중에 하루 짬이 난 날, 계명대학교 근처 식당에서 저녁을 먹은 뒤 노래를 좋아하는 A선생의 제안으로 노래방에 가게 되었다. 학생 상대의 가게들이 밀집한 거리 모퉁이, "일본 노래도 많이 있습니다." 하는 계명대학교 일본학과 H선생의 안내로 들어간 노래방은 빌딩 지하에 있었다. 지정해 준 방에 들어가 자리에 앉자, 맨 나중에 들어온 H선생이 의아하다는 표정으로, "이 집 주인이 선생님을 안다고 하네요." 했다.

누구지? 고개를 갸웃하면서 입구 카운터로 다시 나가 보니, 상월동에서 내 식사를 마련해 준 서씨집 아들 동호였다![51]

17년 전에 국민학교 6학년이던 소년이 이제 노래방의 주인이 되어 거기 서 있었다. 대구가 성주군과 경계를 접한 지적이라지만 이렇게도 우연이 겹치는 것인지, 일순 팔이라도 꼬집어 보고 싶어졌다.

"충렬이한테 연락해가 나오라 카까예?" 충렬이는 종손의 아들로, 나보다 열 살쯤 아래지만 상월동에 있을 때는 자주 같이 시간을 보냈던

---

51 9장에 나오는 동균이의 형, 11장에 나오는 중동댁의 아들이다.

상대다. 한편 동호는 종손과는 40세 가까이 나이 차가 나지만, 친족관계로 보면 같은 항렬인 사촌 간이다. 그러니까 자기보다 훨씬 연장이지만 조카인 충렬이한테는 이름을 부르며 반말을 하는 것이다. 이 밤중에 성주에서 불러내기는 좀 그렇지 않나 했더니, 실은 가까이에 살고 있다고 했다.

이윽고 충렬이가 도착해서, 셋이서 근처 술집으로 자리를 옮겨 재회의 한때를 즐겼다. 충렬이는 현재 처자와 함께 대구 시내에 집을 얻어 살면서 차로 시골을 오가며 농사를 계속하고 있다고 했다. 그의 셋집은 내가 묵고 있던 여관 코앞인 듯했다. 딸은 결국 다른 학군의 고등학교에 입학하게 되어 충렬이 부모님(그러니까 종손 내외)이 함께 학교 가까운 아파트로 이사 간 모양이었다. 이 일가의 거주양상이 1980년대 초에 상월동에서 보았을 때와는 완전히 달라진 것은 분명했다. 그러나 충렬이가 연락처라고 메모해 준 주소와 전화번호는 상월동 것이었으니까, 일가의 근거지를 상월동에 둔 채 가족 구성원들이 각각 다른 장소에 일시적으로 거주(가주假住)하는 상태인가 보다, 하고 추측했다.

2000년 여름부터 내 조사지는 노상路上으로 바뀌었다. 종가의 며느리가 노점상을 하고 있다는 것이 관심을 그쪽으로 이끈 한 가지 계기였다. 노점은 다양한 상품을 팔지만, 내가 조사를 시작한 T지구 아파트 단지의 노점상가에서는 일상의 생필품, 그중에서도 야채와 과일이 큰 부분을 차지했다. 물건은 도매시장에서 사 온다는데, 제철 과일만큼은 직접 산지에 가서 떼어 오기도 한다고 했다. 구입하는 가격을 낮춰서 마진을 늘리기 위한 방법이다. 수박과 참외 재배가 한창이던 상월동이 떠올랐다.

20년 전에 조사했을 때는 생업으로서의 농업이라는 측면밖에 눈에 들어오지 않았지만, 이번에는 유통과정의 반대쪽 끝을 조사하고 있다는 데 생각이 미쳤다. 이런 시스템이 산지 쪽에서는 어떻게 보일까? 상월동에 가 보기로 했다.

2003년 8월. 버스에서 내리자 국도에 죽 늘어선 포플러가 반가웠다. 예전에는 논이었던 농지 전역에 비닐하우스가 늘어서 있었다. 그 맞은편이 상월동이다. 동네 한복판에 재실 지붕이 보이고, 그 곁으로 종가의 기와지붕이 엿보였다. 하지만 22년 전에는 마을에서 제일 큰 집이던 종가가 이제는 새로 지은 2층 양옥들에 에워싸여, 멀리서도 호젓하게 보였다.

종가 앞에 가 보니 대문이 닫혀 있었다. 아무도 돌아와 있지 않은 듯했다. 열려 있는 재실의 대문을 들어서면서 "실례합니다." 했더니, 대청마루에서 누가 낮잠을 자고 있다가 일어섰다. 종손보다 한 대ft 윗항렬인 분임을 알아볼 수 있었다. "20년쯤 전에 여기서 신세를 졌던 일본 사람입니다." 하자 그쪽에서도 기억을 해주셔서, 마루로 올라오라고 하셨다. 자식들이 집을 새로 짓는 중이라면서, "완성될 때까지 재실로 피난 와" 있노라고 하셨다. 확실히 재실인데도 냉장고가 놓여 있고 벽에는 옷가지가 잔뜩 걸려 있고 해서, 거기서 살고 계시는 줄을 알 수 있었다.

재회의 인사를 하면서 동네 소식을 물었더니, 돌아가신 분, 이사 간 사람, 반대로 옆 동네에서 전입해 살게 된 사람 등 꽤 많은 출입이 있는 모양이었다. 서씨 문중에서도 동네를 떠난 사람이 몇 집이나 되고, 예전에는 재실 관리에 신경을 쓰던 어른도 계셨지만 최근에는 손질을 하는 사람도 없어서 풀이 무성하다고 했다. 그러고 보니 그때는 나도 이 마당에서 풀을 뽑았는데, 하는 생각이 났다.[52]

마을의 농업은 20년 전보다도 한층 더 참외 재배로 특화되고 있는 듯했다. 예전에는 6월부터 7월 상순에 수박이며 참외를 수확한 뒤에 모내기를 했지만, 이제는 1년 내내 비닐하우스에서 참외 농사만 짓는다. 생산된 참외는 농협을 통해 출하하는데, 서울에서 직접 물건을 떼러 오는 상인도 있다. 그러나 "인자는 휴대폰 같은 것도 있고, 이쪽도 전화로 시세 변동을 다 알고 있으이끼네, 산지에 온다꼬 다 싸게 살 수 있는 거는 아이라요." 하신다. 마을 사람들이 '서울에서 사러 오는 상인'으로 보는 사람들 중에 내가 월배의 아파트 단지에서 만나고 있는 노점상인도 일부 섞여 있을 것 같았다.

"종갓댁에는 아무도 안 계신 모양이지요?" 하고 화제를 돌렸더니, 생각지도 않은 대답이 돌아왔다. 농지도 집도 처분하고 마을을 떠나 버렸다는 것이다. 연락처를 가르쳐 달라고 했더니, 당신은 모르시지만 집안사람 누군가한테 물어보겠다면서 몸소 몇 집을 찾아다니셨다. 그러나 아무도 아는 사람이 없었다. 마지막으로 동호네 집에 갔더니, 동생인 동균이가 나왔다. 군대 갔다가 얼마 전에 돌아와서, 잠시 동안은 어머니와 함께 농사를 지을 작정이라고 했다. 개구쟁이였던 다섯 살 때의 눈빛이 그대로 남아 있었다. 또 한 번의 반가운 재회였다. 형 동호는 노래방을

---

52 11장 상봉 어른의 일화 참조.

그만두고 지금은 대구 교외의 팔공산이라는 관광지에서 식당을 하고 있다고 했다. 동호한테 전화해서 물어봤지만 역시 종가의 연락처를 몰랐다.

17세기 초두에 이 동네에 정착해서 10대째가 되는 문중의 종가다. 조선 후기 이래 사회를 특징지어 온 문중, 그 문중의 시대의 종언이 눈앞에 온 것은 아닐까? 격심하게 변화하는 한국 현대사회의 한 측면을 여기서 본 느낌이었다.

이 장은『韓國朝鮮の文化と社會(한국·조선의 문화와 사회)』3호(2004)에 게재된 글을 일부 가필한 것이다.

종장: 30년 세월을 건너

전라남도 청산동과 대구시 월배 T지구 아파트 단지. 30년이라는 시간을 사이에 둔 두 조사지 사이에 보이는 생활양식의 차이는, 그동안 한국사회가 얼마나 많이 변화했는지를 여실히 말해 주고 있다. 그 근저에 한국 경제의 성장이 있다.

뭐니뭐니해도 시각적으로 가장 커 보이는 것은 주거환경의 변화다. 1970년대 중엽에는 서울에서도 좀처럼 볼 수 없었던 고층 아파트가 1980년대로 접어들 무렵부터 여기저기서 눈에 띄게 되었고, 지금은 도시의 가장 전형적인 주거형태가 되었다. 당초에 부유층을 위한 외국풍 주거였던 고층 아파트가 이제는 일반 서민의 주거가 되었다. T지구 인근 학교에서 사무직원으로 근무하는 아들 가족과 함께 산다는 여성 노점상 한 사람의 말이 그 점을 훌륭하게 표현해 준다. "한 10년 전(1990년경)에 이 근방에 아파트가 처음 생길 때 우리 아들내미가 언제가 되마 우리도 저런 아파트에 한 번 살아보꼬 카디마는, 인자는 우리도 아파트에서 살고 있다 아입니꺼."

노점상들이 취급하는 다양한 상품들에서도 경제환경의 극적인 변화를 읽어 낼 수 있다. 30년 전 시골 5일장에서 팔리던 야채는 어김없이 그 지역 농가에서 재배한 것이었다. 그러나 지금 T지구의 노점상가에서 팔리는 야채나 과일은 시장기구를 통해서 전국적으로 유통되는 상품이다. 골판지 상자에 인쇄된 특산지 이름이 보여 주듯이, 여름에는 강원도에서 수확된 고랭지 야채가 진열되고 겨울에는 제주도에서 공수된 야채가 팔린다. 유통기구는 국제적인 시장 네트워크에도 연결되어 있어서, 중국산 콩과 깨, 북한산 버섯, 동남아시아에서 수입된 공예품, 인도의 섬유제품 등이 진열되어 있다. 국산 콩을 원료로 한 두부는 수입 콩으로 만든 두부의 배나 되는 가격으로 팔린다. 이것은 일종의 내셔널리즘일까? 맛이 완전히 다르다고 하는 사람도 있고, 다 똑같다는 사람도 있다.

노점상에서 날마다 팔고 사는 대량의 과일에서도 소비자 행동의 변화를 실감한다. 청산동에서 처음 조사를 했을 때는 제사 때를 제외하면 과일 등을 거의 먹은 적이 없었다.

경제성장의 결과는 또 교육수준의 급상승이라는 형태로도 드러나고 있다. 1975년 당시 고등학교 진학률은 46.3퍼센트, 고등학교 졸업 후에 더 상급의 학교로 진학하는 사람의 비율은 고작해야 전체의 12.5퍼센트였다. 그러던 것이 2003년에는 고등학교 진학률이 99퍼센트를 넘고, 대학 등으로의 진학률도 80퍼센트 가까이에 이르렀다. 일본의 진학률보다도 높은 수치다. 경제성장이 가져온 이 한국적 전개는 노점상들의

가정에서도 당연히 나타나고 있다. 한 노점상의 딸은 외국어대학을
졸업하고 미국에 유학 갔다가 지금은 고등학교에서 영어를 가르치고 있다.
나도 조사 중에 두 명의 노점상한테서 애를 일본에 유학시키고 싶은데
조언을 해달라는 요청을 받기도 했다.

　높은 교육열은 길가에서도 쉽게 눈에 띈다. 노점상가와 마주한 상가
건물 1층에는 은행, 약국, 빵집, 식당 등 여러 가지 가게가 들어서 있다.
이에 비해 2층 이상에 입점한 세입자의 대부분은 의원醫院이거나 각종
학원이다. 학원에는 미술·음악 학원이나 태권도, 합기도 등의
무술학원도 있지만 압도적으로 많은 것은 과외학원과 외국어학원, 특히
영어학원이다. 그곳에 다니는 이들은 초등학교와 중학교 학생들로, 세 개

이상의 학원에 다니는 것은 보통이고 매일 여러 학원에 다니는 애들도
적지 않다고 한다. 지난 30년 동안 아이들의 일상도 완전히 바뀌어 버린
셈이다.

언젠가부터 나는 노점상가를 매일 지나다니는 통행인 중에 젊은 서양
사람이 꽤 섞여 있다는 걸 깨달았다. 노점상들한테 물어보니 외국어학원의
강사들이라고 한다. 흥미가 동해서 나는 학원을 몇 군데 찾아가서
이야기를 들어 보기로 했다.

거주자 5만 명 남짓한 T지구의 상가지구에는 외국어학원이 열한 군데
있다. 각각의 학원에는 한국인 강사 외에 영어를 모국어로 하는 서너 명의
강사가 풀타임으로 학생들을 가르치고 있다. 외국인 강사 4명과 한국인

강사 9명이 스탭인 한 학원의 경우 대략 600명의 학생(압도적으로 초등학생) 전원이 주 5일, 하루 한 시간의 수업을 받고 있었다. 학원에 따라서는 주 2회나 3회의 수업 프로그램을 제공하는 곳도 있다니까, T지구의 외국어학원에 다니는 아이들의 실제 수는 아마 8천 명이 넘을 것으로 추정된다. 각 학원에서는 학생들을 위해 셔틀버스를 운행하고 있다. 노점상들이 장사하는 길가에 시간마다 수십 대의 버스가 섰다가 떠나는 모습은 장관이다.

이렇게 일찍부터 외국어 교육을 받는 아이들 중에서 좀 있다가 미국이나 캐나다, 오스트레일리아 등에 유학하는 아이들이 나온다. 내가 아는 한 대학교수의 예를 들어 보자. 오랜만에 만났을 때 그는 오스트레일리아에 갔다가 막 돌아온 참이라고 말했다. 딸이 그곳에서 유학하고 있다는 거였다. 나는 젊은 시절 자신이 일본에서 경험했던 유학생활을 딸한테도 경험하게 해주는 좋은 아버지라고 감동했다. 그런데 다른 사람한테서 실은 그 부인도 딸과 같이 오스트레일리아에 가 있다는 말을 듣고, 그만 말문이 막혀 버렸다.

그러나 이것은 결코 예외적인 사례가 아니다. 그 배후에 본토의 영어교육을 지향하는 조기유학이라는 현상이 생겨나고 있다. 중학생은 물론 초등학생 나이에 유학하는 아이들이 늘고 있는 것이다. 이런 경우에는 당연한 듯이 어머니가 동행하는 모양이다. 이렇게 아이들과 아내가 해외로 나간 뒤에 혼자 남아서 계속 돈을 부쳐 주는 아버지를 가리켜서 '기러기 아빠'라고 부른다. 친구인 대학교수 이야기를 들을 때는 유학이라고 해서 당연히 대학교나 대학원을 생각했는데, 어쩌면 조기유학 사례였는지도 모르겠다. 아이들의 유학을 둘러싸고 일어나는 일련의 사태를 나는 너무 늦게서야 깨달았던 셈이다.

일본의 어떤 연구회에서 이 이야기를 했을 때, 한국에서 온 40대 후반의 연구자가 "진짜 잔인한 말을 하네.[53] 자기 동료가 몇 명이나 그런 일로 고생하고 있는데." 하고 중얼거렸다. 기러기 아빠는 힘들다. 그런데 젊은 여성 연구자의 반응은 전혀 달랐다. "그건 애정 문제죠. 부인이 애들과 같이 외국에 가서 새로운 경험을 하고 싶다고 한다면 그렇게 해주는 게 당연하잖아요? 그걸 안 된다고 하는 건 더 이상 사랑하지 않는다는 얘기지요." 이 두 사람의 반응의 차이는 남성과 여성이라는 젠더에 의해 규정된 것이라고도 할 수 있겠다.

그러나 생각해 보면 여기에 선행하는 현상이 있었다. 한국에서는 예전부터 자녀의 교육을 무척 중시해서, 1970년대의 청산동이나 1980년대의 상월동에서도 여유 있는 집에서는 아이들을 도시의 중학교나 고등학교에 보내었다. 그럴 때 할머니나 어머니가 따라가서 도시 생활을 뒷바라지하는 일도 드물지 않았다. 1990년대 중엽의 충렬이 일가의 경우도 꼭 그랬다. 이런 생활방식을 가리켜 '두 집 살림'이라고 부르기도 했다. 일본에서 여기에 대응하는 것은 단신부임單身赴任일 것이다. 어느 나라에서나 혼자 살게 되는 쪽은 남편/아버지지만, 일본에서는 남편/아버지가 이동하는 데 반해 한국에서는 아이와 아내가 이동한다는 점이

---

53 글쓴이는 당시 기러기 아빠를 '재미있는' 사례라고 소개했는데, 그에 대해서 잔인하다고 평했다는 것이다.

다르다. 이렇게 보면, 최근 한국에 등장한 기러기 아빠라는 현상은 자녀한테 더 좋은 교육을 시키기 위한 '두 집 살림'이 국경을 넘어간 결과라고 읽을 수도 있겠다. 마찬가지 눈으로 본다면, 일본의 단신부임은 가구의 수입을 확보하기 위해 멀리 돈 벌러 가는 일(데카세기出稼ぎ)의 변형이라고나 할까?

경제성장과 그에 동반한 세계화 속에서 세상은 완전히 바뀌어 버렸다. 내가 30년 전에 청산동에서 경험했던 생활방식은, 이제는 벌써 흘러가 버린 옛날의 것이다. 그러나 새롭게 등장하는 생활방식 또한 분명하게 한국적인 색채를 띠고 있다고 생각된다.

맺으며

한국은 나한테는 첫 번째 외국이었다. 돌아가신 이즈미 세이이치泉靖一 선생의 권유도 있고 해서 처음 한국을 여행할 기회를 갖게 된 때는 내가 학부를 졸업한 1969년 8월이었다. 신라의 고도古都 경주도 관광지로 개발되지 않은 채, 한산한 거리 복판에 조그마한 국립박물관이 고즈넉이 서 있었다. 고속도로 시대가 아직 막을 올리지 않았던 당시 포플러가 늘어선 구불구불한 국도를 달리는 버스 차창 너머로 본 농촌의 풍경을 지금의 그것과 겹쳐 놓고 보면, 그동안 한국사회의 변화가 얼마나 급격했는지를 통감痛感하게 된다.

이 여행을 계기로 한국 연구를 지망하게 된 나는 인류학도로서의 성인식成人式이라고도 할 현지조사를 하기 위해 1974년 2월, 유학하고 있던 토론토를 출발해 서울에 도착했다. 그때는 초보적인 회화조차 할 줄 몰라서 말부터 배워야 할 정도였다. 그러니까 현지조사를 한다는 따위

얘기는 그야말로 돈키호테적인 시도였다고 하지 않으면 안 되겠다. 그런
나를 병아리 연구자로 대우해 주신 여러 선생님들의 관용에는 머리를
숙일 따름이다.

한국어의 실전 특훈을 해 준 것은 청산동의 주민들, 무엇보다 공산
양반 일가와 거의 매일 내 방에 놀러와 준 청년들이었다. 그들은 감탄할
만한 끈기로 내 가정교사 역할을 해 주었다. 또 청산동에서 1년 동안 함께
생활했던 유명기(현 경북대학교 교수) 씨는, 예의도 모르고 어리석은 질문만
해대는 나와 마을 사람들 사이에서 얼마나 고생을 했을까? 이렇게 많은
분들의 도움으로 부족하나마 그럭저럭 연구를 계속해 올 수가 있었던
것이다.

덕분에 몇 편인가 논문 비슷한 것도 쓸 수 있었다. 하지만, 이른바
연구논문에서는 한 사람 한 사람이 가진 서로 다른 얼굴과 개성이
말살되어 버린다. 그러나 일반론을 목표로 하는 연구논문을 실제로 지탱해
주는 자료는 개성적인 사람들과의 만남 속에서 얻어지는 것이다.
연구논문에서는 잘라낼 수밖에 없었지만, 그런 것들을 어떤 모양으로든지
기록해 두고 싶다고 생각한 이가 나뿐만은 아닐 것이다. 제1부는 그런
생각의 산물이다.

지금까지 내가 한 일 가운데 미리 계획을 짜고 준비를 해서 간 것은
실은 최초의 청산동 조사 한 번뿐이었다. 두 번째의 상월동 조사에서는
전라도와 경상도의 지역적 비교를 기획했지만, 그 계획은 보기 좋게
빗나갔다. 그러나 거기서 굴러 나온 게 족보를 이용한 연구, 나중에는
족보 그 자체를 대상으로 하게 된 연구였다. 표주박에서 나온 당나귀

식으로 시작한 이 작업은 컴퓨터의 도움을 받은 역사인류학이라는 더더욱 예기치 못한 방향으로 흘러갔다. 그 일환으로 손을 댄 호적 분석이 가 닿은 곳이 대구에서의 문중 조사였지만, 거기서 이번에는 노점상을 하는 사람들과 마주치게 되었다. 거의 10년마다 찾아온 뜻하지 않은 만남. 예측과 불측의 줄다리기다.

제1부와 제2부를 통해 30여 년에 걸쳐 변해 가는 한국의 풍경을 스케치했다는 것은, 내 쪽도 그만큼 나이를 먹었다는 말에 다름 아니다. 나도 이제 제1부의 청산동과 상월동 스케치에서 주저 없이 'ㅇㅇ 어른'이라고 표기했던 사람들의 나이에 가까워지고 있다.

작년 여름, 서울에서 지하철을 탔더니 내 앞에 앉아 있던 스무 살쯤 된 젊은이가 벌떡 일어서며 자리를 양보해 주었다. 이 역시 예측하지 못한 사태였다. 그러나 호의를 받아들이지 않을 수도 없고, 받아들이면 답례를 하지 않으면 안 된다. 나는 선선히 그 자리에 앉아 고맙다는 인사를 했다. 조금 부끄럽기도 했지만, 청년의 행동을 흐뭇해하는 마음이 강했다. 20년 전의 나였다면 이것을 유교의 영향이라는 말로 표현했을 가능성이 높다. 그러나 역사에로의 에움길을 거쳐 온 지금에는, 반드시 유교를 들먹이지 않아도 좋지 않을까 하는 생각이 더 강해져 있다. 요즈음은, 유교의 영향이라는 표현방식은 사후에 덧붙인 설명일 가능성이 꽤 높지 않을까 하고 혼자서 생각하게 된다.

청산동 조사를 마쳤을 때, 마을 청년들은 나를 또래 청년들의 친목계에 가입시켜 주었다. 계문서에는 반드시 계원 명부가 포함된다. 명부는 나이순으로 기재되고, "김ㅇㅇ, 갑자생, 김해인金海人"이라는 식으로 성명,

생년, 본관이라는 일정한 정보를 기입한다. 이를테면 본관이 없는 일본인인 내 경우에는 본관 대신 국적을 써서 "시마 무쓰히코嶋 陸奧彦, 병술생, 일본인"이라고 적어 넣었다. 그리고 이제 을유년이 거의 저물어, 곧 병술년 환갑을 맞이하려 하고 있다.

2005년 12월 센다이仙台에서
시마 무쓰히코

옮긴이의 말

이 책에는 만남, 그것도 우연한 만남에 대한 이야기가 많이 나온다. 내가 이 책과, 또 지은이 시마 무쓰히코 선생님과 만난 것도 정말이지 우연이었다. 나는 우연히 도서관 서가를 지나다가 이 책을 처음 보았다. 번역을 한 사람으로서 무척 무책임한 말이겠지만, 시마 선생님이 한평생 한국을 연구해 오신 인류학자라는 것도 그때는 전혀 몰랐다. 일본어 원제목을 직역하자면 "한국(의) 길을 가면서"나 "한국을 돌아다니며"쯤 될까? 도서관의 책들이 흔히 그렇듯이 겉표지를 벗겨 놓은 일본어판의 속표지 앞뒷면은, 어울리지 않게 어두운 자줏빛 모노크롬의 책가도冊架圖였다. 시큰둥하게 목차를 훑어보는데, 족보, 호적, (국립중앙도서관) 고전운영실, 같은 낱말들이 눈에 들어왔다. 역사사회학을 전공하는 나는 그때 20세기 후반의 족보란 도대체 어떤, 어디에 쓰는 물건인지를 한창 고민하고 있던 참이었다. 나는 서가 사이 통로에 서서 족보와 호적이 나오는 부분을 여기저기 뒤지기 시작했다.

솔직히 말하자면 나는 이 책을 무척 가볍게 보았고(사실 무게로 치면 가볍다), 언제 쓸 수 있을지 아직도 모르는 미래의 내 논문에 잠깐 써먹을 재미있는 일화라도 한두 개 건질 수 있을까, 하는 얄팍한 계산으로 책을 뒤지고 있었던 것이다. 그런데 어딘지 이상했다. 지은이는 인류학자라는데, 엉뚱한 이야기들이 나오는 것이었다. 국립중앙도서관 고전운영실에 소장된 20세기 족보들의 판권장을 다 뒤져본다(20장 참조)……, 나도 한 번쯤은 해 볼까, 하고 몇 차례 마음만 먹었던 작업이었다. 그런데 이게 인류학자가 할 일인가? 그러다가, "〔한 집안의 세계(世系)를〕 폭 40센티미터, 길이 10미터의 두루마리 모눈종이에 베껴 보기로 했다. …… 반년 가까이 걸려 완성한 도면은 길이가 무려 40미터에 이르렀다."라는 대목(17장 참조)을 마주치고는, 뒤통수를 한 대 맞은 느낌이었다. 그렇지, 연구는 이렇게 무식할 정도로 고지식하게 해야 하는데!

나는 그 책을 대출했고, 며칠 뒤에는 인터넷으로 일본에서 한 권을 구입했고, 그리고 또 며칠쯤 있다가는 이 책을 한글로 옮겨서 같이 공부하는 친구들에게도 한번 보여 주고 싶다고 생각하게 되었다. 그런데 번역을 하기로 마음먹고 앞에서부터 차근차근 책장을 넘겨 가노라니, 웬걸, 이 아저씨가 꽤 웃기는 데가 있었다. 특히 1970년대 청산동과 1980년대 상월동의 이야기는 마치 이문구 선생의 소설의 한 대목처럼 읽혔다. 혼자 낄낄 웃어 가며 이 책을 읽는 것은 즐거웠지만, 번역은 결코 만만한 일이 아니었다. 그런데, 그렇게 출판할 생각도 기약도 없이 혼자 틈틈이 번역 원고를 주무르고 있던 어느 날, 같은 직장의 선생님한테

놀라운 말씀을 들었다. 시마 선생님이 한 해 동안 우리 연구원에 와
계신다는 거였다!

   그다음은, 꿈같은 이야기였다. 한 학기 동안은 가끔 식당에서나 멀리서
뵐 뿐 제대로 인사도 드리지 못하다가(나는 보기와는 달리 낯을 많이 가린다),
2012년 1학기 때는 우리 대학원에서 수업도 하신다기에, 나는 무턱대고
강의실을 찾아갔다. 인류학에는 별 관심이 없고 선생님께 관심이 있어서
왔다든가 하는 그런 당돌한 인사를 드렸던 것 같은데, 아무튼 선생님은
시골 영감님 같은 너털웃음으로 청강을 허락해 주셨다. 강의는 선생님의
40년에 걸친 한국 연구를 소개하는 것이었는데, 족보나 호적 연구 같은
것은 인류학과 학생들에게는 오히려 좀 낯설지 않았는지 모르겠지만,
내게는 마치 이 책의 내용과 배경에 대한 친절한 보충설명 같은 것이어서
무척 좋았다. 선생님의 학문세계로 보자면 논문들 쪽이 주主고 이 책이
보충적인 것이겠지만, 나한테는 사정이 반대였다.

   그 학기는 무척 즐거웠다. 선생님의 강의도 재미있었고, 번역 원고를
지은이가 직접 읽어 보고 검토해 준다는 것도 흔히 얻을 수 없는 행복한
기회였다. 궁금한 것은 언제든 여쭤 보면 되었다. 문제의 40미터짜리
두루마리 모눈종이에 그린 계보도 얻어 볼 수 있었다. 출판사도 시마
선생님이 다 주선해 주셨다……, 이렇게 말하자니 이 책에 내가 기여한 게
너무 없는 것 같다. 딱 한 가지 있기는 한데, 이게 기여일지 폐일지
모르겠다. 번역 원고를 검토하다가 등장인물들의 말투를 사투리로 바꿔
보면 어떨까 하는 기특한 생각을 했던 것이다. 아니 실은, 몇 군데
지은이가 묘한 일본어 어미語尾로 써 놓은 곳이 있었다. "이건

사투리인가요?" 하고 여쭤 봤더니 그렇다고 하셨다. "그럼 대사臺詞는 다
사투리로 바꾸면 어떻겠습니까?" 그게, 번역의 후반부 작업이 되었다.
현장에서는 분명 전라도, 충청도, 경상도 사투리였겠지만 일단 그것을
지은이가 일본어로 옮겨서, 그것도 대개는 표준어로 표기한 것을, 다시
한번 현장의 분위기를 상상하면서 최대한 구어체의 사투리로 바꿔 놓는다,
아니, 사투리를 만들어 낸다……, 글쎄, 지은이의 적극적인 동의를
얻었다고는 하지만(그때 시마 선생님의 장난기 어린 눈빛이란!), 이런 작업은 도대체
뭐라고 할 수 있을까? 나는 그냥 속 편하게 '결과가 좋으면 다 좋다.'고
생각하기로 했다. 결과가 좋을지는 아직은 두고 봐야 하겠지만.

　사실과 창작, 지은이와 옮긴이의 진지함과 장난이 뒤섞인 이런 기묘한
작업을 거쳐서 나온 이 책은 과연 어떤 종류로 분류할 수 있을까?
지은이는 여러 곳에서 이 책을 '스케치'라고 썼고, 한국어판 서문에서는
'수필집'이라고 했다. 일본의 독자들에게는 한국이라는 가깝고도 먼
나라를 소개하는 책이었겠지만, 이제 한국의 독자들에게는 아직 채
육탈肉脫하지 않은 우리의 가까운 지난날을 돌이켜 보게 만드는 글이 될
것이다. 번역 과정에서 때로는 연구자의 현지조사 노트로도, 때로는
단편소설처럼도 읽었지만, 나는 기본적으로 이 책을 '연구서'라고
생각한다. 무려 40년 동안 한두 곳의 조사지를 거듭거듭 다시 찾으며(참고로
지은이는 대학교수직을 정년퇴임한 이제야 박사학위논문을 '손질'해서 책으로 내려는
참이다), 또 인류학에서 출발해서 역사학으로, 도시 연구로, 필요하다면
어떤 분야든 섭렵하며 주제에 천착해 가는 지은이의 연구 자세에도
감탄했지만, 이 책을 옮기면서 과연 인간과 사회, 역사의 연구에 딱딱하고

틀에 박힌 논문이 가장 적절한 형식일까 하는 고민도 깊어졌다. 논문 편수와 인용지수 따위 의미 없는 물량이 지배하는 풍토 속에서 어떻게 좋은 연구자로 살아갈 수 있을지를 고민하는 선후배, 동료들에게 이 책이 '초심初心'을 돌아보게 만드는 위로와 격려가 되었으면 좋겠다.

책을 내는 과정에서 여러 분들이 도와주었다. 시마 선생님을 직접 뵐 수 있도록 주선해 주신 문옥표 선생님, 한 학기 동안 시마 선생님의 강의에 함께했던 우리 한국학대학원 학생들, 내게 익숙지 않은 전라도와 충청도 사투리를 다듬는 데 도움을 준 이상현 군, 김명화 양, 송화진 양, 여러 차례 초고를 읽어 준 김미화 양, 이 책을 내 주신 일조각의 여러분들, 특히 원고를 꼼꼼하게 살펴보고 수정해 주신 오지은 선생께 감사드린다. 그런데 이후의 모든 일을 가능하게 해준, 이 책과의 우연한 만남에 대해서는 정말 누구한테 어떻게 감사를 드려야 할지 모르겠다. 아무튼 무척 고맙다.

2013년 9월
서호철

시마 상, 한국 길을 걷다
일본 인류학자의 30년 한국여행 스케치

제1판 1쇄 펴낸날 2013년 9월 10일

지은이 | 시마 무쓰히코
옮긴이 | 서호철

펴낸이 | 김시연
펴낸곳 | (주)일조각
등록 | 1953년 9월 3일 제300-1953-1호(구: 제1-298호)
주소 | 110-062 서울시 종로구 신문로2가 1-335
전화 | 734-3545 / 733-8811(편집부)
       733-5430 / 733-5431(영업부)
팩스 | 735-9994(편집부) / 738-5857(영업부)
이메일 | ilchokak@hanmail.net
홈페이지 | www.ilchokak.co.kr

ISBN 978-89-337-0662-6 03300
값 16,000원

* 옮긴이와 협의하여 인지를 생략합니다.
* 이 도서의 국립중앙도서관 출판시도서목록(CIP)은 서지정보유통지원시스템 홈페이지(http://seoji.nl.go.kr)와
  국가자료공동목록시스템(http://www.nl.go.kr/kolisnet)에서 이용하실 수 있습니다.
  (CIP제어번호: CIP2013015703)